轮机自动化

◎ 孙 超 主编

北京理工大学出版社
BEIJING INSTITUTE OF TECHNOLOGY PRESS

内 容 简 介

本教材基于工作过程的理念，按照最新的任务化教学方案编制，凭借大量高职教育实践积累和多年船舶修造中的生产经验，以轮机设备自动化和船舶设备调试的实际工作任务为载体安排了八个实训化任务。

本教材科学地阐明了差压变送器的使用、调节器的参数整定、冷却水温度的自动控制、燃油黏度的自动控制、辅锅炉的自动控制、自清洗滤器的自动控制、主机遥控、机舱集中监视与报警等方面直接需要的理论、工艺技术要点和质量标准，操作性极强，使学生能更快、更顺利地适应轮机工程技术生产岗位。本教材是针对三年制高等职业教育轮机工程技术（船舶动力方向）专业编写的，二年制的也可以参考使用。同时，本教材还适用于从事轮机修造从业人员的自学以及其他形式的职业教育。

版权专有　侵权必究

图书在版编目（CIP）数据

轮机自动化/孙超主编．—北京：北京理工大学出版社，2019.12重印
ISBN 978-7-5640-9125-5

Ⅰ．①轮…　Ⅱ．①孙…　Ⅲ．①轮机－自动化　Ⅳ．①U664.1

中国版本图书馆 CIP 数据核字（2014）第 075699 号

出版发行 / 北京理工大学出版社有限责任公司
社　　址 / 北京市海淀区中关村南大街 5 号
邮　　编 / 100081
电　　话 / （010）68914775（总编室）
　　　　　 82562903（教材售后服务热线）
　　　　　 68948351（其他图书服务热线）
网　　址 / http：//www.bitpress.com.cn
经　　销 / 全国各地新华书店
印　　刷 / 北京虎彩文化传播有限公司
开　　本 / 787 毫米 × 1092 毫米　1/16
印　　张 / 12.25
字　　数 / 285 千字
版　　次 / 2019 年 12 月第 1 版第 4 次印刷
定　　价 / 33.00 元

责任编辑 / 陈莉华
文案编辑 / 张慧峰
责任校对 / 周瑞红
责任印制 / 马振武

图书出现印装质量问题，请拨打售后服务热线，本社负责调换

前　言

为深入贯彻《国务院关于大力发展职业教育的决定》《关于全面提高高等职业教育教学质量的若干意见》等文件精神，根据国家骨干高职院校建设的指导思想，依照《船舶动力装置技术专业人才培养方案》，渤海船舶职业学院积极推行工学结合、校企合作、融教学做一体化、实境教学等高职教学改革，弥补现有高职教材注重理论教学、实践教学内容少、教学内容跟不上实际生产技术发展等缺点。同时为培养学生的职业岗位核心能力，更好地满足我国造船工业快速发展的需要，根据生产岗位的需要和职业标准的要求，教材编写组与企业合作，尝试编写了这本国家骨干高职院校船舶动力装置技术专业的专业拓展课程教材。

本教材以就业为导向，以能力为本位，面向市场，面向社会，体现了职业教育的特色，可满足高素质技能型轮机工程专业高等技术人才培养的需要。本教材在编写过程中，形成了如下特色：

1. 教学内容按技术领域任务化，取材于工作实际，有企业专家和来自企业的教学专家共同参与，体现校企合作、工学结合。
2. 知识结构按工作过程系统化，教学过程体现以学生行动为主体的指导思想。
3. 明确教学方法，以培养学生能力为目标。
4. 理论性知识总量适度够用且反映新技术、新工艺。
5. 任务引领设计具体，可操作性强，能方便地按岗位工作实际设计教学情境。

本教材是针对三年制高等职业教育船舶动力装置技术专业编写的，二年制的也可以参考使用。同时，本教材还适用于从事轮机修造从业人员的自学以及其他形式的职业教育。

《轮机自动化》教材按照基于工作过程的理念，以"工学结合"为目标，以船舶修造过程中轮机设备自动化和调试的实际工作任务为载体，系统介绍了各种通用船舶机械及系统的自动化控制原理和典型结构，特别着重介绍了船舶设备调试过程中的基本步骤和操作要点。本教材共分八个任务，内容包括：差压变送器的使用、调节器的参数整定、冷却水温度的自动控制、燃油黏度的自动控制、辅锅炉的自动控制、自清洗滤器的自动控制、主机遥控、机舱集中监视与报警。

渤海船舶职业学院的孙超编写任务一、任务二、任务三、任务四的内容并进行全书统稿；渤海船舶职业学院的刘孝刚参与编写任务五、任务六的内容；渤海船舶职业学院的许宝森参与编写任务七的内容；渤海船舶职业学院的刘欢参与编写任务八的内容；渤海船舶职业学院的孟宪东参与编写任务实施实训内容；渤海船舶重工集团有限责任公司的高级工程师毕坚裔主审了本书的全部内容。

由于编者水平有限，教材中难免出现疏漏及不足之处，敬请读者批评指正。

编　者

目录

任务一 差压变送器的使用 …………………………………………… 1
【任务描述】 ……………………………………………………………… 1
【背景知识】 ……………………………………………………………… 1
一、反馈控制系统 …………………………………………………… 1
二、气动差压变送器的结构和工作原理 …………………………… 6
三、气动差压变送器的调试 ………………………………………… 7
四、气动压力定值器 ………………………………………………… 7
五、电动差压变送器的结构和工作原理 …………………………… 8
【任务实施】 ……………………………………………………………… 9
一、气动差压变送器调整 …………………………………………… 9
二、电动差压变送器调整 …………………………………………… 11
【拓展知识】 ……………………………………………………………… 13
一、气动仪表基本元件 ……………………………………………… 13
二、气动差压变送器迁移举例 ……………………………………… 17
三、差压变送器使用时的保护 ……………………………………… 18
四、常见的故障分析及排除 ………………………………………… 18

任务二 调节器的参数整定 ……………………………………………… 19
【任务描述】 ……………………………………………………………… 19
【背景知识】 ……………………………………………………………… 19
一、常见的调节规律 ………………………………………………… 19
二、调节器参数的整定 ……………………………………………… 25
【任务实施】 ……………………………………………………………… 26
XMTA（H）-7000 智能数显调节仪的参数整定 …………………… 26
【拓展知识】 ……………………………………………………………… 29
一、四种参数整定方法 ……………………………………………… 29
二、检测仪表的基本技术性能指标 ………………………………… 31
三、常见气动调节器实例 …………………………………………… 33
四、常见气动显示仪表 ……………………………………………… 39

目 录

任务三　冷却水温度的自动控制 …………………………………………… 41
　【项目描述】 ……………………………………………………………… 41
　【背景知识】 ……………………………………………………………… 41
　　一、概论 ………………………………………………………………… 41
　　二、OMRON 型电动温度控制系统 …………………………………… 42
　　三、热电阻式温度传感器 ……………………………………………… 43
　　四、主机缸套淡水预加热器 …………………………………………… 43
　【任务实施】 ……………………………………………………………… 45
　船舶柴油机缸套冷却水温度自动控制模拟实训 ………………………… 45
　【拓展知识】 ……………………………………………………………… 47
　　一、直接式冷却水温度控制系统 ……………………………………… 47
　　二、间接式气动冷却水温度控制系统 ………………………………… 49

任务四　燃油黏度的自动控制 …………………………………………… 53
　【任务描述】 ……………………………………………………………… 53
　【背景知识】 ……………………………………………………………… 53
　　燃油黏度控制系统的组成及功能 ……………………………………… 54
　【任务实施】 ……………………………………………………………… 60
　燃油黏度自动控制模拟实训 ……………………………………………… 60
　【拓展知识】 ……………………………………………………………… 62
　　一、NAKAKITA 型燃油黏度自动控制系统 ………………………… 62
　　二、VAF 燃油黏度自动控制系统简介 ……………………………… 66
　　三、阀门定位器 ………………………………………………………… 69

任务五　辅锅炉的自动控制 ……………………………………………… 70
　【任务描述】 ……………………………………………………………… 70
　【背景知识】 ……………………………………………………………… 70
　　一、船用辅锅炉自动控制 ……………………………………………… 70
　　二、辅锅炉燃烧时序控制 ……………………………………………… 73
　【任务实施】 ……………………………………………………………… 77

目 录

辅锅炉燃烧自动控制系统操作 ·· 77
【拓展知识】 ·· 82
 一、锅炉汽压双位—比例调节 ·· 82
 二、浮子式锅炉水位控制系统 ·· 83
 三、无触点时序控制器 ·· 84
 四、PLC 在船用辅锅炉燃烧控制系统中的应用 ·· 84
 五、压力开关 ·· 89

任务六 自清洗滤器的自动控制 ·· 91
【任务描述】 ·· 91
【背景知识】 ·· 91
【任务实施】 ·· 94
自清滤器的自动控制实训 ·· 94
【拓展知识】 ·· 98
 一、FOPX 型分油机的工作原理 ·· 98
 二、FOPX 分油机基本控制过程 ·· 102
 三、水分传感器信号处理电路的基本工作原理 ·· 103
 四、FOPX 分油机状态监视和参数测试 ·· 105

任务七 主机遥控 ·· 108
【任务描述】 ·· 108
【背景知识】 ·· 108
 一、主机遥控系统简介 ·· 108
 二、主机遥控系统常用的气动阀件认识 ·· 110
 三、MAN – B&W – S – MC/MCE 型气动主机遥控系统 ·· 117
【任务实施】 ·· 123
 一、主机备车与启动 ·· 123
 二、主推进装置的运行管理 ·· 125
 三、主机遥控系统的运行及管理 ·· 126
【拓展知识】 ·· 128
 一、气动式主机遥控系统实例 ·· 128

目 录

　　二、电动式主机遥控系统实例 …………………………………………… 139

　　三、电－气结合主机遥控系统 …………………………………………… 143

任务八　机舱集中监视与报警 ………………………………………………… 149

　【任务描述】………………………………………………………………… 149

　【背景知识】………………………………………………………………… 149

　　一、监视与报警系统的组成 ……………………………………………… 150

　　二、监视与报警系统的功能 ……………………………………………… 150

　【任务实施】………………………………………………………………… 153

　认识 K－Chief500 监视与报警系统 ………………………………………… 153

　【拓展知识】………………………………………………………………… 171

　　一、监视与报警系统的种类 ……………………………………………… 171

　　二、报警控制单元的组成原理及功能 …………………………………… 172

　　三、认识机舱中常用的传感器 …………………………………………… 177

参考文献 ………………………………………………………………………… 186

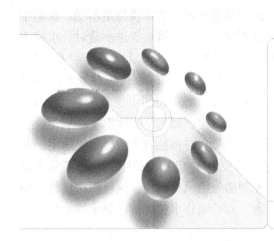

任务一　差压变送器的使用

【任务描述】

变送器是单元组合式仪表中的测量仪表，它在自动控制系统中的作用是将各种被测参数（如温度、压力、黏度、液位、流量等）变换成标准的信号，然后将这些信号送至调节器和显示仪表。根据被测参数的不同，变送器可分为温度变送器、压力变送器、差压变送器等。虽然变送器的类型、品种很多，但在结构上不管哪种变送器都是由测量和气动转换两部分组成。不同被测参数的变送器，有着共同的气动转换部分，不同的只是测量部分。本任务要达到的任务目标如下：

一、知识目标
1. 掌握反馈控制系统基本知识。
2. 掌握气动差压变送器的结构、工作原理。
3. 掌握差压变送器调零和调量程的方法及在调零与调量程时的注意事项。
4. 掌握气动定值器的结构和工作原理。
5. 掌握电动差压变送器的结构、工作原理。

二、能力目标
1. 具有进行变送器调零、调量程和迁移的能力。
2. 具有电动差压变送器调整的能力。

【背景知识】

一、反馈控制系统

1. 反馈控制系统的组成

自动控制系统种类繁多，但其基本组成是相同的。下面我们以水位控制系统为例，说明自动控制系统的组成并阐述一些基本概念。

（1）如图1-1所示是一个水箱水位控制的示意图。水经进水阀进入水箱，经出水阀流出水箱，供用户使用。用户希望水源压力不变，因此就要求水箱中的水位恒定不变。水箱中的水位受进水和出水量的影响，当二者相等时，水位不变，当出水量大于进水量时，水位下降；反之，水位上升。在使用过程中，用户的用水量（即水箱的出水量）是经常变化的，因而水位也是经常变化的。所以当水位偏离要求的高度时，就应该采取措施控制水位的变化。人工（手动）控制水位时，操作者用眼睛观察水位表，把实际的水位值报告给大脑，大脑将实际水位与脑中的要求水位作比较，如果二者出现偏差，则大脑指挥双手，双手改变进水阀的开度，改变进水量，使水位逐渐恢复到要求的水位；自动控制水位时，必须用一些自动化仪表来代替人的器官。比如用测量仪表（液位变送器）代替人的眼睛，将实际水位传给调节器，调节器对水位进行分析、比较并输出控制信号给执行机构，执行机构代替人的双手，去改变进水阀的开度，改变流入水箱的进水量，自动地将水位保持在要求的水位。

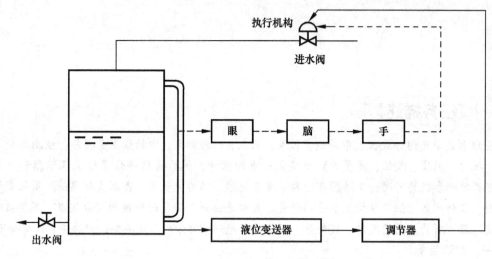

图1-1 水箱水位控制示意图

（2）组成反馈控制系统的基本单元。

① 控制对象。被控制的机器设备或装置称为控制对象。所要控制的运行参数叫被控量或被调参数。上例中，水箱就是被控对象，水箱中的水位即为被控量。

② 测量单元。测量单元的作用是检测被控量的实际值，并把它转换成标准的统一信号，该信号叫被控量的测量信号。在气动控制系统中，对应被控量的满量程，其统一的标准气压信号是 0.02 ~ 0.10 MPa；在电动控制系统中，对应被控量的满量程，其统一的标准电流信号是 4 ~ 20 mA。在温度自动控制系统中，测量单元常采用温度传感器和温度变送器；在压力自动控制系统中，测量单元常采用压力传感器和压力变送器；在锅炉水位控制系统中，测量单元常采用电极水位发讯器和差压变送器。

③ 调节单元。调节单元是指具有各种调节作用的调节器。通常把运行参数所希望控制的最佳值叫给定值，用 γ 表示，被控量的测量值用 Z 表示。把被控量的测量值离开给定值的数量叫偏差值，用 e 表示，显然 $e = \gamma - Z$。

$e > 0$，说明测量值低于给定值，叫正偏差；

任务一 差压变送器的使用

$e<0$，说明测量值大于给定值，叫负偏差；

$e=0$，说明测量值等于给定值，为无偏差。

调节器首先接收测量单元送来的被控量的测量信号，并与被控量的给定信号相比较得到偏差信号，再根据偏差信号的大小（正偏差还是负偏差）和方向，依据某种调节控制规律输出一个控制信号，对被控量施加控制作用，直到偏差等于零或接近零为止。在实际应用中，调节单元有位式调节器、比例调节器、比例积分调节器、比例微分调节器、比例积分微分调节器五种，根据控制对象的不同特性及对被控量控制精度的要求，其控制系统可选用不同调节作用规律的调节器。

④ 执行机构。执行机构的输入是调节单元输出的控制信号，执行机构的输出作用到控制对象，从而可改变流入控制对象的物质或能量流量，使之能符合控制对象对负荷的要求，使被控量逐渐回到给定值或给定值附近，系统将会达到一个新的平衡。在气动控制系统中，执行机构一般是气动薄膜调节阀或气动活塞式调节阀。在电动控制系统中，一般采用可逆转伺服电动机或三相交流伺服电动机。

以上四个单元在组成反馈控制系统时是缺一不可的。但对一个完整的控制系统来说，一般都设有显示单元，用来指示被控量的给定值和测量值。同时，对气动控制系统来说，应设有气源装置和定值器，对电动控制系统尚需设稳压电源等辅助装置。

2. 反馈控制系统传递方框图

为了清楚表明各单元在控制系统中的地位和作用，以及各单元之间的信号传递关系，每个单元都用一个方框来表示，各方框之间用带箭头的信号线连接起来，就构成了反馈控制系统传递方框图，如图1-2所示。它适用于各种运行参数的自动控制系统，具有普遍性。

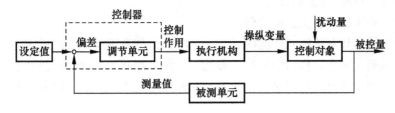

图1-2 反馈控制系统传递方框图

（1）方框图组成。

① 方框。每一个方框表示系统中的一个组成部分（也称为环节），方框内填入表示其自身特性的数学表达式或文字说明。

② 信号线。信号线是带有箭头的直线段，用来表示环节间的相互关系和信号的流向。作用于方框上的信号为该环节的输入信号，由方框送出的信号称为该环节的输出信号。

③ 比较点。比较点表示对两个或两个以上信号进行加减运算，"+"号表示相加，"-"号表示相减。

④ 引出点。表示信号引出，从同一位置引出的信号在数值和性质方面完全相同。

系统中的每一个环节都用一个方框来表示，其中被控对象（水箱）用来测量给水流量变化引起的水箱水位变化，给水流量（操纵变量）作为输入信号作用于被控对象，水箱水位（被控量）则作为被控对象的输出信号，而引起被控量（水箱水位）偏离设定值的因素包括用水量和给水管压力的变化等扰动量，它们也作为输入信号作用于被控对象。

(2) 传递方框图要建立以下几个概念。

① 环节。在传递方框图中,代表实际单元的每个小方框称为一个环节。每个环节必定有输入量和输出量,并用带箭头的信号线表示。环节输出量的变化取决于输入量的变化和环节特性,而输出量的变化不会直接影响输入量,这就是信号传递的单向性。

② 扰动。要把控制对象看作一个环节,它的输出量就是被控量。引起被控量变化的一切因素统称为扰动或扰动量。扰动量分两类,一类是外界用水量的变化,这是管理人员无法控制的,称为外部扰动;另一类是改变给水阀的开度,即改变给定值,这种扰动管理人员是可以控制的,称为基本扰动。

③ 闭环系统。在控制系统传递方框图中,前一环节的输出就是后一环节的输入,这样,控制系统就形成一个闭合回路,称为闭环系统,反馈控制系统必定是闭环系统。如果在某处把回路断开,系统就由闭环系统变为开环系统,开环系统不再是反馈控制系统,也就不能对被控量进行自动控制。

④ 反馈。在传递方框图中,符号"○"是比较环节(它不是一个独立的单元,而是调节器中的一个组成部分,为清楚起见单独画出)。它随时对被控量的给定值 γ 与被控量的测量值 Z 相比较得到偏差值 e。e 是调节器的输入量,调节器的输出量经执行机构推动调节阀,目的是控制被控量。而被控量的变化又经测量单元反送到调节器的输入端,这个过程叫反馈。只有反馈才能随时对被控量的给定值和测量值进行比较,只要存在偏差调节器就会指挥调节阀改变开度,也就是改变流入控制对象的物质或能量流量,直到测量值回到给定值偏差 $e=0$ 为止,这时调节器的输出不再变化,调节阀的开度正好适应负荷的要求,控制系统达到一个新的平衡状态。可见对参数的自动控制必须要有反馈过程,这就是把运行参数的自动控制系统称为反馈控制系统的原因。

在反馈中,有正反馈和负反馈之分。

经反馈能加强闭环系统输入效应的(偏差 e 增大)称为正反馈。经反馈能减弱闭环系统输入效应的(偏差 e 减小)称为负反馈。显然,按偏差控制运行参数的控制系统必定是负反馈控制系统。但是,在自动化仪表中,为实现某种作用规律和功能,常采用较复杂的正、负反馈回路。

3. 过程控制系统的主要类型

按系统功能分类:有温度控制系统、压力控制系统、位置控制系统、流量控制系统等;

按系统性能分类:有线性系统和非线性系统、连续系统和离散系统、定常系统和时变系统;

按被控变量的数量分类:有单变量控制系统和多变量控制系统;

按采用的控制装置分类:有常规仪表控制系统和计算机控制系统;

按控制系统基本结构形式分类:有闭环控制系统和开环控制系统。

(1) 闭环控制系统。

闭环控制系统是指控制器与被控对象之间既有顺向控制又有反向控制的控制系统。

优点:不管任何扰动引起被控变量偏离设定值,都会产生控制作用去克服被控变量与设定值的偏差。因此闭环控制系统有较高的控制精度和较好的适应能力,其应用范围非常广泛。

缺点:闭环控制系统的控制作用只有在偏差出现后才产生,当系统的惯性滞后和纯滞后较大时,控制作用对扰动的克服不及时,从而使其控制质量大大降低。

任务一 差压变送器的使用

在闭环控制系统中,根据设定值的不同形式,又可分为定值控制系统、程序控制系统、随动控制系统。

① 定值控制系统。系统的给定值是某一确定值,希望系统的被控量也保持定值。船舶主辅机热工参数的自动控制系统大多属于这一类系统。

特点:设定值是固定不变。

作用:保证在扰动作用下被控变量始终保持在设定值上。

② 程序控制系统。系统的给定值按某一预先确定的规律变化。例如在船舶主机自动遥控系统的调速系统中,柴油机增减负荷的控制过程是按预先规定的变化规律来改变转速的给定值,以防止柴油机气缸中出现不应有的热应力变化,这便是程序控制系统。

特点:设定值是一个按一定程序变化的函数(可以是时间,也可以是数值)。

作用:保证在各种条件下系统的输出(被控变量)以一定的精度跟随设定值的变化而变化。

③ 随动控制系统。系统的给定值预先不能确定,它取决于系统外的某一进程。如随动操舵系统,其舵角给定值完全取决于当时的航行情况,其他如参数的自动测量和自动记录系统也属于随动控制系统。

特点:设定值是一个未知的变化量。

作用:保证在各种条件下系统的输出(被控变量)以一定的精度跟随设定值的变化而变化。

(2) 开环控制系统。

开环控制系统是指控制器与被控对象之间只有顺向控制而没有反向联系的控制系统。操纵变量可以通过控制对象去影响被控变量,但被控变量不会通过控制装置去影响操纵变量。

从信号传递关系上看,该类系统未构成闭合回路。如图 1-3 所示为一水箱水位开环控制系统,其方框图如图 1-4 所示。

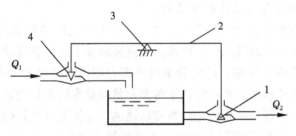

图 1-3 水箱水位开环控制系统
1-出水阀阀芯;2-杠杆;3-支点;4-调节阀阀芯

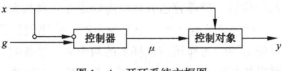

图 1-4 开环系统方框图

优点:动作及时,当扰动还没有使被控量发生变化时,就已使控制器产生控制作用。

缺点:没有反馈,因而控制精度低,只应用在控制精度要求不高的场合。

二、气动差压变送器的结构和工作原理

差压变送器是测量差压的仪表。具体应用时,除了可以直接测量差压外,它还可以间接测量液位、流量、黏度等参数。气动差压变送器的结构形式很多,本任务介绍其中的单杠杆差压变送器,其结构如图1-5所示。

差压变送器由测量和气动转换两部分组成。测量部分由正压室、负压室、测量膜盒、主杠杆、密封簧片等组成。它的作用是把被测的差压信号变成挡板的微小位移。气动转换部分由主杠杆、喷嘴挡板机构、功率放大器、反馈波纹管、调零和迁移弹簧等组成。它的作用是把测量部分输出的挡板微小位移转换成0.02~0.10 MPa的气压信号作为差压变送器的输出。测量膜盒是把金属膜片焊接在硬芯和基座上,制造时膜盒内先抽成真空,然后充注硅油。硅油是一种低凝固点和膨胀系数较小的有机硅化合物,它在膜盒内作为传递压力的介质使膜片的运动受到阻尼,防止膜片及变送器振荡。单向过载保护圈和硅油可防止膜盒在单向受力时被压坏。在正常工作时,膜盒左右腔内的硅油是彼此相通的,

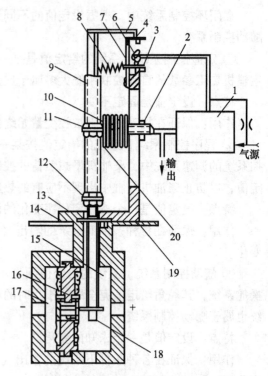

图1-5 单杠杆差压变送器结构原理图
1-功率放大器;2-锁紧螺钉;3-迁移螺钉;
4-顶针;5-顶针架;6-喷嘴;7-挡板;8-迁移弹簧;9-主杠杆;10-反馈波纹管;11-锁紧螺母;
12-静压误差调节螺母;13-密封簧片;14-支架;
15-正压室;16-测量膜盒;17-负压室;
18-锁紧螺母;19-底板;20-量程调节支点

一旦操作错误,就会造成膜盒单方向受力过大,这时由于硅油的阻尼作用,膜片缓慢位移,当硬芯与单向过载保护密封圈接触时,硅油的通路被阻塞不能左右流动,又因硅油是不可压缩的液体,所以膜片不再有位移,过大的单向作用力则由膜片经硅油全部被膜盒基座所承受,这样就防止了膜片位移过大而损坏。密封簧片是测量室的密封装置,同时又是主杠杆转动的弹性支点,所以要求既有良好的密封性和耐腐蚀性,又要有良好的弹性和机械强度。

差压变送器是按力矩平衡原理工作的。当测量膜盒两侧的压力差($\Delta p = p_1 - p_2$)增大时,在膜盒上产生一个轴向推力,膜片受力向左移动,因膜片和主杠杆是连接的,所以主杠杆就受到一个以密封簧片为支点的顺时针方向的测量力矩。主杠杆绕支点顺时针转动,使挡板有一个微小的靠近喷嘴的位移,喷嘴背压升高,经功率放大器放大后作为差压变送器的输出$p_{出}$。与此同时,$p_{出}$进入反馈波纹管产生一个反馈力矩,使比较杠杆受到一个以密封簧片为支点的逆时针方向的反馈力矩。当作用在杠杆上的两个力矩平衡时,主杠杆不再转动,稳定在一个新的位置上,喷嘴挡板间的开度不再变化,此时差压变送器的输出压力就稳定在比原来大的值上,变送器又处于新的平衡状态。当压差值减小时,同样会使输出压力相应的减小。总之,差压变送器的输出压力与其输入压差之间具有一一对应的关系。

任务一 差压变送器的使用

三、气动差压变送器的调试

1. 调零和调量程

在差压变送器初次投入工作前,必须先根据测量信号 Δp 的最大变化范围调好零点和量程。所谓调零点,就是当测量信号 $\Delta p=0$ 时,使差压变送器的输出 $p_出=0.02$ MPa。若输出不等于 0.02 MPa,可调整调零弹簧的拉力,改变挡板与喷嘴之间的初始开度,使 $p_出=0.02$ MPa。所谓调量程,就是当测量信号到达最大值时,使输出 $p_出=0.10$ MPa。若输出不等于 0.10 MPa,可改变量程支点的位置(即反馈波纹管的上下位置)或反馈波纹管的有效面积,使 $p_出=0.10$ MPa。

下面以测量信号 Δp 最大变化范围是 0~1 000 mm 的水柱输入为例说明调零和调量程的过程。首先调零,先把量程支点固定在某一位置,把 0.14 MPa 的气源送入变送器,然后让变送器的正压室和负压室均通大气, $\Delta p=0$,观察变送器的输出压力表是否指示在 0.02 MPa 上。若零点不对,可旋转相应的螺钉改变调零弹簧的拉力,直到输出压力 $p_出=0.02$ MPa 为止。零点调好后,接下来调量程。逐渐增大正压室的压力,也即增大 Δp,直到 $p_出=0.10$ MPa 为止,观察正压室压力是否为 1 000 mm 水柱。若不是,例如低于 1 000 mm 水柱,则说明量程小了,这时可松开量程调节支点(反馈波纹管)的锁紧螺母,将反馈波纹管上移后再把螺母锁紧。因为支点上移后反馈力矩增大了,必须增大输入 Δp 才能使杠杆平衡,亦即增加了量程。但反馈波纹管移动后,零点也随着变化了,所以需要重新调零。重新调零后,再检查量程是否符合要求,若仍不符合,可再次改变量程支点。重复上述操作,直到调好为止。一般需要进行 2~3 次,每次移动量程支点后都要把螺母锁紧,并重新调整零点。

2. 迁移原理

所谓迁移,就是根据实际需要将变送器量程的起点从零迁移到某一数值。迁移后量程起点和终点均改变了,但量程保持不变。迁移可分为正迁移和负迁移两种形式,正迁移是将量程的起点从零迁移到某个正值,负迁移是将量程的起点由零迁移到某个负值。迁移举例见拓展知识。

四、气动压力定值器

差压变送器实训管路连接中的给定压力是由给定定值器输出的标准气压信号。气动压力定值器的原理如图 1-6 所示。气源进入后分两路,一路由气源气室 A 经球阀到输出,另一路经恒气阻到 D 室,再经喷嘴到 E 室,后者与输出接通。当旋转手柄旋钮 1 时,压紧定值弹簧 3,使平膜片 5 连同作为挡板用的球阀 4 下降而盖住喷嘴 6。背压气室 D 的背压增高,作用在可动硬芯 7 及其周围的膜片上,使可动硬芯向下移动,打开球阀 9,使 A 室的气流入 B 室,从而使输出压力增大。定值器是按力平衡原理工作的。输出增大的同时,负反馈气室 E 的压力也增大,又使 E 室上的平膜片和挡板球阀向上移动到平衡,增大了弹簧力,最后在一个新的位置上平衡。此时喷嘴挡板间隙保持一定,背压不再变化。输出压力总与定值弹簧力平衡,因此可用旋钮改变给定压力。可以看出定值器的工作原理与我们前面介绍的减压阀类似,只是定值器中尚有喷嘴挡板放大器,因此定值精度比减压阀高。定值器的气源压力为 0.14 MPa,输出压力为 0.02~0.10 MPa。

五、电动差压变送器的结构和工作原理

电动差压变送器是电动单元组合仪表的测量单元,它的作用是检测各种参数并将被测参数转换成与之成比例的统一标准的电流信号(分为 0~10 mA 和 4~20 mA 两种)。

如图 1-7 所示是典型电动差压变送器的示意图,它是按力矩平衡原理进行工作的。它的机械部分与气动差压变送器基本相同。当被测差压 $\Delta p = p_1 - p_2$ 增大时,测量膜片(或膜盒)1 左移,主杠杆 2 绕轴封膜片支点 O_1 顺时针偏转,通过连接簧片 6 使副杠杆 7 绕支点 O_2 逆时针旋转,位移检测铝片 4 靠近位移检测线圈 5,使得线圈的电感量增大。其变化的感应电流经放大器 11 放大为 4~20 mA 的直流电流 I_0,此 I_0 一方面输出到负载 R_L,另一方面又流经处于永久磁铁 8 内的反馈线圈 9,使得反馈线圈受到的电磁力(即反馈力)增大,阻碍副杠杆继续偏转。当反馈力输入差压与所产生的输入力矩相等时,副杠杆与位移检测铝片停止运动,输出电流 I_0 稳定。此变送器的输出电流 I_0 与输入差压 Δp 成正比。

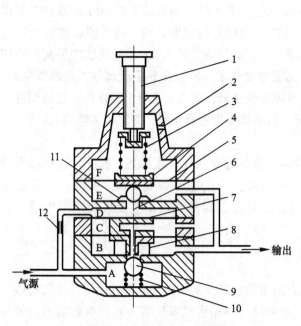

图 1-6 气动压力定值器

1-手柄;2-通气孔;3-定值弹簧;4-挡板(球阀);5-平膜片;6-喷嘴;7-可动硬芯;8,10-弹簧;9-球阀;11-三脚弹簧片;12-恒气阻

A-气源气室;B-输出气室;C,F-通大气;

D-背压气室;E-负反馈气室

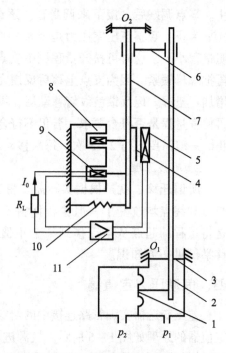

图 1-7 电动差压变送器示意图

1-测量膜片;2-主杠杆;3-轴封膜片;4-位移检测铝片;5-位移检测线圈;6-主副杠杆连接簧片;7-副杠杆;8-永久磁铁;9-反馈线圈;10-调零弹簧;11-放大器

为了平衡变送器在安装时其他元件所造成的附加力矩,利用调零弹簧 10 进行零点的调试。方法是:当 $\Delta p = 0$ 时,调节放大器 11 使得 $I_0 = 4$ mA。

任务一 差压变送器的使用

移动连接簧片 6, 即改变反馈力矩的大小, 可以调整变送器的量程。上移连接簧片 6, 则量程扩大; 反之, 量程减小。方法是: 施加相当于满量程的差压信号, 上下移动连接簧片 6, 使 $I_0 = 20 \text{ mA}$。调零和调量程应反复进行, 直到二者都符合要求为止。

【任务实施】

一、气动差压变送器调整

变送器是反馈控制系统的测量单元, 随工作时间的增长, 其性能会有所下降。因此, 在实际管理中, 要经常进行调整以保证控制系统的正确运行。通过本实训, 学生能掌握变送器的调零、调量程及进行迁移的基本操作。这对学生将来管好用好反馈控制系统并使之始终处于良好工作状态都具有十分重要的意义。

（一）实训目的

(1) 本实训要求正确接通差压变送器的气源及输入和输出信号, 熟练掌握对差压变送器进行调零、调量程及进行正、负迁移的操作技术。

(2) 进一步掌握单杠杆差压变送器的结构和工作原理, 绘出变送器输出随输入而变化的曲线, 分析其线性度。

（二）实训准备

1. 设备和工具准备

本实训在气动实训台上进行, 所需的主要设备和工具有:

(1) QBC-41B 型气动单杠杆差压变送器一台。

(2) 快速连接气管若干, 螺丝刀一个。

2. 实训前的准备工作

(1) 按如图 1-8 所示线路接通气动差压变送器气源, 并调整减压阀使气源压力稳定在 0.14 MPa 上 (观察气源压力表)。

(2) 变送器输出端接标准压力表, 输入端的正、负压室（测量信号）由气源经定值器接入, 并分别接标准压力表, 以反映正、负压室的气压信号。

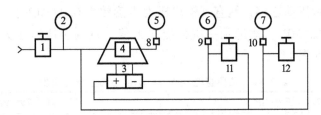

图 1-8 气动差压变送器气路连接图

1-减压阀; 2-气源压力表; 3-差压变送器; 4-气动功率放大器; 5-输出压力表; 6-正压室压力表; 7-负压室压力表; 8, 9, 10-气动接头; 11, 12-压力定值器

（三）实训步骤

（1）调零。

接通 0.14 MPa 气源，调整定值器 11 和 12 使负压室压力等于正压室压力，即 Δp 为零。观察输出压力表读数是否是 0.02 MPa，如果不是，可用螺丝刀扭动调零弹簧，直到输出压力表 5 指针指在 0.02 MPa 为止，零点调好。

（2）调量程。

本实训中，输入最大变化范围是 0~0.06 MPa。

零点调好后，调整定值器 11 使其输出压力为 0.06 MPa，观察正压室压力表 6 读数是否是 0.06 MPa，如果不是，调压力表 6 指针使其等于 0.06 MPa。松开反馈波纹管锁紧螺母，沿主杠杆上下移动反馈波纹管。如果输出压力表 5 读数小于 0.10 MPa，要上移波纹管；大于 0.10 MPa，要下移波纹管，直至输出压力表 5 读数指示 0.10 MPa 为止。

（3）重新调零和调量程。

移动反馈波纹管后，零点会改变，要反复进行调零和调量程，直到两者都符合要求为止。

量程调好后，要把反馈波纹管的锁紧螺母锁紧。

（4）变送器线性度。

变送器零点和量程调好后，调整定值器 11 和 12 使负压室压力等于正压室压力，使变送器的输出为 0.02 MPa。然后调整定值器 11，使正压室压力每增加 0.01 MPa，就记录一次输出压力值，直到正压室压力增至 0.06 MPa，输出压力达 0.10 MPa 为止。将记录数据填入表 1-1。

表 1-1　正压室输入压力、输出压力数据记录表

正压室输入压力/MPa	输出压力/MPa
0	
0.01	
0.02	
0.03	
0.04	
0.05	
0.06	

（5）负迁移。

调整定值器 11 和 12 使正压室压力为零，负压室压力为 0.07 MPa，这时输出压力表读数接近于零。然后扭动迁移弹簧直到输出压力表读数为 0.02 MPa，再调定值器 12，使负压室压力每减 0.01 MPa，就记录一次输出压力值，直到负压室压力减至 0.01 MPa 为止。将记录数据填入表 1-2。

表 1-2　负压室输入压力、输出压力数据记录表

负压室输入压力/MPa	输出压力/MPa
0.07	
0.06	
0.05	
0.04	

任务一 差压变送器的使用

续表

负压室输入压力/MPa	输出压力/MPa
0.03	
0.02	
0.01	

(6) 正迁移。

调整负压室压力为零，正压室压力为 0.05 MPa，扭动迁移弹簧使输出压力为 0.02 MPa。然后逐渐增大正压室压力，每增加 0.01 MPa，就记录一次输出压力值，直到正压室压力为 0.12 MPa，输出压力为 0.10 MPa 为止。将记录数据填入表 1-3。

表 1-3 正压室输入压力、输出压力数据记录表

正压室输入压力/MPa	输出压力/MPa
0.06	
0.07	
0.08	
0.09	
0.10	
0.11	
0.12	

(7) 根据表 1-1～表 1-3 的数据，画出坐标图，分析其线性度和迁移特性。

(四) 注意事项

(1) 在进行差压变送器实训时，要先接通气源，然后再接通正、负压室的信号。实训结束时要先切除正、负压室的输入信号，然后再切除气源。

(2) 在调量程时，每次上、下移动反馈波纹管的移动量不要太大，动作尽量平缓，移动后要把锁紧螺母扭紧。

(3) 保持气源压力为 0.14 MPa。接通气源后，要打开过滤减压阀的排污阀，放掉积水和脏物，排污后把阀关紧。

二、电动差压变送器调整

实训内容为用电动差压变送器测量气动差压信号，调整变送器的零点和量程。要求能够进行正确的电路连接，调整变送器的零点和量程，使得当输入差压在规定的范围内全程变化时，变送器的输出能在 4～20 mA 范围内变化。

差压变送器是反馈控制系统的测量单元，电动差压变送器越来越多地应用于船舶机舱，特别是用于测量锅炉水位。掌握电动差压变送器的调校方法对控制系统的维护管理，保持控制系统的正常运行具有重要的实际意义。

1. 设备和工具准备

本实训在仪表实训台上进行，所需的主要设备和工具如下：

(1) 1151DP 型差压变送器一台。

(2) 快速连接气管、连接导线若干和螺丝刀一把。

2. 实训步骤

（1）气路连接。

差压变送器的测量信号由实训台上的两个气压定值器提供，定值器设定的压力分别由相应的精密压力表和快速接头进行指示和输出。在进行气路连接时，应先使两个压力表的调定压力相等，即压差为零，然后再通过快速连接气管将高压端接至变送器的正压室 H，低压端接至负压室 L，如图 1-9 所示。

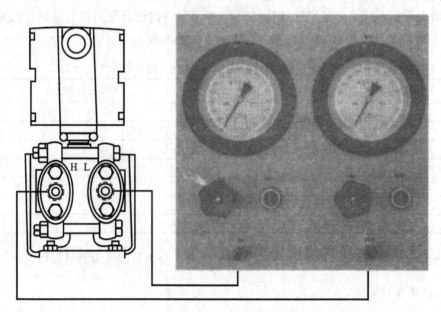

图 1-9 电动差压变送器气路连接

至于哪个输出用作高压端，哪个用作低压端，可由学生自行定义。另外，本实训无须使用阶跃开关，因此，实训过程中要把两个阶跃开关保持在气路接通的状态。

（2）电路连接。

实训中使用的电动差压变送器，其工作电源为直流电，输出电流为 4~20 mA。在实际使用中，变送器的输出往往带有负载，随着输出负载的不同，变送器的电源电压范围为 12~45 V。本实训中，电源采用实训台上的数显仪表提供的 24 V（DC）输出，最大可以驱动 500 Ω 的负载。但为简单起见，实训中可以不需要负载电阻，直接在输出回路中串接毫安表，用以测量输出电流的大小。

打开变送器电气壳体的端盖，可以发现上、下两排接线端子，上排标有"SIGNAL"字样，下排标有"TEST"字样。接线时，应将电源正极接至"SIGNAL"的"+"端，"SIGNAL"的"-"端接至毫安表的"+"端，毫安表的"-"端接到电源负极，构成封闭回路。接线图如图 1-10 所示。"TEST"端子是当变送器在工业现场使用时用于输出测试的，可以接内阻小于 8 Ω 的电流表，也可不接。本实训中，若将"SIGNAL"的"-"端接电源负极，而将毫安表接至"TEST"端子，也可以得到同样的实训效果。

（3）零点和量程的调整方法。

在变送器的转换电路中设有两个电位器分别用于调整零点和量程，它们位于电气壳体的铭牌后面，移开铭牌即可调整。调零电位器旁标有"Z"，量程电位器旁标有"R"，如

任务一　差压变送器的使用

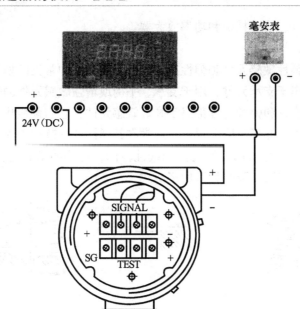

图 1 – 10　电动差压变送器电路连接

图 1 – 11 所示。当输入信号不变时,顺时针转动两个电位器,均使变送器的输出电流增大,逆时针转动则使输出电流减小。

设量程范围为 0 ~ 0.1 MPa,则零点和量程调整方法的步骤如下:

① 调整定值器,并观察两个压力表,使 $\Delta p = 0$（下限值）,调整调零电位器,直到变送器输出为 4 mA。

在操作中,设定差压时,也可以让负压室接通大气,调节正压室压力即可。

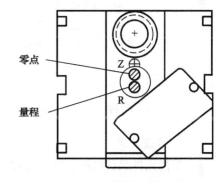

图 1 – 11　零点和量程调整螺钉

② 使 $\Delta p = 0.1$ MPa,调整量程电位器,直到变送器输出为 20 mA。

③ 重复步骤①和②,直到 0 ~ 0.1 MPa 测量范围与 4 ~ 20 mA 标准输出相对应。

(4) 线性、阻尼调整。

除零点和量程调整外,放大器板的焊接面还有一个线性调整电位器和阻尼调整电位器。线性调整电位器已在出厂调到了最佳状态,一般不在现场调整。阻尼调整电位器用来抑制由被测压力的高频变化而引起的输出快速波动。其时间常数在 0.2 s（正常值）和 1.67 s 之间,出厂时,阻尼器调整到逆时针极限的位置上,时间常数为 0.2 s。最好选择最短的时间常数,时间常数调节不影响变送器的零点和量程,可在现场进行阻尼调整。

【拓展知识】

一、气动仪表基本元件

气动仪表的种类和结构形式虽然很多,但构成它们的基本元部件数并不多,主要有弹性元件、节流元件、气容、喷嘴挡板和功率放大器等。

1. 弹性元件

弹性元件可分为弹性敏感元件和弹性支承元件两类,其中常见的如图 1 – 12 所示。图中的螺旋弹簧和片簧是属于支承元件,用于支承、平衡或增强敏感元件的刚度。波纹管和膜片及图中未画出的金属膜盒和弹簧管等都属于弹性敏感元件,它们都能将压力转换成位移。在气动仪表中,弹性元件的变形范围都很小,通常在其弹性变形范围之内。故气动仪表中的弹性元件可视为比例元件。为增加弹性元件的线性范围,可用的措施有:金属膜片制成波纹状,波纹管采取预压缩安装,弹簧管采用多圈式。

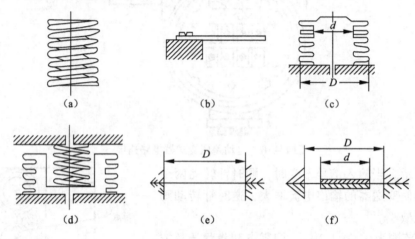

图 1 – 12 弹性元件

(a) 螺旋弹簧;(b) 片簧;(c) 波纹管;(d) 带弹簧的波纹管;(e) 金属膜片;(f) 橡胶膜片

2. 节流元件

节流元件又称气阻,在气路中,起阻碍气体流动的作用。它可以产生压降和改变气体的流量。按其工作特点,可分为恒节流孔和变节流孔两种类型。

(1) 恒节流孔。又称恒气阻,它的流通截面积不能改变,气阻值不能调整。常见的恒节流孔有毛细管式和小孔式两种,如图 1 – 13 所示。

(2) 变节流孔。又称可调气阻,它的流通面积可以改变,所以其气阻值可以按需要进行调整。常见的变节流孔分为三种类型:圆锥 – 圆锥形,圆柱 – 圆锥形,圆球 – 圆锥形,如图 1 – 14 所示。变节流孔实际上是可调型节流阀,通常把阀杆和阀芯设计成弹性连接,这样可保证关阀时阀芯与阀座的密封并防止接触表面被压坏。另外在关阀时,具有自动对中的良好特性。

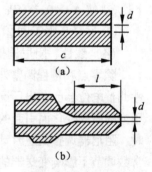

图 1 – 13 恒节流孔

(a) 毛细管式;(b) 小孔式

3. 气容

气体容室简称气容,它在气动仪表中能储存或放出气体,对气压变化起惯性作用。常用的有固定气容和弹性气容两种类型,如图 1 – 15 所示。

固定气容(或称定容气室)是指容积固定不变的气室,而弹性气容(或称弹性气室)则是指容积可以改变的气室。

任务一 差压变送器的使用

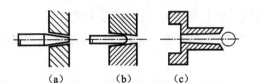

图 1-14 变节流孔
(a) 圆锥-圆锥形；(b) 圆柱-圆锥形；(c) 圆球-圆锥形

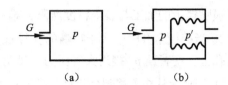

图 1-15 气容示意图
(a) 定容气室；(b) 弹性气室

以上两类气容的特点是：固定气容的容积大小与压力变化无关，因此压力变化不会改变固定气容的容积；弹性气容的容积不仅和它的气室初始容积有关，而且和压力变化时引起的容积变化有关。

4. 喷嘴挡板

它是气动仪表中最基本的元件，其功能是把挡板的微小位移量（输入）转换成对应的气压信号输出。

(1) 喷嘴挡板机构。喷嘴挡板机构由恒节流孔 1，背压室 2，喷嘴 3 和挡板 4 组成，如图 1-16 所示。喷嘴的孔径应比恒节流孔直径大，通常 $D = (4 \sim 6)d$，以保证在挡板全开时背压室的压力降到接近于大气压力。为了保证喷嘴挡板机构能正常工作，气源中不能含有油、水和杂物。喷嘴的轴心线必须与挡板平面垂直，以便在挡板靠上喷嘴时，有良好的密封性。

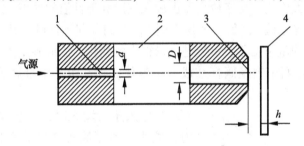

图 1-16 喷嘴挡板机构
1-恒节流孔；2-背压室；3-喷嘴；4-挡板

(2) 喷嘴挡板静特性。将 0.14 MPa 的气源连接到喷嘴挡板机构的入口，经恒节流孔进入背压室，再由喷嘴与挡板之间的缝隙排入大气。当挡板靠近喷嘴，即挡板开度 h 减小时，气阻加大，使背压室的压力 p_D 增大；反之，若挡板开度 h 加大时，气阻减小，使背压室压力 p_D 减小。可见，喷嘴挡板起到了变气阻的作用。不同的挡板开度对应不同的背压室压力。在稳定工况下（即恒节流孔的流量与喷嘴的流量相平衡，背压室内压力稳定不变），背压室压力 p_D 与挡板开度 h 之间的对应关系称为喷嘴挡板机构的静特性，经实验测得的曲线如图 1-17 所示。它有以下三个特点：

① 当挡板处于全关状态时（即 $h = 0$），

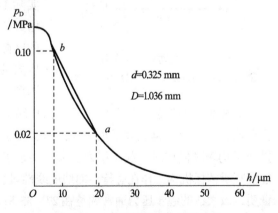

图 1-17 喷嘴挡板机构的静特性

由于喷嘴挡板的加工与装配精度所限，难免漏气，因此背压 p_D 只能接近于气源压力。

② 当挡板全开时，由于喷嘴的孔径远大于恒节流孔孔径，所以空气的压降主要降在恒节流孔上，使背压 p_D 接近大气压力（即为零）。

③ 当挡板从全关移到全开时，背压 p_D 随挡板开度 h 增大而迅速下降，当 h 增大到喷嘴孔径的 1/4 时，背压 p_D 不再明显变化。从静特性曲线可见，p_D 随 h 增大而下降的过程是两头慢、中间快。特性曲线上各点的斜率不同。在曲线的中间段 ab 之间，背压变化较快，若用直线 ab 代替曲线 ab，其误差很小，这样喷嘴背压变化量 Δp_D 与挡板开度的变化量 Δh 呈线性关系，喷嘴挡板机构的实际工作范围 ab 段，通常称为工作段。由于工作段的线性度较好且斜率大，它比工作在其他范围内的精度和灵敏度要高。在工作段内喷嘴挡板机构可看作是一个比例环节。

5. 功率放大器

在喷嘴挡板机构中，恒节流孔的孔径很小（$d = 0.15 \sim 0.30$ mm），工作时输出的空气量较小，不能直接用来推动执行机构，也很难传送较远的距离。因此，几乎所有的气动仪表都在喷嘴挡板机构的输出端串联一个功率放大器，进行流量放大或压力放大，即功率放大，以增强其驱动能力和实现信息的远距离传递。在结构上两者往往是连成一体的，所以又合称为二级功率放大器。

功率放大器种类繁多，结构各异，如图 1-18 所示是一种耗气型气动功率放大器，它能起到流量和压力的放大作用。功率放大器由放大气路和弹性组件构成。放大气路由两个变节流阀串联构成，一个是球阀 4，另一个是锥阀 1，它们各起不同的作用。球阀 4 控制来自气源的进气量，因球阀的微小位移会引起进气量很大的变化，故能满足流量较大的要求。锥阀 1 用来控制排气量。这两个阀经阀杆结成一个整体。弹性组件由金属膜片 2 和弹簧片 3 组成，它能使阀杆产生位移。

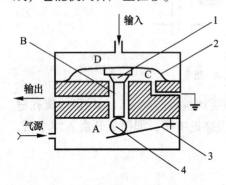

图 1-18 气动功率放大器
1-锥阀；2-金属膜片；3-弹簧片；4-球阀

当输入压力增大时，在金属膜片 2 上形成的推力也增大，克服膜片 2 和弹簧的刚度使阀杆下移，开大球阀关小锥阀，使进气量大于排气量，这时 B 室压力增大，即放大器的输出压力增大。反之，当输入压力减小时，放大器的输出压力就下降。由此可知，阀杆的位移决定了放大器输出压力的大小。实际工作过程中有一个起步阶段，即虽然输入压力增大，但是膜片 2 无位移的阶段，它是由于部件间的间隙和克服静摩擦力引起的。在工作段上，输出压力的增量和输入压力的增量可近似看为比例关系。因此，气动功率放大器是一个比例环节。

该放大器不但放大了压力信号，而且因为进气球阀的流通面积远大于喷嘴挡板机构中的恒节流孔，使流量也放大了很多倍，即实现了压力和流量的同时放大。当功率放大器与喷嘴挡板机构串联使用时，起步压力的大小决定了喷嘴挡板机构的工作区域，合适的起步压力才能使喷嘴挡板机构工作在静特性曲线的线性段，从而保证仪表具有较高的精度和灵敏度。实践证明，放大器的起步压力通常调整在 27~33 kPa，可保证仪表工作在喷嘴挡板机构的线性段。

起步压力大小与金属膜片和弹簧片的刚度、膜片与阀杆间隙及弹簧片的预紧力有关。调

任务一 差压变送器的使用

换不同刚度的金属膜片和弹簧片，或调整弹簧片的预紧力，可以改变放大器的起步压力。

二、气动差压变送器迁移举例

下面以锅炉水位测量（图1-19）为例来说明变送器的迁移原理。在测量锅炉水位时，通常都采用参考水位罐装置。

参考水位罐上端与锅炉蒸汽空间相通，下端经测量水位管3和参考水位管4分别接在差压变送器的正、负压室上。因测量水位管3还与锅炉的水空间相通，所以测量水位管3内的水位与锅炉的实际水位是一致的。测量水位管的管口位置已调整到与锅炉的最高水位相一致。在锅炉工作时，由于参考水位罐内蒸汽的不断冷凝，使罐中的水位不断上升，当水位升至测量管的管口时，蒸汽再冷凝而成的水就会流进测量水位管3，而与锅炉的水空间相通。因此，参考水位

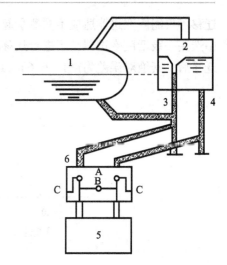

图1-19 负迁移测锅炉水位测量装置
1—锅炉；2—参考水位罐；3—测量水位管；
4—参考水位管；5—差压变送器；6—阀箱；
A—截止阀；B—平衡阀；C—泄放阀

罐将保持一个与锅炉最高水位相一致的水位，称为参考水位。而测量水位管中的水位与锅炉的实际水位相一致，称为测量水位。差压变送器正压室的压力为蒸汽压力加上测量水位的水柱高度，负压室的压力为蒸汽压力加上参考水位的水柱高度。很显然，参考水位的高度总是大于或等于实际水位的，按差压变送器的工作原理，参考水位管4应接正压室，而测量水位管3应接负压室。这样虽可保证正压室压力高于负压室压力，即 Δp 为正值，但是随着测量水位（即实际水位）的上升，压力减小，变送器的输出信号也随之减小。这样，变送器的输出与锅炉实际水位的变化方向相反，显示仪表指示的方向也必然相反。由于这不符合人们的习惯，容易造成错觉。为了避免出现这种情况，通常把管4的参考水位接到负压室，把管3的测量水位接到正压室，这样，变送器的输出变化方向就与锅炉实际水位的变化方向一致了。但此时的 Δp 为负值，挡板远离喷嘴，这对一般差压变送器来说是不会有输出的。为此可调整迁移弹簧（参见图1-5中的8，有的变送器把调零弹簧与迁移弹簧分开，有的是合用一根），进行迁移。例如锅炉水位的最大变化范围为600 mm水柱，当锅炉水位处于最低水位时，即 $\Delta p = -600$ mm水柱时，调整迁移弹簧的拉力，使挡板靠近喷嘴，直到挡板与喷嘴间的初始开度减小到使变送器的输出等于0.02 MPa为止。以后随着锅炉水位的不断上升，Δp 负值不断减小（即正负压差 Δp 增大），挡板不断靠近喷嘴，变送器的输出也不断增加。当锅炉水位到达最高水位，即 $\Delta p = 0$ 时，变送器的输出为0.10 MPa，这就是迁移。

上述的例子，是将变送器的零点从 $\Delta p = 0$ 迁移到 $\Delta p = -600$ mm水柱，所以是负迁移，迁移量为 -600 mm水柱，如图1-20所示。由图可知，变送器迁移后，量程的起点和终点都改变了，但量程不变，仍为600 mm水柱。不仅差压变送器可以迁移，其他如温度、压力等变送器均可迁移。例如锅炉蒸汽压力的最大变化范围是0.6~1.0 MPa，若不进行迁移，就必须选用量程为0~1 MPa的差压变送器，否则无法测出全部压力变化。若进行迁移，则可选用量程为0~0.4 MPa的差压变送器，这时将变送器的零点正迁移到0.6 MPa即可，当输入为0.6 MPa时，变送器的输出为0.02 MPa；当输入为1 MPa时，输出为0.1 MPa。通过

迁移不仅能使变送器适应不同测量起点的要求，还可提高仪表的精度和灵敏度。如果在上例中选用一级精度变送器，不进行迁移时，其绝对误差为 (1-0)×1% = 0.01 (MPa)；进行迁移后，其绝对误差为 (1-0.6)×1% = 0.004 (MPa)。可见，仪表精度提高了2.5倍。

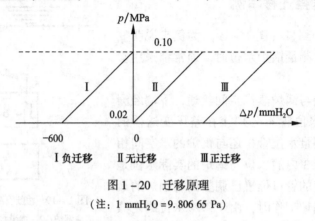

图1-20 迁移原理

（注：1 mmH$_2$O = 9.806 65 Pa）

三、差压变送器使用时的保护

差压变送器在投入工作或退出工作时，如果正压 p_+ 和负压 p_- 不能同时作用在测量膜盒上，就会在膜盒的一侧突然受到一个很大的作用力，有可能使膜盒和挡板等元件损坏。为了防止变送器出现单向过载而损坏，除了在膜盒的结构上采取必要的保护措施外，在差压变送器的测量管路上还装有平衡阀和截止阀，如图1-19所示中的A、B，以保证 p_+ 和 p_- 同时接入或同时切除。为了达到保护变送器的目的，平衡阀和截止阀必须按以下步骤操作：投入工作前，应先打开平衡阀B，这样不论先打开左边还是右边的截止阀A，测量管中的压力经过平衡阀都会使膜盒两侧的压力相等，不会产生单向受力情况。当左右边截止阀A都打开并使压力稳定后，再慢慢关闭平衡阀B，使 p_+ 和 p_- 同时接入正、负压室，变送器开始正常工作。当变送器退出工作时，也须先打开平衡阀B，然后关闭左右边截止阀A，使 p_+ 和 p_- 同时切除。

四、常见的故障分析及排除

1. 变送器有输入，但无输出或输出达不到0.10 MPa

这种故障现象可能是由气源管路漏气或堵塞、减压阀过滤器堵塞、恒节流孔堵塞、输出管路漏气或迁移量没调好等原因造成。排除方法：清堵、堵漏、重新调整迁移量。

2. 仪表无输入但有输出

这种故障现象可能是由喷嘴堵塞、气源压力过大、反馈波纹管漏气、放大器中球阀有污物、膜盒上的弹簧拉片变形等原因造成。排除方法：清堵、调整气源压力、更换波纹管、清洗、更换弹簧拉片。

3. 零点漂移

这种故障现象可能是由喷嘴挡板沾污、顶针螺钉松动、输出管路或反馈气路漏气、测量膜盒漏油等原因造成。排除方法：清洗、重新上紧、堵漏或换新波纹管、更换膜盒。

4. 输出压力波动

这种故障现象可能是由输出管路或反馈气路漏气、放大器或喷嘴沾污等原因造成。排除方法：堵漏或换新、清洗。

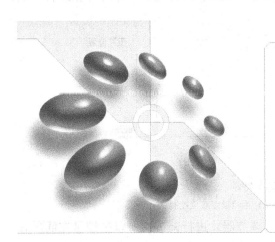

任务二 调节器的参数整定

【任务描述】

调节器可以被定义为按一定的调节规律（作用规律）使被控量稳定在给定范围内的设备，即进行调节的设备。它是自动控制系统中的核心。为了得到良好的动态过程，往往只能根据对象的动态特性选用合适的调节器，并整定好控制器的参数。调节器有多种调节规律可供选择，某些参数设计成可调的，以满足不同控制对象的要求。本任务要达到的任务目标如下：

一、知识目标

1. 掌握P、I、D调节规律的定义、特征参数和特性。
2. 掌握调节器参数整定的方法。

二、能力目标

1. 具有使用和整定XMTA（H）-7000智能数显调节仪的能力。
2. 具有分析P、I、D调节规律并进行参数整定的能力。

【背景知识】

一、常见的调节规律

1. 位式调节规律

所谓位式调节规律指的是在被控量的变化过程中，控制机构有几个不连续的位置与之对应。根据控制机构位置数量的多少，位式调节规律有双位调节规律和多位调节规律之分。其中用得最多的是双位调节规律。

双位调节规律是指在输入信号（控制器的输入）变化范围内，控制装置的输出只有两个位置而没有任何中间位置的调节规律，双位调节规律又叫接通、断开控制。如电冰箱的温度控制，温度达到高限，接通电源启动冰箱；温度达到低限，断开电源，冰箱停止运转。如图2-1所示。

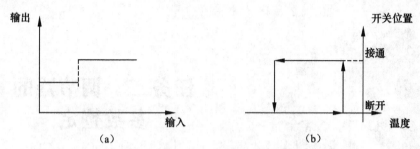

图2-1 双位调节特性
(a) 双位零件输入输出关系；(b) 冰箱温度双位控制

双位控制由于只是在被控量达到极限位置时，调节器才进行调节，所以被控量在低限和高限之间来回波动，调节偏差大、精度低。但因其结构简单、价格便宜、维护保养方便，所以在控制精度要求不高的场合，广泛采用这种控制方式。如空气瓶压力自动控制、冷库温度自动控制等。

2. 比例调节规律（P调节——Proportional Control）

所谓比例调节规律是指调节器的输出量 Δy 与输入量（即被控量的偏差）Δx 成比例关系。具有比例调节规律的控制设备称比例（P）控制器或比例（P）调节器。

$$\Delta y = k \cdot \Delta x$$

式中 k 是P调节器的放大系数。

如图2-2所示是一个浮子式水柜水位比例控制系统。水柜中的水位 x 是被控量，其给定值为 x_0，扰动为出水量 Q_2 的变化（水柜负荷）。现假设 Q_2 增加，Q_1 不变，则水位下降。这时浮子下降，杠杆2转动，给水阀4开大，给水量增大，直到 Q_1 重新等于 Q_2，水位 x 稳定在新的位置，杠杆、进水阀也稳定在新的位置（虚线）。在这一过程中，调节器的输入即水位变化了 Δx，调节器的输出即进水阀的开度变化了 Δy。显然，根据三角形相似的性质有：

$$\Delta y = \frac{a}{b}\Delta x = k \cdot \Delta x$$

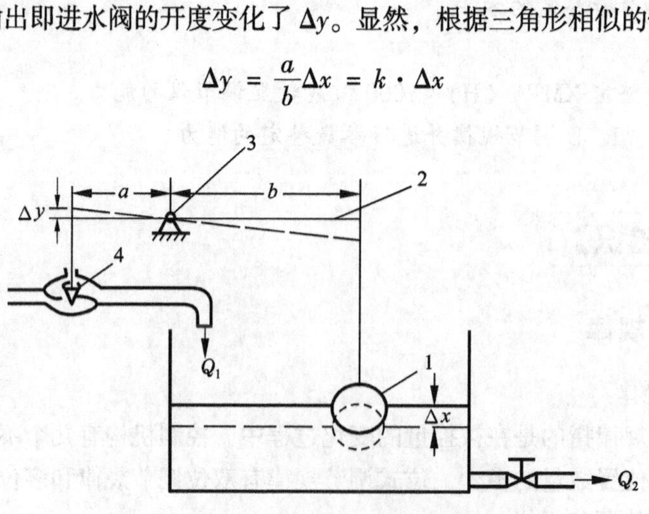

图2-2 水柜水位比例控制系统
1-浮子；2-杠杆；3-可调支点；4-给水调节阀

输出与输入成比例关系，该调节器是比例（P）调节器。

放大系数 $k = \Delta y/\Delta x$ 反映比例调节器控制作用（比例作用）的强弱。k 越大，对于同样的输入变化量 Δx，输出变化量 Δy 越大，即控制作用越强。反之 k 越小，比例控制作用越弱。此例中 $k = a/b$，所以改变支点的位置即可改变调节器控制作用的强弱。

放大系数是用输出和输入变化的绝对数值来反映 P 作用的强弱，它没有反映调节器的规格，不同规格的调节器的 k 不具有可比性。因而，在自动控制系统中，通常不是用 k 而是用比例度 δ 或称比例带 PB（Proportional Brand）来衡量比例作用的强弱。比例度是指调节器输入量与输出量相对值之比的百分数。即

$$\delta = \frac{\Delta x}{x_{\max} - x_{\min}} \bigg/ \frac{\Delta y}{y_{\max} - y_{\min}} \times 100\%$$

式中：$x_{\max} - x_{\min}$ 是调节器输入量的最大变化范围，叫全量程。

$y_{\max} - y_{\min}$ 是调节器输出量的最大变化范围，叫全行程（阀门开度）。

对于一个特定的调节器来说，全量程与全行程是特定的数值。所以上式可写成：

$$\delta = \frac{\Delta x}{\Delta y} \cdot \frac{y_{\max} - y_{\min}}{x_{\max} - x_{\min}} \cdot 100\% = \frac{\Delta x}{\Delta y} \cdot C \, (C \text{ 为一常数})$$

而放大系数 $k = \Delta y/\Delta x$，可见比例度与放大系数成反比关系。δ 越大，k 越小，则比例作用越弱。

比例度对控制过程有很大影响。比例度太大，则控制作用太弱，所得控制过程的动态偏差和静态偏差都很大，过渡时间会很长；比例度太小，则控制作用太强，控制作用太大，往往会造成过头，引起控制过程波动加剧，过渡时间延长，甚至出现等幅振荡和发散振荡等不稳定的过程，这是不允许的。我们把等幅振荡看作是衰减振荡和发散振荡的临界状态，因而出现等幅振荡时的比例度叫临界比例度。

从以上的分析可以看出，比例度太大或太小对控制系统的品质都是不利的。只有根据调节对象的特性，选择合适的比例度，才能同时兼顾控制过程的稳定性、准确性和快速性，获得最佳的控制效果。

比例控制的优点是控制及时。当出现偏差的瞬间，控制器输出按比例变化，随即改变阀门的开度，动作迅速，控制及时。比例控制的缺点是不能消除静差。如图 2-2 所示的例子，出水量 Q_2 变化引起水位 x 变化，水位变化后调节器动作，最后是通过改变进水阀的开度、改变进水量 Q_1，使 Q_1 和 Q_2 重新达到平衡，使水位稳定在新的数值上。既然调节器的输出（进水阀的开度）发生了变化，而输出与输入又成比例，所以输入（水位）也一定发生了变化，即与原数值存在偏差。比例调节是有差调节，不能保持被调量严格不变，只能克服扰动的影响，减小被控量的变化幅度，使被控量保持在给定值的附近。由 P 调节器组成的控制系统是有差控制系统。

根据比例控制的特点，比例控制器主要用在对被控量稳态精度要求不是很严格的控制系统中。

3. 积分调节规律（I 调节——Integral Control）

比例调节规律的主要缺点是有静差，若要消除静差，则必须在比例调节的基础上，再加上积分调节作用。

积分调节规律表达式为：

$$P(t) = \frac{1}{T_i}\int e(t)\,\mathrm{d}t$$

式中：T_i——积分时间。

积分调节规律是指调节器的输出量与输入量的积分成正比例关系，常用 I 表示。

如图2-3所示是水柜的水位积分控制原理图。系统处于初始平衡状态时，水位等于给定值。浮子1通过连杆使滑阀2正好盖住油缸7上的配油口 A 与 B，具有一定压力的工作油无法通过 A 或 B 口进入伺服油缸6。油缸中伺服活塞4上下两个腔室的油液也被封闭，伺服活塞与调节阀5均静止不动，调节阀开度正好使进水流量等于出水流量。若某一时刻出水流量突然减小一定值，使水位偏离给定值并上升，滑阀随水位上

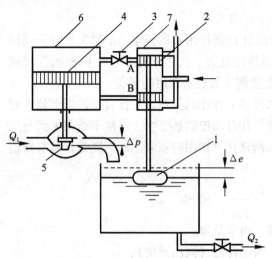

图2-3　水柜水位积分控制原理
1-浮子；2-滑阀；3-节流阀；4-伺服活塞；
5-调节阀；6-伺服油缸；7-油缸

升，打开配油口 A 和 B。A 和 B 开启的高度均等于水位偏差。于是，伺服油缸下部空间的油经 B 孔泄放到油箱中去，压力油经 A 孔进入伺服油缸上部空间，推动伺服活塞下移，关小调节阀，减小水柜的进水流量。直到流入量与流出量相等而且水位也回到起始给定值时，调节系统才重新建立平衡。从上述工作过程可以看出，此水位控制装置的输出信号变化速度（给水调节阀阀芯的移动速度）与输入信号（水位偏差）的大小成正比。即偏差大，A 与 B 口开度大，阀门移动速度也大；反之，偏差小，阀门移动速度也小；而当偏差等于 0 时，阀门才停止移动。这就是积分调节规律。

从上面的例子可以看出，积分调节规律的输出大小不仅取决于偏差量的大小，而且主要取决于偏差存在的时间长短。只要有偏差，尽管偏差可能很小，但它存在的时间越长，输出信号就越大。只有当偏差消除时（即 $e=0$），输出信号才不继续变化，执行机构才停止动作。也就是说，积分调节作用在最后达到稳定时，偏差是等于零的，这是它的一个显著特点。

虽然积分调节器能消除静差，但在稳定性、动态偏差和过渡过程时间等方面的调节效果都不如比例调节器。这是因为当偏差突然增加时，积分调节不能像比例调节那样及时，它的输出变化需要时间。在偏差（设为正值）出现的瞬间，积分调节器的输出为零，在短时间内也仍然很小，这样就不能及时纠正偏差，使偏差越来越大。随着偏差不断增大及时间的不断增加，积分调节器的输出才越来越大，以致调节阀开度的变化过头。而当偏差开始减小时（但仍然为正值），积分器的输出会使阀门的开度仍然按原方向增加，这就使阀门开过头的情况愈加严重，直到偏差为负值时，积分调节器的输出才反方向作用，这样就会使被控量出现大幅度振荡（过调）。若控制对象还有较大的滞后特性或较大的惯性，则这种积分作用产生的振荡将会更加剧烈。可见，单纯的积分控制器并不适合生产需要，故在生产中很少使用。

4. 比例积分调节规律（PI）

前面分析了比例调节的优点是及时，但有静差，而积分调节虽能消除静差，但因作用缓

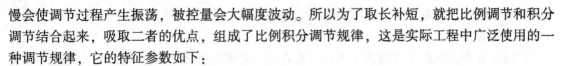

慢会使调节过程产生振荡，被控量会大幅度波动。所以为了取长补短，就把比例调节和积分调节结合起来，吸取二者的优点，组成了比例积分调节规律，这是实际工程中广泛使用的一种调节规律，它的特征参数如下：

（1）积分时间 T_i。

在 PI 调节中，比例带 PB 是衡量比例作用强弱的参数，积分时间 T_i 是衡量积分作用强弱的参数，它具有"时间"的量纲。积分时间的物理意义是：在给 PI 调节器输入一个阶跃信号情况下，积分输出增加到等于比例输出所需要的时间。积分时间越短，积分作用越强。积分时间 T_i 的整定范围是 3 s ~ ∞。

（2）PB 和 T_i 对系统性能的影响。

比例带 PB 和积分时间 T_i 是 PI 调节器的两个重要参数，它们对系统的过渡过程性能有显著的影响（系统的性能还与控制对象的特性有关）。一般来说，PB 和 T_i 值较大，则表示控制作用弱，会使调节过程更稳定，但最大动态偏差将会较大，过渡过程时间也较长；而 PB 和 T_i 值较小，则表示控制作用强，虽然最大动态偏差减小了，但系统的稳定程度降低了，被控量的波动加剧了，过渡过程时间也较长。所以 PB 和 T_i 过大或过小都不好，应根据控制对象的特性来选择合适的 PB 和 T_i。在比例调节的基础上增加了积分作用，其优点是消除了静差，但也带来了不利的影响，即增加了调节过程的振荡性，应适当增加比例带以维持系统的稳定性。T_i 过大，积分作用不明显，静差消除很慢；T_i 过小，过渡过程振荡太剧烈，稳定程度降低。

若无法准确判断时，则 T_i 值宁大勿小。因为 T_i 偏大，仅使消除静差的时间稍长而已，对其他性能并无不利。

在 PI 调节中，比例调节起主要的调节作用，积分调节起消除静差的辅助作用。

5. 微分调节规律（D 调节——Differential Control）

微分作用规律是指调节器输出信号与输入信号偏差的变化速度成正比，即输出量与输入量的导数成正比。其数学表达式为：

$$\Delta y = T_d \frac{d\Delta x}{dt}$$

式中：T_d——微分时间。

微分时间 T_d 反映微分作用的强弱。T_d 太大，微分作用太强，容易出现调节过头现象，增加控制过程的振荡次数；T_d 太小，微分作用太弱。

微分作用的输出量与输入偏差变化速度成比例，偏差再大，如果不变化，也没有微分作用。

根据上述微分作用的特点，微分作用不能单独使用，只起辅助作用，用在控制对象时间常数较大的控制系统中。

6. 比例微分调节规律（PD）

比例调节的优点是及时，即一有偏差，调节器就立即按偏差大小成比例的起作用。但实际上，当对象突然受到扰动时，被控量的偏差也并不是突然增加的，这是因为控制对象有惯性，偏差是逐渐增加的。这样，在控制对象受到扰动后的短时间内，因为偏差较小，所以比例作用也就较小，不能达到克服扰动的要求，偏差将继续增大。因此，从这个意义上来说，比例调节也不是很及时的。正因为如此，所以对一些滞后和惯性较大的控制对象，仅用比例或比例积分调节会使调节过程不及时而出现振荡。而微分调节规律可以用来弥补比例调节的这一不足之处。

若用微分作用规律来控制水柜水位，在水位降低的情况下，则给水阀开大多少只与水位降低的速度有关。当水位由稳态阶跃下降时，不论检测到的偏差如何小，给水阀都应立即全开（输出为无穷大），以适应极快的输入变化速度。此后，由于进水流量增大，水位下降速度变慢，给水阀相应关小些，但阀门开度仍比原来的大，即对应于较慢的输入变化速度，使控制装置有一较小的输出。当水位停止下降时，阀门立即回到原处，即输入变化速度为零时，控制装置的输出也为零。实际上，自动控制装置是很难实现上述调节规律的。因此，我们把上述作用规律称为理想微分调节规律，而把实际装置能实现的与此近似的控制动作称为实际微分调节规律，其相应的控制装置就称为微分控制器或微分调节器。

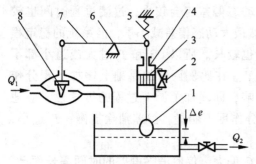

图 2-4 水柜水位微分控制原理
1-浮子；2-节流阀；3-活塞；4-油缸；
5-弹簧；6-支点；7-杠杆；8-调节阀

如图 2-4 所示是水柜水位的微分控制原理图。水柜中的浮子 1 与油缸 4 连接在一起。油缸中的活塞上下都充满油液，并经节流阀 2 相互连通。活塞通过连杆与弹簧 5 和杠杆 7 相连，用以控制调节阀 8 的开度。当出水流量 Q_2 大于入水流量 Q_1，水位下降时，浮子 1 带动油缸 4 一起随水面下降。因节流阀 2 开度较小，故此时活塞上方的油液大多数来不及通过节流阀流走而形成油垫。油缸通过油垫使活塞克服弹簧 5 的张力后一起下行，带动杠杆 7 绕支点 6 顺时针转动，从而开大进水调节阀。在此过程中，进水阀阀门开度大小主要取决于水位的变化速度：水位降得快，活塞上方的油液来不及流向下方，活塞下行量就大，相应的阀门开得也大；水位降得慢，活塞上方的油液随时间有一部分通过节流阀流向下方，活塞下行量就小，相应的阀门开得也小。进水阀阀门开大后，Q_1 增加，当 Q_1 增大到等于 Q_2，水位稳定不再下降时，由于活塞上方油液压力大而不断通过节流阀 2 流向压力较低的活塞下方，故活塞在弹簧的作用下反过来向上运动，通过杠杆的动作使调节阀反过来关小，一直到活塞上下方压力相等，弹簧与调节阀开度恢复原状为止。若水位上升，则控制动作相反。

在如图 2-4 所示中，杠杆 7 的长度与支点 6 的位置就决定了微分放大系数 K_d 的大小。在杠杆长度一定的情况下，支点越靠近右边，K_d 越大；反之 K_d 越小。可见，K_d 的大小影响微分作用的强弱。K_d 大，微分作用强；反之微分作用弱。

在阶跃输入作用下，一开始微分输出很大，然后输出量便按一定规律逐渐减小。我们把微分输出下降到最大幅值的 36.8% 所需要的时间 T 与微分放大系数 K_d 的乘积称为微分时间 T_d，并把微分时间作为衡量微分作用强弱的参数。显然，T_d 越大，微分作用持续的时间越长，微分作用越强。微分时间 T_d 的可调范围为 0.01～10 min。

通常称微分控制为"超前控制"。比例微分输出的大小与偏差变化速度及微分时间 T_d 成正比。比例微分调节规律是由比例作用和微分作用两部分相加组成，其中比例调节起主要作用，决定调节阀门的最终开度。微分调节起辅助作用，即超前控制。比例微分调节规律常用 PD 表示。由于微分作用是按偏差的变化速度来调节的，尽管偏差很小，但如果它的变化速度很快，则微分作用就立即有一个较大的输出，它的作用比比例作用更快更及时。这样，对于一些惯性很大的对象可以改善调节质量，减少最大动态偏差和减小过渡过程时间。在同一个调节系统中，增加适当的微分作用后，可以提高系统的稳定性，减少被控量的波动幅度。

在 PD 调节器上有两个旋钮，一个用来调整比例带 PB，另一个用来调整微分时间 T_d。一般来说，当控制对象的滞后较大和惯性较大时，T_d 可选得大些。反之，对象的滞后和惯性较小时，则 T_d 可选得小些，或者不用微分作用。PD 调节虽不能消除静差，但因为增加微分作用后能使系统的稳定性得到提高，所以在此基础上可以适当地减小比例带（一般减小纯比例作用的 20%）。比例带减小后，静差也就减小了，所以 PD 调节也有利于减小静差。最后还应指出，PD 调节规律的应用也受到一定的限制，主要是它不允许被控量的信号中含有高频的干扰成分，因为微分作用对于这种干扰的反应是很灵敏的，容易造成调节阀的误动作和振荡。例如对船舶锅炉水位控制时，因船的摇摆会使水面出现周期性的波动，所以在调节器中不宜加入微分作用。

7. 比例积分微分调节规律（PID）

通常对迟延和惯性不太大的控制对象，采用比例积分调节器已能满足各项性能指标的要求。但对于大惯性或大迟延的控制对象，就需要把比例、积分、微分三种调节规律结合起来，才能获得满意的控制效果。把这三种调节规律结合起来的调节器称为比例积分微分调节器，或称 PID 调节器。

在 PID 调节规律中，比例调节仍起主要的调节作用，积分调节起消除静差的辅助作用，而微分调节则起超前控制的辅助作用。

当有一个阶跃信号输入时，PID 调节器的输出信号等于比例、积分和微分作用三部分输出之和，在开始时微分作用变化最大，比例也同时起作用，使输出信号发生突然的大幅度变化，产生一个强烈的调节作用。然后微分作用逐渐消失，积分作用随时间的增加而增大，逐渐起主导作用，直到静差完全消除。其中比例作用一直是最基本的调节作用。

虽然 PID 调节的作用最全面，效果最好，但这并不意味着它就能适用于任何控制对象。这是因为 PID 中含有微分成分，所以若对象的被控量经常出现干扰信号时，就不宜使用 PID 调节，而应采用 PI 调节。

二、调节器参数的整定

一个自动控制系统能否获得最佳的调节效果，与很多因素有关。它们包括：自动控制系统的方案、自动化仪表的选型调试、自动化系统的安装以及调节器的参数整定等。在控制系统安装之后，其他因素都已确定，只剩下进行调节器的参数整定。

1. 参数整定的定义

所谓参数整定，是指在自动控制系统安装好准备投入工作的时候，或者是该系统运行一段时间，各仪表性能有所下降的时候，为获得最佳的控制过程而确定或恢复合适的调节器参数的一项工作。

从上面的介绍中我们知道，各种调节规律的特性参数即调节器的特性参数（δ、T_i、

T_d）对控制过程都有很大影响，如果这些参数选择不当，就不可能获得最佳的控制过程。所以我们必须进行参数整定这项工作。调节器上设有特性参数的旋钮，以供参数整定时使用。

2. 参数整定的方法

总的说来，参数整定的方法有两种：一种是计算法，一种是工程整定法。所谓计算法是运用自动控制理论，根据系统中各单元的静、动态特性，通过计算来确定参数。由于控制对象的复杂性、多容性和延迟性，理论计算很不精确。所以通常采用工程整定的方法，即根据实际系统在现场调试的基础上，按经验公式确定参数。

【任务实施】

XMTA(H)-7000 智能数显调节仪的参数整定

（一）概述

XMTA（H）-7000 智能数显调节仪具有 1 路模拟量输入、1 路模拟量输出、2 个开关量输出的运行能力。开关电源可以使仪表在较恶劣的电网环境下可靠工作。调节器的 PID 自整定功能让仪表使用更方便，并且提高了仪表的调节品质。

（二）面板布置和按键定义

1. 面板布置

如图 2-5 所示，仪表面板为双排四位数码管显示（分别显示测量值 PV 和给定值 SV）、五键按钮操作（设定键、位移键、减键、加键、A/M 键），指示灯 LED 状态为：AL 为 SP1 位控指示灯（常用作上限报警）、AH 为 PID 调节器自动指示灯、AT 为时间比例或断续 PID 控制指示灯、OUT 为过程量输出指示灯、AM 为控制量输出指示灯、A/M 为 PID 调节手动指示灯或自整定工作显示指示灯（A/M 灯闪烁）。

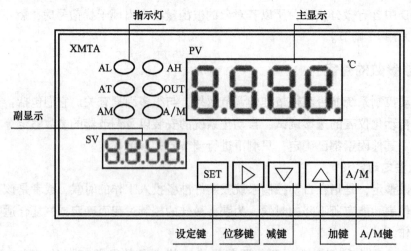

图 2-5　XMTA（H）-7000 智能数显调节仪面板

任务二 调节器的参数整定

2. 按键定义

SET 键（设定键）：

（1）工作状态下按该键，进入 C 菜单。若要进入 B 菜单，按 A/M 键，再按 SET 键，显示代码"555"，键入密码，按下 SET 键，即进入 B 菜单首选代码"In"。

（2）设定状态下按该键，允许改动设置参数并确认改动值。

位移键：

（1）工作状态下按该键，调节器进行自整定工作。

（2）设定状态下按该键，小数点光标由左向右移动一位，光标闪烁位允许改动数字。

减键：

在设定状态下按该键，小数点光标闪烁位数字减小 1。若按住不放，二秒钟后数字按指数方式减小。

加键：

（1）工作状态下按该键，下排数显（双数显示）可进行设定值、输出过程量百分数方式转换。

（2）设定状态下按该键，小数点光标闪烁位数字增加 1。若按住不放，二秒钟后数字按指数方式增加。

A/M 键（手—自动键）：

（1）在调节状态下按该键，控制量输出进入手动状态。此时下排数显即自动转为显示控制量的百分比，按加减键可以改变输出量大小。

（2）设定状态下按该键，菜单设定程序后退一步，若与 SET 键同时按下则中途退出设定。

（三）实训过程

1. 实训准备

（1）按要求连接好仪表的电源线和输入、输出连线，开启电源。

（2）仪表接通电源后，显示"JC"，进入自检，显示测量值，若没有输入相应的信号或阻断，数字闪烁，显示"OFF"。

2. 操作流程（图 2-6）

（1）按 SET 键进入 C 菜单设定，如表 2-1 所示。

（2）其中 P（%）分别设为 10，15，20，30，50 时，对于同一输入量观察输出量变化，填写表 2-2。

（3）调整积分时间 I 为 10s，30s，60s，300s，600s，观察输出量的变化情况，并说明原因。

（4）调整微分时间 D 为 10s，60s，180s，观察输出量的变化情况，并说明原因。

3. 自整定调节

PID 自整定调节，也称模糊控制，它运用经验公式和专家系统技术控制输出曲线，根据工况、对象特点快速地将 PID 参数调节到理想值。一旦启动，自整定调节器就能连续地识别过程，调整 PID 参数使控制作用保持在最佳状态下，让过程运行在设定值附近，以保证生产出高品质的产品。出厂仪表 PID 参数默认值为 $P=14.5\%$，$I=270s$，$D=40s$。

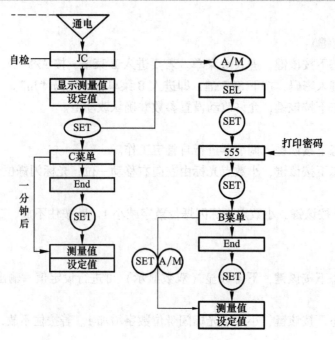

图 2-6 操作流程

表 2-1 C 菜单操作程序代码

设置参数名称	代 码	选择数字	默认值
调节器给定值	SP	4 位设定值	
调节器比例度	P (%)	4 位设定值	
调节器再调（积分）时间	I (s)	4 位设定值	$t \geq 3s$
调节器预调（微分）时间	D (s)	4 位设定值	$t \geq 3s$
第一报警	SP1	4 位设定值	40.0
第二报警	SP2	4 位设定值	30.0

表 2-2 比例调节表

P 值/%	输出值
10	
15	
20	
30	
50	

（1）事先设定好有关参数后（如 PID 给定值、报警值等），再启动自整定功能。

（2）在仪表自动工作状态下，仪表运行满足以下两个条件时，按下位移键，可进入 PID 参数自整定运行，此时 A/M 灯闪烁。

① 在"自动"运行状态时，未进入过"手动"状态。若进入过"手动"状态，则须将仪表断电后再重新启动。

任务二　调节器的参数整定

② 控制偏差量必须要大于 $P \times FS\%$ 的值（P 为比例度，FS 为 PID 调节范围）。

（3）自整定期间，如电源中断，则应重新开始进行自整定。

（4）当给定值 SV 改动后或控制对象的运行方式改变时，应再次进行自整定。

（5）自整定完成后，即使关闭电源，PID 参数仍将保存，在下次的运行中可不再进行自整定。

（6）对快速反应过程，如压力或流量控制，不宜使用自整定功能。

（7）自整定期间，测量值的变化规律如图 2-7 所示。自整定结束后，P，I，D 三参数将被新的数值所取代。菜单"PID"代码下的"X7"自动变为"X6"，下次要进行整定时，还须将"PID"代码的数值改为"X7"。

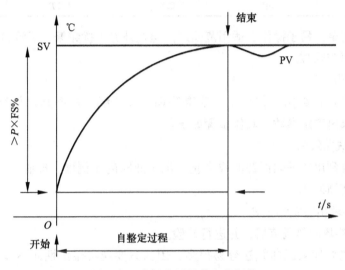

图 2-7　自整定测量值变化规律

【拓展知识】

一、四种参数整定方法

下面介绍四种常用的工程整定法。

（1）衰减曲线法。

衰减曲线法是在纯比例调节作用下，调整比例度得到 4∶1（或 10∶1）衰减过渡过程，根据此时的比例度 δ_S（δ'_S）和振荡周期 T_S（T'_S），按经验公式求出调节器的整定参数。具体整定方法如下：

① 将调节器选定为纯比例调节，即使 $T_i = \infty$，$T_d = 0$。

② 把 δ 放在较大数值上，使控制系统处于稳定状态。

③ 通过给定旋钮加阶跃扰动，观察记录过渡过程曲线。

④ 逐步减小比例度 δ，直到过渡过程的衰减比为 4∶1（过渡过程变化较快）或 10∶1（过渡过程变化较缓慢）为止。记下此时的比例度 δ_S（δ'_S）和振荡周期 T_S（T'_S）。

⑤ 按表 2-3 求出整定参数 δ、T_i、T_d。

⑥ 将调节器按求得的参数调整好，加扰动，观察控制过程。稍调整一下 δ，看过渡过程是否更好，最终确定整定参数。

表 2-3 衰减曲线法经验公式

方法名称	调节规律	$\delta/\%$	$T_i/\min$	$T_d/\min$
4:1 衰减法	P	δ_S		
	PI	$1.2\delta_S$	$0.5T_S$	
	PID	$0.8\delta_S$	$0.3T_S$	$0.1T_S$
10:1 衰减法	P	δ'_S		
	PI	$1.2\delta'_S$	$2T'_S$	
	PID	$0.8\delta_S$	$1.2T'_S$	$0.4T'_S$

衰减曲线法简单，易于操作，适用范围广。但在外界干扰频繁，过渡过程的记录曲线出现不规则时，使用较困难。

(2) 临界比例度法。

临界比例度法是在纯比例作用下，获得等幅振荡曲线。根据其比例度 δ_K 和振荡周期 T_K，按经验公式求出整定参数。具体步骤如下：

① ~ ③ 同衰减曲线法。

④ 减小 δ，直到出现等幅振荡曲线为止。记录此时的比例度，即临界比例度 δ_K 和振荡周期，即临界振荡周期 T_K。

⑤ 按表 2-4 求出整定参数 δ、T_i、T_d。

⑥ 按求得的参数调整调节器，并进行校验。

本法观察起来要比衰减曲线法容易得多，因为只要观察振荡性而不涉及波峰幅值的大小，因此目前应用比较广泛。但对于某些不容许被控量产生持续振荡的系统，不宜采用。

表 2-4 临界比例度法经验公式

调节规律	$\delta/\%$	$T_i/\min$	$T_d/\min$
P	$2\delta_K$		
PI	$2.2\delta_K$	$0.85T_K$	
PID	$1.7\delta_K$	$0.5T_K$	$0.13T_K$

(3) 经验法。

经验法是一种试凑法，为了减少试凑次数，可按表 2-5 初步确定调节器参数的大致范围。用比例作用试凑，具体步骤如下：

① 将调节器只保留纯 P 作用，即使 $T_i = \infty$，$T_d = 0$。

② 根据控制对象在表 2-5 中选取 δ 的初始值，使控制系统处于稳定状态。

③ 加阶跃干扰，记录曲线，看是否满足 4:1 衰减。

④ 如不满足 4:1 衰减，再调整 δ，直到满足为止。

⑤ 加积分作用，将 δ 加 10%~20%，再改变 T_i，看曲线衰减比是否为 4:1，静态偏差是否消除。如果不是，则继续试凑，直到符合要求为止。

也可以用积分作用试凑，先按表 2-5 确定 T_i，取 $T_d = (1/3 - 1/4)T_i$，然后试凑 δ。这

任务二 调节器的参数整定

种方法较快。

经验法整定的参数准确可靠,但花费时间长。对于外界干扰频繁,过渡过程曲线记录不规则的系统,多用此法。

表 2-5 经验法整定参数范围

被控量	控制对象特点及 PID 使用要点	δ/%	T_i/min	T_d/min
流量	对象 T 较小,δ 应较大,T_i 较短,不用 D	40~100	0.1~1	
温度	对象 T 大,τ 不太大,常用 D	20~60	3~10	0.5~3
压力	对象 T,τ 都不大,不用 D	30~70	0.4~3	
液位	允许有静差时,不用 I、D	20~80		

(4)反应曲线法。

前面三种方法都是在不知道控制对象特性的情况下所采取的方法。如果得到控制对象的反应曲线及特性,参数放大系数 k、时间常数 T 和迟延 τ,则可按表 2-6 中的经验公式计算出调节器的参数。

表 2-6 反应曲线法经验公式

调节规律	δ/%	T_i/min	T_d/min
P	$\dfrac{k \cdot \tau}{T} \times 100\%$		
PI	$1.1 \dfrac{k \cdot \tau}{T} \times 100\%$	3.3τ	
PID	$0.85 \dfrac{k \cdot \tau}{T} \times 100\%$	2τ	0.5τ

二、检测仪表的基本技术性能指标

1. 精度

检测仪表的精度反映测量值接近真实值的准确程度,一般用一系列误差衡量。

(1)绝对误差。指仪表指示值与被测参数真值之间的差值,即

$$\Delta x = x - x_t$$

实际上通常采用多次测量结果的算术平均值或用精度较高的标准表的指示值作为约定真值。则绝对误差可用下式表示:

$$\Delta x = x - x_0$$

(2)相对误差。是测量的绝对误差与被测量(约定)真值之比,乘以 100 所得的数值,以百分数表示。

(3)引用误差。是测量的绝对误差与仪表的满量程值之比,称为仪表的引用误差,它常以百分数形式表示。比较相对误差和引用误差可知,引用误差是相对误差的一种特殊形式,用满量程值 L 代替真实值,在使用上更加方便。然而,实践证明,在仪表测量范围内的每个示值的绝对误差 Δx 都是不同的,因此引用误差仍与仪表的具体示值有关,使用仍不方便。为此,又引入最大引用误差的概念,它既能克服上述的不足,又更好地说明了误差的测量精度。所以常被用来确定仪表的精度等级。

在规定条件下,当被测量平稳增加或减少时,在仪表全量程内所测得各示值的绝对误差

（取绝对值）的最大者与满量程值的比值的百分数，称为仪表的最大引用误差。

最大引用误差是仪表基本误差的主要形式，它能更可靠地表明仪表的测量精确度，是仪表最主要的质量指标。

$$\delta = \frac{x - x_0}{标尺上限值 - 标尺下限值} \times 100\% = \frac{\Delta x}{L} \times 100\%$$

（4）精度等级。按仪表工业规定，去掉最大引用误差的"±"号和"%"号，称为仪表的精度等级，目前已系列化。只能从下列数系中选取最接近的合适数值作为精度等级，即 0.005，0.02，0.05，0.1，0.2，0.4，0.5，1.0，1.5，2.5，4.0 等。

例 2-1 有两台测温仪表，它们的测温范围分别为 0 ℃ ~ 100 ℃ 和 100 ℃ ~ 300 ℃，校验表时得到它们的最大绝对误差均为 2 ℃，试确定这两台仪表的精度等级。

解：这两台仪表的最大引用误差分别为

$$\delta_1 = \frac{2}{100 - 0} \times 100\% = 2\%$$

$$\delta_2 = \frac{2}{300 - 100} \times 100\% = 1\%$$

去掉最大引用误差的"%"号，其数值分别为 2 和 1，由于国家规定的精度等级中没有 2 级仪表，同时该仪表的误差超过了 1 级仪表所允许的最大误差，所以这台仪表的精度等级为 2.5 级，而另一台仪表的精度等级正好为 1 级。由此可见，两台测量范围不同的仪表，即使它们的绝对误差相等，它们的精度等级也不相同，测量范围大的仪表精度等级比测量范围小的高。

例 2-2 某台测温仪表的工作范围为 0 ℃ ~ 500 ℃，工艺要求测温时测量误差不超过 ±4 ℃，试问如何选择仪表的精度等级才能满足要求？

解：根据工艺要求，仪表的最大引用误差为

$$\delta_{max} = \pm \frac{4}{500 - 0} \times 100\% = \pm 0.8\%$$

去掉最大引用误差的"±"号和"%"号，其数值为 0.8，介于 0.5 ~ 1.0 之间，若选择精度等级为 1.0 级的仪表，其最大绝对误差为 ±5 ℃，超过了工艺上允许的数值，故应选择 0.5 级的仪表才能满足要求。

2. 灵敏度与灵敏限

（1）灵敏度。表示仪表对被测参数变化反应的能力，是指仪表达到稳态后输出增量与输入增量之比，即

$$S = \frac{\Delta y}{\Delta x}$$

（2）灵敏限。是指引起仪表指针发生可见变化的被测参数的最小变化量。一般，仪表的灵敏限数值不大于仪表允许误差绝对值的 1/2。

（3）变差。在外界条件不变的情况下，当被测参数从小到大（正行程）和从大到小（反行程）变化时，同一输入的两个相应输出值常常不相等。两者绝对值之差的最大值和仪表量程 L 之比的百分数称为回差，也称变差。

回差产生原因：传动机构的间隙、运动件的摩擦、弹性元件的弹性滞后等。回差越小，

任务二 调节器的参数整定

仪表的重复性和稳定性越好。应当注意，仪表的回差不能超过仪表的引用误差，否则应当检修。

三、常见气动调节器实例

1. 减压阀

气动仪表需要以压缩空气为能源，即气动系统要有一个适当的气源。柴油机船舶中往往有供柴油机启动和其他用途的空气压缩机和空气瓶，这可以作为气动仪表的气源。当船上应用的气动仪表较多时，常设有专门的控制气源，主要由空气压缩机、空气瓶和气源辅助设备组成。空压机产生的压力较高的压缩空气贮存于空气瓶，然后经气源辅助设备除湿、过滤、降压等处理后，再供给气动仪表使用。

减压阀可以将来自气瓶中的高压空气减小到气动仪表所需的压力，即气源压力，一般为 0.14 MPa。同时又可以保持输出压力基本不变。所以减压阀实际上是一个简单的压力调节器。

如图 2-8 所示是一种简单的压缩空气减压阀。高压空气由图示方向进入通道 a，然后经过阀盘 6 与阀座 5 之间的间隙被节流（由于局部阻力使压力降低），再从通道 b 流出。经减压后的低压空气的压力基本上可维持不变。

阀后压力（被控参数）又通过通道 c 引到膜片 1 的下面。膜片的轴向力与弹簧 2 的张力相平衡。假如由于气动仪表耗气量减小等原因引起阀后压力升高，膜片就向上变形，阀盘、阀杆在弹簧 7 的作用下上移，阀门关小，局部阻力增加，使阀后压力停止上升或下降。当阀后压力下降时，其动作过程相反。

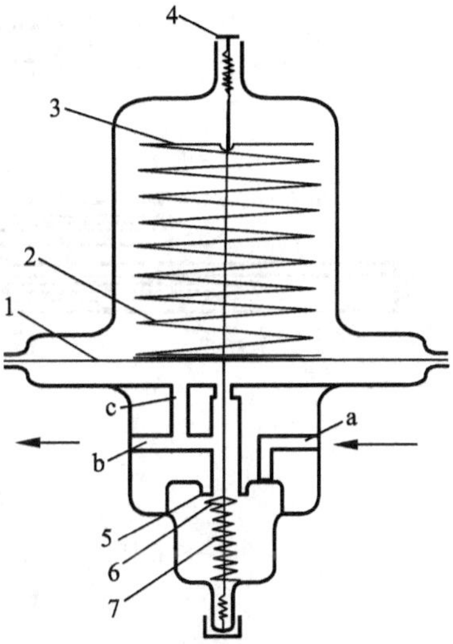

图 2-8 压缩空气减压阀
1—膜片；2，7—弹簧；
3，6—阀盘；4—调整螺丝；5—阀座

在这个调节器中，膜片用作测量被控参数的大小，为测量元件；弹簧 2 用作给定被控参数，为给定元件；阀盘与阀座起调整（校正）作用，为调整元件；膜片把被控参数与给定值进行比较，为比较元件。

旋转调整螺丝改变弹簧预紧力，可以改变与之平衡的阀后压力的稳定值，即给定值。旋紧调整螺丝 4，弹簧 2 的预紧力增加，膜片向下变形，阀门开大，阻力减小，阀后压力升高。可以理解为，在这种情况下，只有阀后压力较高才能使膜片上的力平衡。相反，旋松调整螺丝 4，阀后压力降低。在使用过程中，可用人工调整改变给定压力来满足不同需要。

减压阀是按力的平衡原理工作的，对它进行特性分析，可以发现减压阀的输入（阀后压力）与输出（阀门开度）之间是成比例关系的，因而减压阀是一个比例式压力调节器。又由于其工作时没有利用外界的能量，所以为直接式调节器。

在气动自动化仪表中还有过滤减压阀，在减压阀中有过滤元件以滤去空气中的油、水和灰尘，从而保证气源空气的质量。

2. 船用基地式气动比例积分调节器

如图 2-9 所示是 TQY-1 型气动压力调节器。它采用双杠杆结构，主杠杆 1 和副杠杆 2 间用活动支承3连接。活动支承3在主杠杆槽中的位置可以调整。两个杠杆放在前后两个平行的平面内，为了便于理解，我们在图（a）中把它们画在同一平面内，之间由活动支承3联系。因此一个杠杆转动时会通过活动支承带动另一杠杆转动。

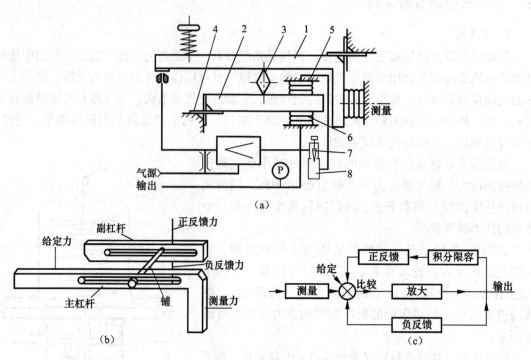

图2-9 TQY-1型气动压力调节器
1-主杠杆；2-副杠杆；3-活动支承；4-副杠杆的支承簧片；5-正反馈波纹管；
6-负反馈波纹管；7-可变气阻；8-积分气容

当测量力增加时，测量波纹管伸长，主杠杆顺时针转动，喷嘴挡板间隙开大，放大器的输出压力降低。输出分三路：第一路是调节器的输出。第二路是负反馈。当负反馈力下降时，副杠杆就会顺时针转动，通过活动支承抑制主杠杆的继续转动，喷嘴挡板间隙不致开得太大，输出压力下降一些就不再下降，以上是比例调节过程。第三路是可变气阻、积分气容及正反馈波纹管。当输出下降以后，由于气容和正反馈波纹管中的压力还没有下降，这样气阻两端就有压力差，气容中的空气就逐渐向输出端泄放，正反馈力不断下降，副杠杆会带动主杠杆上抬，喷嘴挡板间隙逐渐开大，输出逐渐下降，实现积分调节。输出分比例调节作用和积分调节作用两部分，该调节器是PI调节器。

TQY-1调节器的比例度可用活动支承的位置进行调整。移动活动支承即改变了杠杆作用在主杠杆上的反馈力矩，即改变了反馈度，因而改变了比例度。积分时间可用可变气阻（积分阀）7来调整。阀门开大，则气阻减小，气流通过越快，积分时间越短。反之，积分时间越长。

3. 气动比例积分（PI）调节器实例

气动比例积分调节器是在气动比例调节器的基础上加上积分作用形成的，如图2-10所示为一种典型的比例积分实现方法。它主要由测量波纹管C、给定波纹管G、正反馈波纹管Z、负反馈波纹管F、气动放大器、1:1跟随器、比例带调节阀R_p、积分阀R_i、积分气容、恒气

任务二 调节器的参数整定

阻 R、杠杆和喷嘴挡板机构等组成。其中，4 个波纹管的截面积相同，且以杠杆支点为中心布置成左右对称，即 $l_1=l_2$，$l_3=l_4$。测量波纹管的输入来自测量仪表送来的被控量测量输出，给定波纹管的输入来自给定值旋钮设定的给定压力。气源分别给放大器、喷嘴挡板机构和 1∶1 跟随器供气。当调节器处于平衡状态时，4 个波纹管作用到杠杆上的力矩相互平衡，杠杆静止不动，喷嘴和挡板的间距不变，调节器的输出保持不变。

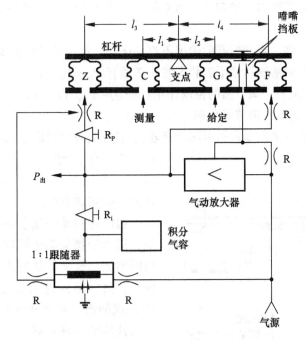

图 2-10　气动比例积分调节器原理图

现假设测量压力阶跃增加，则杠杆失去平衡，顺时针偏转，挡板靠近喷嘴，喷嘴背压升高，经放大器放大后，调节器的输出也阶跃增大。由此可见，这是一个正作用式调节器。

增大的输出分为四路，第一路作为调节器的输出送至执行机构；第二路通过恒气阻直接送到负反馈波纹管 F；第三路经过比例带调节阀 R_p，再经恒气阻送至正反馈波纹管 Z；第四路经积分阀 R_i 向积分气容充气，再经 1∶1 跟随器送至正反馈波纹管 Z，其中 1∶1 跟随器的输出总是跟踪输入的变化而变化，在气路中起到抗干扰作用。

在调节器输出增大的初始时刻，由于积分阀和积分气容组成的惯性环节，第四路产生的正反馈暂时不起作用。此时，由于 R_p 的存在，正反馈和负反馈的强度是不一样的，只要 R_p 不是全开，那么负反馈强度总是大于正反馈强度，因此其综合效果还是负反馈。这一综合负反馈阻止杠杆的顺时针偏转，即阻止挡板继续靠近喷嘴，调节器的输出 $P_出$ 也暂时不再增大。显然，测量值增大得越多，即偏差越大，调节器输出的增大也越多，这是一个比例输出的过程。比例带调节阀 R_p 用于调整综合负反馈的强度，即调整比例带的大小。关小 R_p（气阻增大），正反馈减弱，综合负反馈增强，比例作用减弱，比例带 PB 增大；反之，开大 R_p（气阻减小），正反馈增强，综合负反馈减弱，比例作用增强，比例带 PB 减小。

但是调节器的输出不会稳定在比例输出上，因为随着时间的增加，由 R_i 和积分气容组成的惯性环节输出将逐渐增大，通过 1∶1 跟随器送至正反馈波纹管，使得正反馈逐渐增强，负反馈逐渐减弱，调节器的输出将在比例输出的基础上继续增大，这就是积分输出过程。由此可见，在气路中，调节器的积分作用是通过惯性环节正反馈实现的。积分阀 R_i 用于调整积分时间，关小 R_i（气阻增大），惯性环节的惯性增大，积分时间 T_i 增大，积分作用减弱；反之，开大 R_i（气阻减小），惯性环节的惯性减小，积分时间 T_i 减小，积分作用增强。

当调节器接入闭环系统时，在调节器的控制作用下，被控量的测量值将朝着偏差减小的方向变化，即测量值会不断靠近给定值。当系统达到平衡状态时，调节器的输出不再变化，此时杠杆处于平衡状态。

根据气路的工作原理，当调节器的输出不再变化时，正、负反馈波纹管的压力将最终达到相等，因此在闭环控制系统达到平衡状态时，必然有 $P_C = P_G$。换句话说，只要测量值 P_C 与给定值 P_G 之间存在偏差，调节器的控制作用就一直存在，直到 $P_C = P_G$ 为止。

4. 气动比例微分（PD）调节器实例

微分作用的特点是在输入变化的瞬间会有较大的输出，然后逐渐消失为零。它可以同比例（P）作用结合在一起形成比例微分（PD）。如图 2-11 所示为气动比例微分调节器的一种实现方法。

假设在初始平衡状态下，测量值阶跃增加，则由于挡板靠近喷嘴，放大器的输出也阶跃增加。放大器的输出一路作为调节器的输出，另一路经过由微分阀 R_d 和微分气室 C_d 组成的惯性环节送到负反馈波纹管 F。由于惯性环节的滞后效应，初始时刻的负反馈强度较小，因此测量值增大的瞬间，调节器的输出较大。随着惯性环节的输出按指数规律逐渐增强，负反馈也逐渐增强，调节器的输出将按指数规律逐渐减弱，最终负反馈波纹管的压力将稳定在与调节器输出相等的压力上，调节器输出也不再变化。

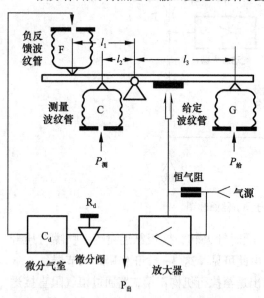

图 2-11　气动比例微分调节器

调节器初始的阶跃输出包含比例和微分两部分，输出减小的过程就是微分消失的过程。微分消失的快慢取决于反馈回路中惯性环节的惯性大小，可由微分阀 R_d 进行调整。R_d 开度越大，微分消失得越快，即微分时间越短，微分作用越弱；反之亦然。当微分消失后，调节器的输出大小与偏差成比例，比例作用的强弱由负反馈波纹管的位置进行调整，左移负反馈波纹管，l_1 增大，负反馈增强，比例作用减弱，比例带 PB 增大；反之，比例带 PB 减小。

5. 气动比例积分微分（PID）调节器

将比例（P）、积分（I）和微分（D）作用的实现方法在同一个调节器里进行适当组合便可以实现气动比例积分微分（PID）调节器。其组合形式主要有两类，一是将三种反馈并行地叠加在一起形成调节器内部的综合反馈；二是在 PI 调节器前串联一个微分调节器来实现。下面以三个气动 PID 调节器实例加以说明。

（1）QTM-23J 气动 PID 调节器。

QTM-23J 气动 PID 调节器是在一个 PI 调节器之前串联一个微分调节器形成的，其结构

任务二 调节器的参数整定

原理如图2-12所示。微分调节器部分由波纹管C、波纹管L、喷嘴3、挡板2、具有弹性支点的杠杆1、恒节流孔7、微分阀R_d、微分气容C_d和弹性气容M等元件组成。反映被控量大小的测量信号先送入波纹管C,改变喷嘴3与挡板2的距离,喷嘴的背压输出一方面经过由微分阀R_d、微分气容C_d和弹性气容M组成的比例惯性环节送至波纹管L进行负反馈;另一方面作为微分调节器的输出送至PI调节器的输入波纹管K。比例惯性环节和惯性环节的特性相类似,区别在于前者的初始输出值不为零,因此由比例惯性环节进行负反馈同样可以得到微分作用规律。由于波纹管C和L对杠杆1垂直对称布置,当微分消失后,微分器的输出将与测量值相等。因此,微分器的作用实际上是产生一个比例系数为1的比例微分输出,并将这一输出送至PI调节器的输入波纹管K,微分作用的强弱由微分阀R_d进行调整。

PI调节器部分与如图2-10所示的PI调节器在原理上完全相同。相比之下,只是波纹管的布置上有所差异,即K为测量波纹管,C为给定波纹管,Z为正反馈波纹管,F为负反馈波纹管,它们在杠杆6上的作用与如图2-10所示的PI调节器是相同的。其工作过程在此不再赘述。

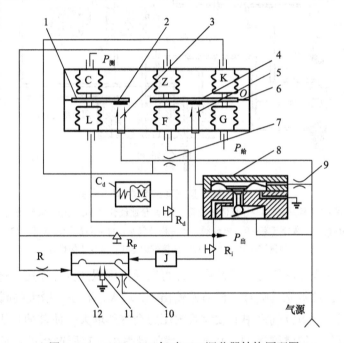

图2-12 QTM-23J气动PID调节器结构原理图

1,6—平衡杠杆;2,4—挡板;3,5—喷嘴;7,9—恒节流孔;8—放大器;10—膜片;11—喷嘴;12—1:1跟踪器

调节器上有三个调节旋钮,分别对应图2-12中的R_p,R_i和R_d,用于调整调节器的比例带PB、积分时间T_i和微分时间T_d。

(2) M58气动PID调节器。

M58型调节器是通用型的比例积分微分调节器,其结构原理如图2-13所示。在浮动环3的下面,对称放着四个波纹管,其中,给定波纹管5和测量波纹管12为一组,负反馈波纹管11和正反馈波纹管4为另一组,两组波纹管同时作用在浮动环3上。浮动环既作为力矩的比较机构,又作为挡板,浮动环3上有一比例带调整杆13,作为浮动环偏转的支点。比例带调整杆固定在比例带调整杆轴上,可以沿该轴转动以改变支点的位置,调整比例带的大小。同时,在比例带调整杆轴上装有一个圆形板,用它固定比例带调节杆轴、喷嘴及比例带盘。另外调节器下面装有放大器、积分气室和针阀、微分气室和针阀，还有正、反作用切换板等。

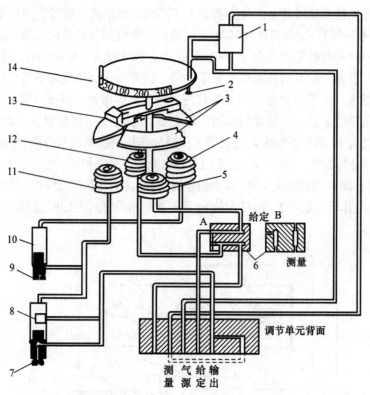

图 2 – 13 M58 型气动调节器结构原理图

1 – 放大器；2 – 喷嘴；3 – 浮动环；4 – 正反馈波纹管；5 – 测量波纹管（B）或给定波纹管（A）；6 – 正、反作用切换板；7 – 微分阀；8 – 微分气室；9 – 积分阀；10 – 积分气室；11 – 负反馈波纹管；12 – 给定波纹管（B）或测量波纹管（A）；13 – 比例带调整杆；14 – 比例带盘

如果让微分阀和积分阀均有一定开度，即可实现比例积分微分作用。这时，若测量信号增大，浮动环偏转，挡板靠近喷嘴，调节器输出 $P_{出}$ 增大。在 $P_{出}$ 增大的瞬间来不及经微分阀向微分气室充气。而微分气室中的波纹管内压力会突然增大，使其伸长压缩微分气室，其压力略有增大送至负反馈波纹管 11，由于 P_{11} 增加量很小，它所产生的负反馈力矩，远远小于测量力矩，挡板会大大靠近喷嘴，调节器的输出 $P_{出}$ 会大大增大，这就是微分输出的过程。随着时间的增长，$P_{出}$ 经微分阀不断向微分气室充气，使之送入反馈波纹管压力 P_{11} 不断增大，其负反馈力矩不断增大，又会使挡板逐渐离开喷嘴，调节器的输出 $P_{出}$ 会不断下降，这是微分输出的消失过程，当微分气室中的压力，即负反馈波纹管压力 $P_{11} = P_{出}$ 时，调节器达到一个暂时的平衡，这时 $P_{出}$ 就与偏差成比例。同时微分气室输出的压力信号经积分阀 9，不断向积分气室 10 充气，其压力不断增加，正反馈波纹管 4 内的压力增大，又会使挡板靠近喷嘴，使 $P_{出}$ 又略有些增大，以此来消除静态偏差。这一附加的正反馈实现了积分作用。可见，开大积分阀，积分时间 T_i 小，积分作用强；关小积分阀，积分时间 T_i 长，积分作用弱。调整微分作用强弱是通过调整微分阀 7 的开度来实现的。开大微分阀，微分时间 T_d 短，微分作用弱；关小微分阀，微分时间 T_d 长，微分作用强。

正、反作用切换是通过切换板 6 实现的。对于正作用式，波纹管 5 接测量信号，波纹管 12 接调定的给定值，这时，切换板 6 处于 B 位。若把切换板 6 转一个 90°角至 A 位，则波纹管 12 接测量信号，波纹管 5 接调定的给定值，调节器就成为反作用式调节器。

四、常见气动显示仪表

显示仪表常与变送器配合使用，根据变送器输出的标准信号将被测参数用某种形式予以指示或记录，有的还有报警功能。

1. 气动色带指示仪

（1）结构。

如图 2-14 所示是气动色带指示仪的结构原理图。它主要包括测量机构、显示机构和报警机构三部分。测量机构主要由测量波纹管、杠杆、调整弹簧、喷嘴挡板机构、阻尼阀、反馈气室、滚轮、范围弹簧等组成；显示机构主要由指针、有色刻度板及显示灯组成。指针实际上是一块遮光板，灯光照射在刻度板（有机玻璃）上段，呈现明色，而下段被遮光板遮住呈现暗色，因此刻度板上明暗分界线就是仪表指示值；报警机构主要由弧形挡板、上下限喷射管和接收管以及微动开关组成。

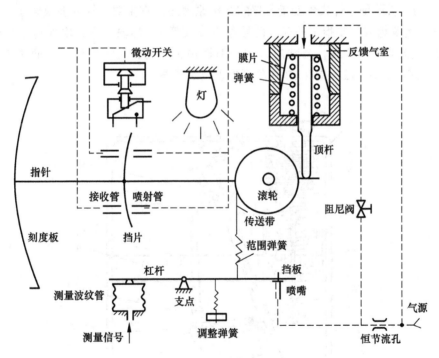

图 2-14 气动色带指示仪结构原理

（2）工作原理。

来自变送器的测量信号进入测量波纹管，使杠杆绕支点顺时针偏转，挡板靠近喷嘴，喷嘴背压升高。经阻尼阀后使反馈气室压力升高，膜片向下变形，顶杆下移，推动传送带使滚轮顺时针转动。一方面使指针上移，指示值增大，另一方面拉动范围弹簧，对杠杆产生一个逆时针力矩（反馈力矩），阻碍挡板继续靠近喷嘴，直到反馈力矩和测量力矩重新平衡为止，指针停留在指示值上。阻尼阀用来防止在测量信号变化时，反馈气室中的弹簧由于动作过快而产生振荡使指针波动。

指针随测量信号的变化而转动时,指针上的挡板也随之转动。当测量信号正常时,挡板处在喷管和接收管中间,挡住喷射管喷出的气流,接收管无气流输入,上下限微动开关不动作,不发出报警信号;当测量信号达上下限时,指针处在极限位置,挡板离开喷射管和接收管的中间位置,于是接收管吸入喷射管喷出的气流,微动开关动作而发出报警信号。

(3) 调整。

上限与下限报警值的调整:移动上喷射管与接收管可改变上限报警值,移动下喷射管与接收管可改变下限报警值。移高,则报警值升高;移低,则报警值下降。

调整弹簧用来调整指示值的零位。当测量信号为 0.02 MPa 时,指针应指在 0% 刻度上,否则,可用调整弹簧的螺钉来调整。

指示仪的满刻度调整,可通过调整范围弹簧的有效圈数来实现。使测量信号为 0.1 MPa,指针应对准 100% 刻度,否则就应调整范围弹簧的有效圈数。调满刻度与调零应反复进行几次,直到二者均符合要求为止。

色带指示仪可以用来指示温度、流量、液位等参数。用于指示液位,更加形象。

2. 指针式气动指示仪

如图 2-15 所示是指针式气动指示仪的结构原理图。它主要由输入波纹管 1、平衡弹簧 2 及四连杆机构等组成。要指示的气压信号通入波纹管 1,当输入压力增加时,波纹管的轴向推力增加,压缩平衡弹簧,当轴向力大于弹簧预紧力时,波纹管伸长,通过连杆 4、9,杠杆 5、11 等带动指针 12,指针 12 在刻度板上指示读数。

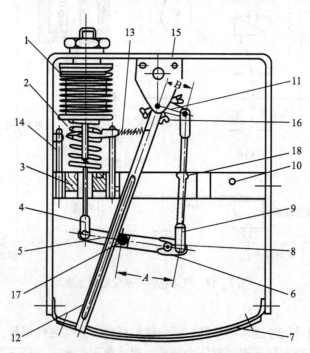

图 2-15 指针式气动指示仪结构原理图

1—波纹管;2—平衡弹簧;3—调整螺母;4,9—连杆;5,6,11—杠杆;7—刻度板;8—调节螺钉;10—支头螺钉;12—指针;13—消除间隙弹簧;14—限位螺钉;15—底座;16—调节螺钉;17—支点;18—调节螺母

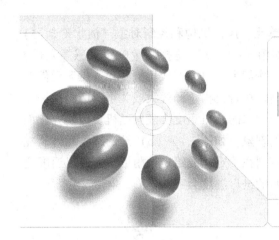

任务三 冷却水温度的自动控制

【项目描述】

为了保证柴油机可靠而又经济的运转,必须对柴油机的受热部件、增压空气、润滑油进行适当冷却。所谓适当冷却就是要控制冷却介质的温度。温度太高,则冷却效果下降;温度太低,冷却过度,则冷却水带走的热量过多,导致柴油机的经济性下降,同时又使零件的温差太大,产生较大的热应力。所以必须利用温度控制系统将冷却介质的温度控制在给定值范围内,从而保证柴油机正常运转。本任务要达到的任务目标如下:

一、知识目标
1. 掌握对气缸冷却水温度进行控制的基本原理。
2. 掌握 OMRON 气缸冷却水温度控制系统的组成和功能。
3. 掌握热电阻式温度传感器的工作原理。
4. 掌握主机缸套淡水预加热器的结构和工作原理。

二、能力目标
具有管理 OMRON 气缸冷却水温度控制系统的能力。

【背景知识】

一、概论

柴油机的气缸几乎都是采用淡水冷却。把冷却水温度控制在给定值或给定值附近对柴油机安全、可靠、经济的运转十分重要。其控制的方法是把气缸冷却水分成两部分:一部分通过淡水冷却器,经淡水冷却器使温度降低;另一部分不通过淡水冷却器,直接与通过冷却的淡水混合,然后进入柴油机气缸的冷却空间。若冷却水温度偏高,通过三通阀减少旁通的淡水量,增多通过淡水冷却器的淡水量。反之亦然,以此来控制柴油机气缸冷却水的温度。

冷却水温度自动控制系统由测量单元、调节单元、执行机构和控制对象(淡水冷却器)等基本单元组成,其控制原理如图3-1所示。如图3-1(a)是把测量单元(感温元件)装在柴油机冷却水进口管上,感温元件输出信号与冷却水进口温度成比例变化。感温元件输出信号送入调节器,调节器输出的控制信号传至动作执行机构,即开大或关小旁通阀,把冷却水的进口温度控制在给定值或给定值附近。但冷却水的出口温度会随柴油机负荷的变化而变化,在超负荷运行时,出口温度将会出现过高的现象。如图3-1(b)是把感温元件装在柴油机冷却水出口处,这时冷却水出口温度可以控制在给定值或给定值附近。但进口温度会随负荷而变化,特别是在负荷突然增加时,冷却水的进口温度会突然下降。

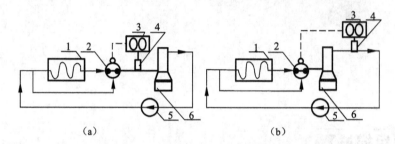

图3-1 气缸冷却水温度控制原理
1-淡水冷却器;2-执行单元;3-调节器;4-测量单元;5-水泵;6-柴油机

上述两种控制方案在原理上都是正确的,在实际应用中均被采用。

二、OMRON型电动温度控制系统

在我国自行设计制造的某些"风"字号远洋货轮上,其主机的缸套、活塞和润滑油等冷却系统,均分别配备由国产OMRON型电动单元仪表组成的温度控制系统,各单元间由$0\sim10$ mA DC的统一标准信号进行联系。这种温度自动控制系统的组成大致相同。

如图3-2所示是缸套冷却水温度自动控制系统。它由铜热电阻、温度变送器、调节器、电动执行器和三通调节阀等组成。电动执行器由伺服放大器和执行器组成,还有一个阀门开度指示表(直流毫安表)作为附件。电动操作器插在伺服放大器和执行器之间,可对系统进行手动-自动切换和实现手动遥控。

当冷却水温度高于给定值时,插在冷却水进机管路中的铜热电阻的电阻值增大,温度变送器的输出信号增加,调节器经比较和PID运算后输出信号增加。电动执行器输出轴的转角不断增加,带动蝶阀机构,使冷却阀门开度不断增大,旁通阀门不断关小,冷却水温度逐渐下降。直到冷却水温度等于给定值,调节器中的测量值等于给定值,偏差信号为零,调节器的输出信号不再变化,执行器输出轴的转角停在相应的位置上,阀门开度到达相应的位置。反之,当冷却水温度低于给定值时,其动作过程相反。

由于调节器能实现PI或PID作用规律,所以该系统是一个无差系统。不管主机负荷如何变化,水温变化多大,控制过程结束时,冷却水的温度始终等于给定值,只是阀门开度随主机负荷而变化。

任务三 冷却水温度的自动控制

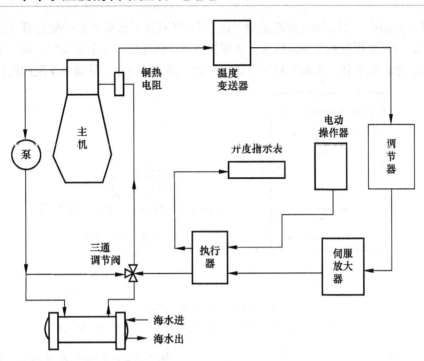

图 3-2 缸套冷却水温度自动控制系统

三、热电阻式温度传感器

热电阻的基本原理是利用金属电阻丝的电阻值随温度升高而增大的热电阻效应，把被测温度变换成相应的电阻值，然后由直流电桥将电阻值的变化转换成相应的电压信号。通常由铜丝或铂丝双线并绕在绝缘骨架上，然后插入护套内而制成。并把由铜丝绕制的热电阻称为铜热电阻，而把铂丝绕制的热电阻称为铂热电阻。

铜热电阻的测温范围是 $-50\ ℃ \sim +150\ ℃$，对于分度号为 C 的铜热电阻，其电阻与温度之间的关系式为 $R_t = R_{t0}(1 + \alpha)$。其中，R_{t0} 是温度为 $0\ ℃$ 时铜的电阻值，其为 $53\ \Omega$；α 为电阻系数，$\alpha = 4.25 \times 10^{-3} ℃^{-1}$。

热电阻式温度传感器常采用如图 3-3 所示的电桥电路，作用是将被测温度的变化转换成相应的电压输出信号 U_{ab}。热电阻安装在所要检测的管路或设备中，与测量电桥之间有一定的距离，需要用导线予以连接。但是，导线的电阻值将会随环境温度的变化而变化，这样会引起一定的测量误差，为此，热电阻通常采用"三线制"连接法来实现对环境温度变化的补偿，采用两根材料、长度和截面积相同的导线分别接在测量桥臂和调零桥臂，以保证导线的电阻值相等，当环境温度变化时，两根导线阻值的变化量相等而抵消，使电桥输出 U_{ab} 保持不变。热电阻式传感器在船上常用于测量冷却水温度和轴承温度等。

四、主机缸套淡水预加热器

该设备是使用高温蒸汽加热淡水的设备，其作用是避免冷却水在较低温度状态下进入缸套，产生的热应力损坏缸套部件，其控制系统如图 3-4 所示。温

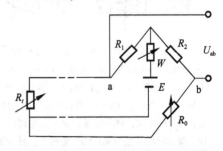

图 3-3 热电阻式三线制测温电桥原理图

包 3 插在被测介质中,用来测量被控温度。HJ-71 调温阀 1 根据水温的变化开大或关小,改变进入主机缸套淡水预加热器的蒸汽量,从而控制淡水的温度。水温升高时,阀门关小,减小蒸汽量,抑制水温的变化;水温下降时,阀门开大,增加蒸汽量,从而对水温起到控制作用。

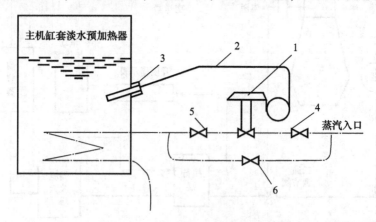

图 3-4　主机缸套淡水预加热器系统
1-HJ-71 调温阀；2-毛细管；3-温包；4,5-截止阀；6—旁通阀

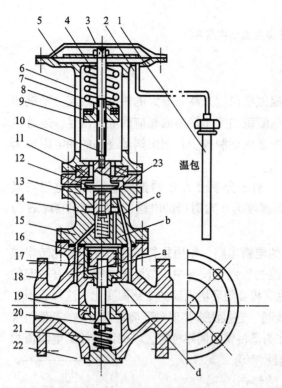

图 3-5　HJ-71 调温阀结构原理图
1-温包；2-毛细管；3-盖板；4-储液盘；5-测量膜片；6-支架；7-调整弹簧；8-推力轴承；9-调整螺母；10-顶杆；11-绝热环；12-压座；13-脉冲阀座；14-脉冲阀；15-中体；16-活塞环；17-活塞；18-阀体；19-主阀座；20-主阀盘；21-主阀弹簧；22-螺塞；23-反馈膜片

如图 3-4 所示的截止阀 4、5 和旁通阀 6,主要是为了在调节阀损坏时,转入手控。关掉截止阀 4、5,即可以用人工操纵旁通阀 6 的开度来控制水温,同时拆下调节器进行修理或更换。一切自动控制系统都应该考虑转到手控的可能性。

如图 3-5 所示是 HJ-71 调温阀的结构原理图。假定现在热水温度下降,则测量膜片 5 向下变形,通过顶杆 10、压座 12 使反馈膜片 23 向下变形,脉冲阀 14 打开,一小部分蒸汽经通道 a、脉冲阀 14 来到活塞 17 的上方。活塞下移,主阀盘 20 下移,主阀门开大,蒸汽量增加,一方面使热水的温度升高,另一方面,蒸汽经过通道 c 使反馈膜片抬起,脉冲阀关闭、主阀保持在较大开度。如果水温升得太高,则顶杆上移,脉冲阀保持关闭。活塞上的蒸汽经活塞环间隙漏到活塞下面,再经孔 d 到阀的出口。活塞上移而关小主阀,蒸汽量减小,使柜中水温下降。

温包液蒸汽的饱和压力用来控制脉冲阀的开关。脉冲阀很小,因而移动脉冲阀的力不需要很大。移动主阀的力来自活塞,活塞可以做得较大,因此推动主阀的力就可以较

任务三 冷却水温度的自动控制

大。脉冲阀和活塞起到了放大控制力的作用,这种调温阀可制成较大通径的阀门。

通过特性分析可知这种调温阀的输入(被测温度)和输出(主阀开度)之间成比例关系,它是一个比例调节器。又由于其在工作时,没有利用外界能量,所以是直接式调节器。

【任务实施】

船舶柴油机缸套冷却水温度自动控制模拟实训

实训系统由缸套冷却水温度模拟控制系统动画完成,动画面板如图3-6所示。

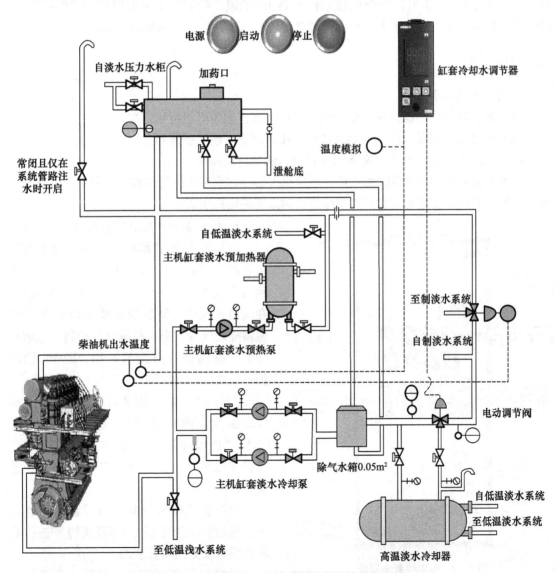

图3-6 缸套冷却水温度模拟控制系统动画面板

一、模拟动画面板结构组成

缸套冷却水温度模拟控制系统动画的面板包括：冷却水温度控制系统结构流程图（如图3-6所示）、冷却水温度控制器、温度模拟电位器。

缸套冷却水温度控制系统模拟动画中实际设备包括：温度传感器、电动三通温度调节阀、温度调节器。系统中的温度控制器为OMRON E5EN型PID控制器，调节阀为三通型温度调节阀，传感器采用Pt100热电阻温度传感器，均为实船控制系统所采用的设备。

在实船系统中，温度传感器根据缸套水出口温度的实际值输出大小不同的电阻值，送给控制器。控制器根据温度设定值和测量值形成的偏差，按照PID规律输出控制量，送至温度调节阀，改变控制阀旁通口和冷却口的开度。

在本实训中采用在模拟面板上的温度模拟电位器上输入高（10 V-85 ℃）、中（8 V-75 ℃）、低（6 V-65 ℃）三个电位来模拟Pt100的阻值的方法，来模拟测量温度的变化。顺时针旋转电位器，阻值增大，所模拟的温度值也增加；反之，温度值减小。

二、实训过程

1. 实训前的准备工作

（1）单击动画中电源按钮，设备供电，模拟面板上的电源指示灯亮。

（2）单击模拟面板上的绿色启动按钮，按钮灯亮，使控制器和温度调节阀通电。

2. 对照模拟面板，熟悉缸套水温度控制系统的结构组成

一方面要求从冷却水系统的角度熟悉主机缸套冷却水系统的管路流程，另一方面要求从反馈控制系统的角度熟悉缸套冷却水温度控制系统的结构组成。

3. 缸套冷却水温度控制模拟实训

（1）控制器的操作。控制器操作面板及各部分名称如图3-7所示。"显示1"显示的是过程值（PV），即冷却水实际温度。在实训系统中，调整温度模拟电位器，PV值将随之改变。顺时针旋转电位器，电阻值增大，所模拟的温度值增加，即PV值增加；反之，PV值降低。

"显示2"显示的是设定值（SV），即设定温度。设定温度可以通过"UP键"和"DOWN键"调整，按"UP键"使设定值增加，按"DOWN键"使设定值减少。

控制器上电后的状态为默认的操作菜单，通过▢、▢、▢、▢等按键可进行菜单切换和参数滚动及修改。

▢键用于窗口滚动，在任一菜单模式

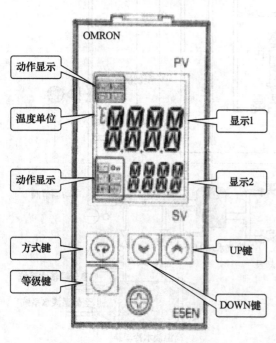

图3-7 温度控制器面板

任务三 冷却水温度的自动控制

下,均可通过操作键▢来滚动显示相应的内容。

▢为菜单键,短按该键(少于1s)进入参数调整菜单,进入调整菜单后,通过▢键进行滚动显示。例如显示比例带(PB)、积分时间(T_i)和微分时间(T_d)等,如果认为需要调整,则通过▢键和▢键进行调整。再次短按▢键退出调整菜单。

长按▢键(至少3s)进入初始设定菜单,按住▢键超过1s退出初始设定菜单。

同时按住▢和▢至少3s,进入保护菜单,同时按住▢和▢至少1s退出保护菜单。

(2)温度控制模拟实训。

① 观察当前实际温度值(PV)、设定温度值(SV)和三通调节阀进出水口的开度。结合反馈控制系统基本理论知识,对当前状态进行合理解释。

② 将设定值设置在某一温度值(动画中已设定为75 ℃),调整温度模拟电位器,使模拟实际温度向设定值慢慢靠近,并最终使模拟实际温度和设定值相等,观察调节阀动作过程及最终状态。

【拓展知识】

一、直接式冷却水温度控制系统

直接作用式温度调节器类型很多,结构各不相同,但它们的基本工作原理是一样的。它们都不用外加能源,而是根据感温元件内充注的工作介质的压力随温度成比例变化的原理实现的。

1. 冷却水调温阀系统

如图3-8所示是中小型柴油机直接式冷却水温度控制系统及调温阀。从柴油机出来的冷却水经调温阀后分成两路。一路经冷却器,由海水来冷却淡水,另一路经旁通管与冷却器出来的水混合后回到柴油机冷却水泵的入口。当出口冷却水温度升高时,调温阀自动地增加通过冷却器的水量,减小旁通水量,抑制冷却水温度的变化。出水温度降低时,调温阀减小通过冷却器的水量,增大旁通水量,使水温升高或不至降得太低。此调节阀的作用是根据水温的变化自动改变通过冷却器的水量和旁通水量的比例,从而实现对冷却水温度的自动控制。

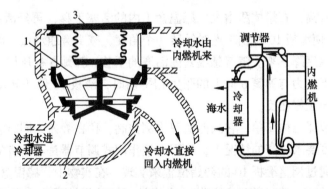

图3-8 冷却水温度控制系统及调温阀

1,2—阀盘;3—波纹管盒

在调节阀中有一个密封的波纹管盒3，其中充入某种低沸点的液体（如乙醚、丙酮等），但不充满。液面上的空气已排除，只有盒中液体的蒸汽。液面上的蒸汽压力为液体在此温度下的饱和压力。而液体的饱和压力与温度的关系是由液体本身的性质决定的，不同的液体有不同的性质。

从柴油机出来的冷却水包围在波纹管盒3的周围，因而使盒中低沸点液体的温度与柴油机冷却水的温度相同。当冷却水温度升高时，低沸点液体的饱和压力升高，波纹管伸长，波纹管下面的阀杆带动两个阀盘1和2下移，使旁通口关小，冷却口开大，旁通水量减小而通过冷却器的水量增加。当水温下降时，其动作相反。

2. WALTON型恒温阀系统

（1）控制系统的组成和工作原理

如图3-9所示是WALTON型恒温阀的结构原理图，WALTON恒温阀又称石蜡调节阀。它由阀体、传动机构、滑板和感温盒等组成。感温盒内的感温介质是石蜡，其动作原理是利用石蜡的体积随温度发生变化而产生的作用力来推动执行机构，改变滑板的位置来控制冷却水的温度。用石蜡做工作介质的优点是石蜡工作时被加热变成液体，它的膨胀力比低沸点液体的蒸汽压力大得多，因此这种阀的开度变化响应较快。

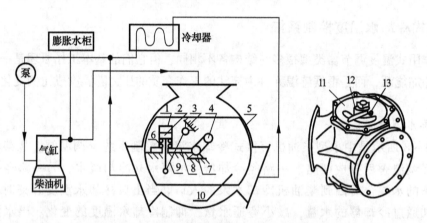

图3-9　WALTON型恒温阀结构原理图

1-感温盒；2-活塞及活塞杆；3-杠杆支点；4-转轴；5-阀体；6-弹簧；7-轴；
8-拖板；9-杠杆；10-滑板；11-前盖；12-指针；13-销

若冷却水温度升高，石蜡体积增大，感温盒1内的活塞下移，再经活塞杆2以及杠杆9与滑板10相连接，使滑板10绕轴7逆时针转一个角度，减少旁通水量，增加经冷却器的水量，从而使冷却水温度降下来。随着感温盒内活塞的下移，弹簧6被压缩，当感温盒中石蜡因体积膨胀产生向下的力与弹簧6向上的张力相平衡时，滑板10停止转动。当冷却水温度降低时，其动作方向正好相反。

直接作用式调节器结构简单，它只能实现比例控制，存在静差，同时它的精度低，误差大，在对被控量精度要求较高的情况下，使用直接作用式调节器是不适宜的。该调节阀温度给定值的调整，可通过调整滑板10的初始位置来实现。在实物中，感温盒1、拖板8和轴7是紧固在一起的，转轴4伸出前端盖并装一个指针，转动指针可改变滑板10的初始位置。恒温阀手动控制时，也是通过转动转轴4改变滑板位置来实现的。

任务三 冷却水温度的自动控制

（2）在运行管理中应注意的事项。

① 运行过程中，每隔 3 000 h 要进行一次内部检查与清洗，防止污物卡住滑板。拆装时，一定要将前盖和整个内部结构一起拉出来，尤其是不能将感温盒和传动机构拆开。装回时，均匀用力上紧螺钉，当上紧前盖螺钉后，一定要通过手操指针来回转动几次，若无异常现象再将指针置于正常运转位置上。

② 运行过程中，若发现被控温度失控地升高，首先检查恒温阀，看是否是它出现故障所致。检查的方法是：手动将通往冷却器的通道全打开，旁通通道全关闭，等待几分钟后，如温度下降，则说明是恒温阀有故障；若温度仍不下降，则说明不是恒温阀的问题，应另找原因。

二、间接式气动冷却水温度控制系统

1. TQWQ 型气动温度三通调节阀冷却水温度控制系统

（1）控制系统的组成和工作过程。

凡是需要外加能源，由气动或电动仪表构成的自动控制系统都是间接作用式的控制系统。气动冷却水温度控制系统可以用单元组合式仪表构成，也可以用基地式仪表构成。下面介绍由 TQWQ 型气动温度三通调节阀组成的气缸冷却水温度控制系统。

该控制系统的组成原理图如图 3-10 所示。TQWQ 型气动温度三通调节阀属于基地式仪表。测量单元是温包，它是由不锈钢材料制成的，里面充注膨胀系数较大、沸点较低的易挥发性液体（丙酮或乙醚），利用温包内介质的压力随温度变化的性质来测温。调节部分由测

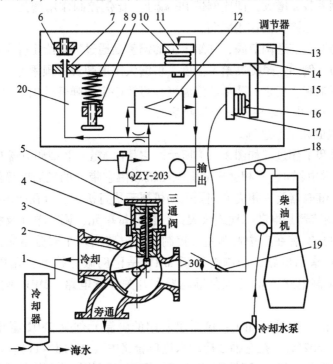

图 3-10　TQWQ 型气动柴油机冷却水温度调节系统

1—阀瓣；2—活塞杆；3—三通转阀；4—弹簧；5—活塞；6—挡板；7—喷嘴；8—定值弹簧；9—调整螺钉；10—反馈波纹管；11，13，17—支架；12—放大器；14—十字簧片；15—杠杆；16—测量波纹管；18—毛细管；19—温包；20—软管

量波纹管、反馈波纹管、比较杠杆、喷嘴挡板机构、放大器和定值弹簧组成。执行机构由活塞、气缸、弹簧、三通阀组成。

TQWQ 型温度三通调节阀是按力矩平衡原理工作的。当系统处于稳定状态时，作用于比较杠杆的反馈力矩和定值弹簧产生的力矩与测量力矩相平衡，杠杆稳定不动，放大器输出的气压信号不变，执行器中的转阀停在某一位置上，使进入柴油机气缸的冷却水温度稳定在给定值附近。

当柴油机负荷突然减小时，冷却水温度降低，温包中的介质压力减小，测量波纹管中的压力也随之减小，杠杆在给定弹簧张力的作用下绕支点顺时针偏转。固定在杠杆左端的喷嘴靠近挡板，使喷嘴背压升高，经放大器放大后输出气压信号升高。输出信号一路作用在气缸活塞上，克服弹簧的张力使活塞向下移动，推动转阀顺时针转动，于是旁通水量增大，经冷却器的水量减小，使柴油机气缸冷却水进口温度升高。输出信号另一路去反馈波纹管，使反馈波纹管内压力增大，则反馈力矩增大，推动杠杆逆时针偏转，使喷嘴离开挡板，显然这是一个负反馈过程。当系统重新平衡时，转阀也稳定在某个位置，达到温度控制的目的。

当冷却水温度升高时，其动作过程与上述相反。

（2）比例带和给定值的调整。

TQWQ 型气动温度三通调节阀只能实现比例控制作用，控制系统存在静差，而静差的大小取决于比例带，若比例带数值小则静差小。比例带 PB 的调整是通过移动反馈波纹管的位置来实现的。反馈波纹管向右移动，反馈作用减弱，这样在同样的温度变化下，产生较大的输出量变化，比例系数 k 增大，即比例带 PB 减小，比例控制作用增强。同理，反馈波纹管左移，比例带增大，比例控制作用减弱。

TQWQ 型气动温度三通调节阀，其给定值的调整是通过转动给定弹簧旋钮改变定值弹簧的预紧力来实现的。例如：想提高给定温度，可增大定值弹簧的预紧力，这样，当系统稳定时，被控温度比原来高。反之，降低给定温度，可放松定值弹簧的预紧力。

2. MR-Ⅱ型电动冷却水温度自动控制系统

（1）系统的组成和工作过程。

该系统的组成和工作过程如图 3-11 所示。它是由 MR-Ⅱ型调节器 1、开关组 2、限位开关 3、过载保护继电器 4、三相交流伺服电动机和由它带动的三通阀等部分组成。其中限位开关、过载保护继电器及三相交流伺服电动机属于执行机构，装在冷却水进口管路的三通阀上。MR-Ⅱ型调节器是电动基地式仪表，它把测量单元、调节单元及相应的开关组件组装在一个控制箱中并安装在集中控制室。控制箱中电路由六个部分组成，其中印刷电路板 MRB 是输入电路和指示电路，印刷电路板 MRV 是比例微分控制作用电路，印刷电路板 MRD 是脉冲宽度调制电路，MRK 板是继电器和开关装置电路，MRP 是主电源电路，MRS 是稳压电源电路。

自动控制系统的工作过程如下：该系统所用的测温元件是 T802 型热敏电阻（当温度 20 ℃时，其阻值为 802Ω），把它插在冷却水进口管路中（如图 3-11）。T802 电阻值与冷却水温度呈线性关系变化，经分压器把冷却水进口温度实际值按比例转换成电压信号。这个测量信号与由电位器整定的给定值相比较得到一个偏差信号 e。偏差信号经比例微分作用输出控制信号并送至脉冲宽度调制器。脉冲宽度调制器把连续变化的控制信号调制成脉冲信号。

任务三　冷却水温度的自动控制

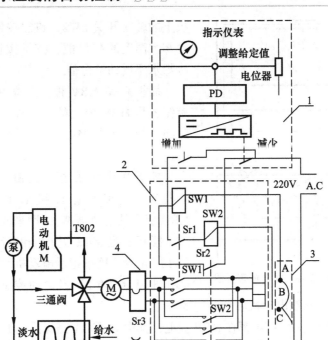

图 3-11　MR-Ⅱ型电动冷却水温度自动控制系统组成原理图
1—MR-Ⅱ型调节器；2—开关组；3—限位开关；4—过载保护继电器

若测量温度高于给定值，脉冲宽度调制器输出的脉冲信号使"减少输出继电器"SW1 断续通电，组合开关 SW1 断续闭合，三相交流伺服电动机 M 正向断续转动。再经减速装置带动两个互成 90°的平板阀，一个控制旁通水量，另一个控制淡水经过冷却器的水量。当电动机 M 正转时，关小旁通阀，开大经冷却器的淡水阀使冷却水温度降低。当测量温度低于给定值时，脉冲宽度调制器输出的脉冲信号使"增加输出继电器"SW2 断续通电，组合开关 SW2 断续闭合，电动机 M 反向断续转动，开大旁通阀，关小经冷却器的淡水阀使冷却水温度提高。

在"减少输出继电器"SW1 和"增加输出继电器"SW2 的通电线路中都串联一个限位开关和一个过载保护继电器控制的开关 Sr3。若某些故障使电动机 M 电流过大，过载保护继电器动作，使开关 Sr3 断开，继电器 SW1 和 SW2 断电，其触头 SW1 和 SW2 断开，切断电动机 M 电源，保护电动机不会因过热而烧坏。限位开关在一般情况下是合在 A 上，当电动机带动三通阀中的两个平板阀转到接近极端位置时，开关 A 断开，使继电器 SW1 和 SW2 断电，切断电动机电源，以防止平板阀卡紧在极端位置，而在电动机回行时动作不灵敏或因电动机负载过大引起过热。

（2）管理要点。

MR-Ⅱ型调节器正面面板的布置如图 3-12 所示。它是由一个温度表 A 和五块插板组成的。温度表是 MRB 板上的电流表，它把电流 0~1 mA 的变化范围按比例地改为 0℃~100℃的刻度，以指示冷却水温度的实际值，也可以指示冷却水温度的给定值。

插板 B 是 MRB 板。旋钮 1 是 MRB 板上的电位器 W_1，用来整定给定值。按钮 2 是 MRB

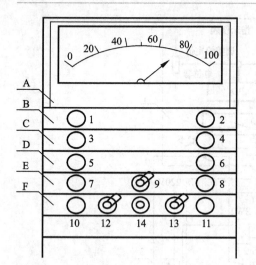

板上的转换开关 SW2，拔出按钮，温度表 A 指示冷却水温度的测量值，按下按钮，温度表可指示冷却水温度的给定值。

插板 C 是 MRV 板。上面有两个旋钮 3 和 4，旋钮 3 是 MRV 板上的电位器 W_2，用来调整微分时间；旋钮 4 是 MRV 板上的电位器 W_1，用来调整比例带。

插板 D 是 MRD 板。旋钮 5 是 MRD 板上的电位器 W_2，用来调整 A_1 和 A_2 的灵敏度；旋钮 6 是 MRD 板上的电位器 W_1，用来调整脉冲宽度。

插板 E 是 MRK 板。7 和 8 是 MRK 板上的指示灯 L_1 和 L_2，用来指示电动机运转方向，开关 9 是 MRK 板上的 SW1。当自动控制系统发生故障时，

图 3-12　MR-Ⅱ型调节器正面面板布置图

可用手扳动开关 9 使伺服电动机转到希望的位置上。

插板 F 是 MRP 板。10～14 都在 MRP 板上，其中 10 和 11 是保险丝 F1 和 F2；14 是发光二极管 D2，指示电源是否正常，如果电源正常，合上电源主开关后，D2 是亮的；开关 12 是"手动-自动"转换开关，扳到右边是"自动"位置，扳到左边是"手动"位置；开关 13 是电源主开关 SW1，扳到右面 SW1 合上，扳到左面 SW1 断开。

① 控制系统投入工作的操作。先把开关 13 扳到右面位置，接通主电源，电源指示灯 14 亮。若不亮，可拔出保险丝 10 和 11，更换烧坏的保险丝。电源正常后，按下按钮 2，转动旋钮 1 使温度表指示在给定值上，再把按钮 2 拔出，让温度表指示冷却水温度的测量值。然后把开关 12 扳到右面位置，自动控制系统就可以投入正常工作。

② 在自动控制系统工作过程中，如果发现温度表指示的测量值与给定值之间有较大的偏差值，而指示灯 7 和 8 都不亮，说明电动机 M 没有转动。这时必须立即把开关 12 扳到左面的手动位置，然后手操开关 9。如果此时电动机 M 可以正转和反转，说明控制电路出现故障，可分别抽出 MRB 板、MRV 板和 MRD 板，人为地输入一个信号，观察哪块板输出不变化，故障就出在哪块板，换一块备件插板，控制系统就能恢复正常工作。若在手操开关 9 时，电动机 M 仍然不转（指示 7 和 8 不亮），说明自动控制系统没有故障，故障是出现在执行机构中，如电动机 M 烧毁或轴卡死，过载保护继电器动作，电动机 M 的电源切断等；如果手操开关 9 时电动机 M 能在一个方向上转动而在另一个方向上不能转动，原因可能是"减少输出继电器"或"增加输出继电器"的线圈烧断，或者它们的触头因磨损、烧蚀而不能闭合，要及时检查修复。

③ 控制系统安装以后，调节器的比例带、微分时间和脉冲宽度等调整旋钮不要轻易转动。确实发现控制系统动态过程不理想（观察温度表指针向给定值方向恢复很慢，或指针波动较大）可调整一下比例带、微分时间或脉冲宽度，但每一次调整量要小。每调一次都要认真观察温度表指针的变化情况，直到调好为止。

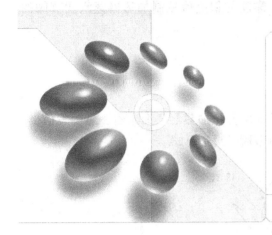

任务四 燃油黏度的自动控制

【任务描述】

黏度表示燃油流动时，分子之间产生的内部摩擦力。它直接影响燃油的雾化以及燃油系统的正常工作。黏度太大，则燃油流动性差，雾化不良，燃烧效率降低，气缸严重积炭；黏度太低，会引起喷油泵、喷油器偶件间的润滑不良和燃油的泄漏。燃油黏度的控制由燃油黏度控制系统来完成。本任务要达到的任务目标如下：

一、知识目标
1. 掌握燃油黏度控制系统的组成和功能。
2. 掌握燃油黏度控制系统中四指针指示调节仪的工作原理。

二、能力目标
1. 具有调试和操作燃油黏度控制系统的能力。
2. 具有选用气动薄膜调节阀的能力。

【背景知识】

为了降低船舶的营运成本，目前几乎所有的柴油机主机都燃用重油。然而重油在常温下流动性很差，燃油黏度不但受温度影响，而且与压力有关。温度升高，黏度下降，压力增加却使黏度有所增加。在这样一个相互关系中，温度对黏度的影响比较敏感而又易于控制。因此从表面来看，黏度控制好像是一个温度控制问题。这对某一固定品种的燃油来说是对的，但对不同品种的燃油在温度相同的情况下，其黏度差异较大。如果采用温度控制系统，为了控制燃油的最佳喷射黏度，对不同品种的燃油必须重新整定燃油温度给定值，其工作甚繁。特别是对于不同品种燃油混合在一起（从世界各港口装载燃油，油舱中的燃油常是不同品种的混合油），更难确定燃油最佳喷射黏度所对应的温度给定值。因此，在燃油进入高压油泵以前，一般不采用温度控制系统，而是直接采用黏度控制系统。它以燃油黏度作为被控参数，根据燃油黏度的偏差值控制加热器蒸汽调节阀的开度，使燃油黏度保持为恒定值。

燃油黏度控制系统的组成及功能

1. 系统的组成

控制系统的组成原理图如图4-1所示。该系统由雾化加热器、细滤器、黏度发信器、缓冲滤器、差压变送器、四针指示调节仪和薄膜调节阀等设备组成。

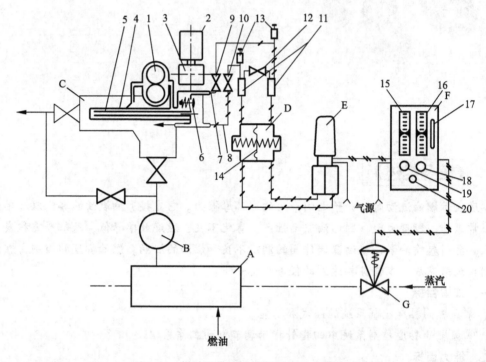

图4-1 燃油黏度自动控制系统组成原理图

A-雾化加热器；B-细滤器；C-黏度发信器；D-缓冲滤波器；E-差压变送器；F-四针指示调节仪；G-薄膜调节阀
1-齿轮泵；2-电动机；3-减速器；4-套管；5-毛细管；6-安全阀；7,8-引压管；9,10-阀；11-隔离室；12-平衡阀；13-放气阀；14-薄膜；15-测量、给定显示表；16-输出显示表；17-手动、自动切换开关；18-手操旋钮；19-定旋钮；20-拉手

2. 系统的功能

（1）整体功能。

燃油经雾化加热器A、细滤器B和黏度发信器C进入主机。在雾化加热器中，燃油被蒸汽加热，蒸汽量由薄膜调节阀G控制。黏度发信器测量从雾化加热器出来的燃油的黏度，将黏度信号转变成一个差压信号。之后由两个辅助单元隔离室11和缓冲滤波器D将差压信号准确地送到差压变送器E。差压变送器再将差压信号转变成气动标准信号，并送到四针指示调节仪F。调节仪输出控制信号去控制薄膜调节阀G的开度。当黏度增加时，调节阀开

任务四 燃油黏度的自动控制

大,进入雾化加热器的蒸汽量增加,使黏度降低。反之,当黏度减小时,调节阀关小,蒸汽量减小使黏度增加。从而使黏度保持在规定的数值。

(2) 测黏计。

测黏计的结构原理如图 4-2 所示。主要部件是恒定排量的齿轮泵 1 和毛细管 2。齿轮泵装在加热器出口的燃油管路中,它由电动机经减速装置驱动,其转速恒定,

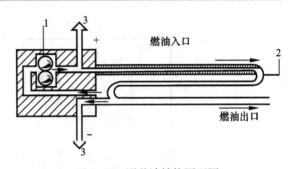

图 4-2 测黏计结构原理图
1-恒流量齿轮泵;2-毛细管;3-正负连接管

这样齿轮泵经毛细管排出的油量是恒定的。由于毛细管的内径很细 (2 mm),流过毛细管的油流量很小,因此流过毛细管的燃油呈层流状态。这样,毛细管两端的压差 ΔP 就与燃油黏度成正比。图中正、负连接管 3 之间的压差就反映了燃油黏度的实际值。在黏度发信器中,毛细管放在套管中并置于发信器内腔中,这样可以保证毛细管中的燃油与发信器内腔的燃油具有相同的温度,即具有相同的黏度,使得黏度测量更加准确。

安全阀 6 的作用是当毛细管堵塞时,安全阀打开,防止损坏油泵。

(3) 隔离室。

毛细管两端的油压由引压管 7 和 8 引出。如果将管中重油直接通到处于舱室温度的差压变送器,则油可能变稠而使差压变送器失效。为此,先将油压引入两个隔离室 11。隔离室中充以一种比油重,不溶于油且在室温下不凝固的液体,如甘油、乙二醇。这样,隔离室中上半部是油,下半部是隔离液。隔离室放在黏度发信器旁边,温度较高,油在其中不会凝固,差压信号由隔离液传到差压变送器。

放气阀 13 和平衡阀 12 用来放掉隔离室内的空气。

(4) 缓冲滤波器。

由于燃油系统中低压油泵 (输油泵) 的排油、高压油泵的吸油以及齿轮泵 1 的排油,可能造成毛细管内油压剧烈波动,干扰差压的测量。为此,在隔离室与差压变送器之间装有缓冲滤波器 D,它中间有薄膜 14,膜片两侧有弹簧。差压的脉动引起薄膜 14 变形而左右移动,消耗脉动能量,使缓冲滤波器之后的油压稳定。

(5) 差压变送器。

差压变送器采用气动差压变送器,其结构与工作原理见任务二,这里不再介绍。

(6) 船用四针指示调节仪。

四针指示调节仪根据代表黏度的测量信号与给定值的偏差,发出 PI 规律的输出信号送给薄膜调节阀。除了调节的作用以外,四针指示调节仪还具有指示、给定与遥控的作用。

如图 4-3 所示是 QXZ-405-C 型四针指示调节仪的面板及背部。在面板上有两个压力表,四个指针 2、3、4、5,分别指示阀位、手操压力、给定值和测量值。因而该调节仪叫四针指示调节仪。给定旋钮 7 用来改变希望黏度稳定的数值。在手动-自动切换开关 1 打在手动位置时,可以手动旋转手操定值器旋钮 6 来控制调节阀的开度。旋松锁紧螺母 8 可以把仪表的机芯像抽屉一样拉出,进行检修和调整。背部有五个管接头,分别通测量、气源、阀门、开关和(外)给定。

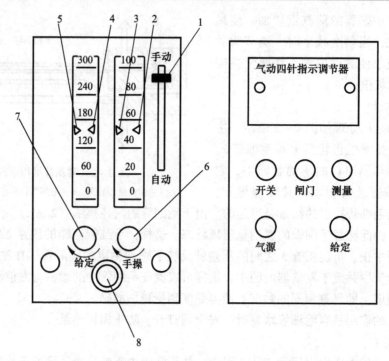

图4-3 QXZ-405-C型四针指示调节仪面板及背部
1-手动-自动切换开关；2-阀位指针；3-手操压力指针；4-给定值指针；5-测量值指针；
6-手操定值器旋钮；7-给定旋钮；8-锁紧螺母

图4-4为这种调节仪的原理图。在稳定的状态下，四个波纹管对杠杆支点所产生力矩的代数和等于零，杠杆静止不动，喷嘴与挡板的间隙不变，放大器的输出不变，阀门开度不变。现假设黏度突然增加至大于给定值，则测量力矩大于给定力矩，杠杆绕支点顺时针偏转，喷嘴挡板的间隙减小，放大器输出增加。调节器的输出一方面经气开关2（手动自动开关打在自动位置时，气开关2打开，气开关1关闭）去执行机构使薄膜调节阀开度增加，另一方面经反馈气路实现比例、积分作用。

增大的输出一路进入负反馈波纹管，另一路经比例阀进入正反馈波纹管。在$P_{出}$增大的瞬间，积分气容及跟踪器中的压力尚未变化，所以$P_{负} > P_{正}$，即正负反馈的综合结果仍为负反馈。正反馈抵消了一部分负反馈，这时正负反馈波纹管对杠杆支点的力矩差正好与测量和给定波纹管所产生的力矩差所平衡，使杠杆达到暂时的平衡，实现比例作用。此时，由于$P_{负} > P_{正}$，则$P_{测}$必大于$P_{给}$，比例调节存在静态偏差。改变比例阀的开度即可调整比例作用的强弱，改变比例度的大小。开大比例阀，则$P_{正}$增加，综合负反馈作用弱，比例作用增强，比例度减小；关小比例阀，$P_{正}$减小，负反馈作用强，比例作用减弱，比例度增大。

增大的输出不断经积分阀向积分气容充气，其压力不断上升。经跟踪器后使$P_{正}$又逐渐上升，挡板又逐渐靠近喷嘴，$P_{出}$又略有增加，以消除静态偏差，实现积分作用。当最终达到平衡时，$P_{正} = P_{负}$，$P_{测} = P_{给}$，被控量回到原数值。

跟踪器的作用是上室压力始终跟随下室压力。当下室压力（积分气容压力）上升时，膜片向上盖住喷嘴，由于气源的供气，上室压力不断上升。当下室压力下降时，膜片向下变形，上室气体经喷嘴排向大气，上室压力下降。上下室压力相等时膜片平衡。

任务四 燃油黏度的自动控制

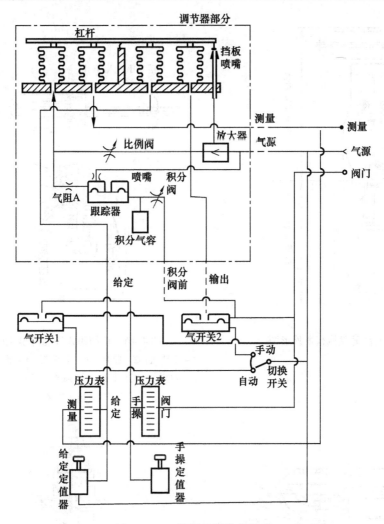

图 4-4 四针指示调节仪原理

调整积分阀的开度可以调整积分时间的长短。开大积分阀,积分气容中压力上升得快,$P_正$ 上升得快,积分时间短,积分作用增强;关小积分阀,积分时间长,积分作用减弱。当手动自动开关置于"自动"位置时,气源到达气开关 1 的膜片下,将膜片顶起,气开关 1 关闭,来自手操定值器的气路被切断;同时,气开关 2 膜片下的空气排向大气,膜片向下,气开关 2 打开,调节器的输出通向阀门。当切换开关放在"手动"位置时,气开关 2 关闭,调节器的输出被切断,气开关 1 打开,改变手操定值器的输出即可实现对阀门的远距离控制。

(7) 薄膜调节阀。

薄膜调节阀接收四针指示调节仪的输出信号,改变阀门的开度,改变流入雾化加热器的蒸汽量,控制燃油的黏度。其外形如图 4-5 所示。

气动薄膜调节阀的执行机构有正作用和反作用两种。如图 4-6 所示是正作用的执行机构。信号从膜片上方引入,当信号压力增加时,推杆下移。如图 4-7 所示是反作用的执行机构,信号从膜片下方引入,当信号压力增加时,推杆上移。

气动薄膜调节阀的调节机构(调节阀)也有正作用和反作用两种。如图 4-8 所示是正

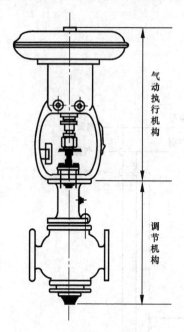

图4-5 气动薄膜执行器外形图

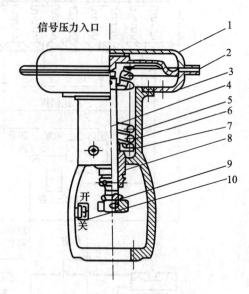

图4-6 正作用式气动薄膜执行机构
1-上膜盖；2-膜片；3-下膜盖；4-推杆；5-支架；6-弹簧；7-弹簧座；8-调节螺母；9-连接阀杆用螺母；10-行程标尺

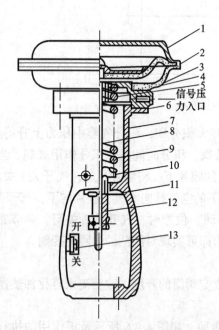

图4-7 反作用式气动薄膜执行机构
1-上膜片；2-膜片；3-下膜盖；4-密封垫片；5-密封圈；6-填块；7-支架；8-推杆9-弹簧；10-弱簧盘；11-衬套；12-调节螺母；13-行程标尺

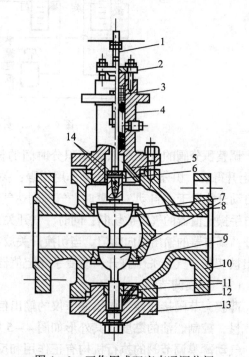

图4-8 正作用式双座直通调节阀
1-阀杆；2-压盖；3-填料；4-上阀盖；5,12-斜孔；6,11-衬套；7-阀芯；8,9-阀座；10-阀体；13-下阀盖；14-销钉

任务四 燃油黏度的自动控制

作用的阀,当阀杆下移时,阀门关小;阀杆上移时,阀门开大。如图4-9所示是反作用的阀,当阀杆下移时,阀门开大;阀杆上移时,阀门关小。在图4-8和图4-9的两个阀中,阀芯的上下端都有连接阀杆的孔,所以如果把阀的本体和阀芯调过头来安装,两个阀就分别变成了反作用阀和正作用阀。

四种不同作用形式的执行机构和调节机构组合在一起,形成两种作用形式的执行器,气开式执行器和气关式执行器。如图4-10所示。

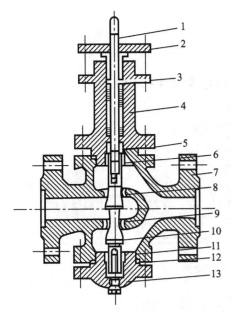

图4-9 反作用式双座直通调节阀
1-阀杆;2-压盖;3-填料;4-上阀盖;5,12-斜孔;6,11-衬套;7-阀体;8,9-阀座;10-阀芯;13-下阀盖

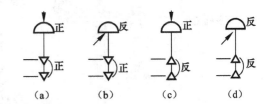

图4-10 执行器的组合方式
(a) 气关; (b) 气开; (c) 气开; (d) 气关

图4-10 (a) 所示为正作用执行机构和正作用调节阀组合,没有信号压力时,阀门全开。当信号压力增大时,阀门关小,称为气关式执行器。

图4-10 (b) 所示为反作用执行机构和正作用调节阀组合,没有信号压力时,阀门全关。当信号压力增加时,阀门开大,称为气开式执行器。

图4-10 (c) 所示为正作用执行机构和反作用调节阀组成气开式执行器。

图4-10 (d) 所示为反作用执行机构和正作用调节阀组成气关式执行器。

气开式与气关式执行器的选择主要是从安全的角度来考虑。例如,锅炉给水阀应选用气关式执行器,一旦自动控制系统或气源发生故障,信号中断,则调节阀全开,保证锅炉供水,避免烧坏锅炉。锅炉燃烧控制,应选气开式调节阀,当出现故障时,信号中断,阀门全关,切断供油,关闭风门,锅炉停止燃烧,保护锅炉。

【任务实施】

燃油黏度自动控制模拟实训

一、实训系统的组成

实训系统是由燃油黏度模拟控制系统动画来进行的,如图4-11所示。

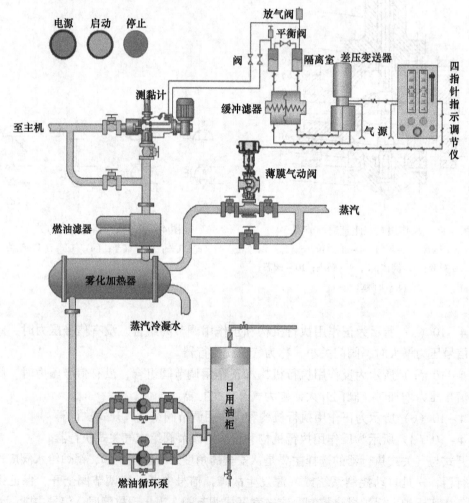

图4-11 燃油黏度控制系统结构流程图

1. 燃油黏度模拟控制系统动画面板结构组成

包括:燃油黏度控制系统结构流程图(如图4-11所示)、燃油黏度控制器、黏度模拟调压阀、黏度模拟电位器。

任务四　燃油黏度的自动控制

2. 控制系统实际设备

控制系统实际设备包括：雾化加热器、细滤器、黏度发信器、缓冲滤器、差压变送器、四针指示调节仪和薄膜调节阀等设备组成及连接管路。实际设备的布置和管路连接与动画模拟面板的流程图一致。燃油黏度/温度控制器接收来自黏度测量装置、四针指示调节仪的测量信号，控制器软件根据设定的工作状态和黏度测量值输出的控制信号，控制黏度调节阀动作。燃油黏度测量装置采用压差式测黏计和差压变送器，差压变送器将反映黏度大小的压差信号送给调节器，作为测量信号。实训模拟系统动画中采用模拟面板上的测量输入压力调压旋钮来模拟燃油黏度的大小，这一压力信号接至差压变送器的高压端。顺时针旋转调压旋钮，输出压力增大，所模拟的黏度值也增大；反之，黏度值减小。

二、实训过程

1. 实训前的准备工作

（1）点击动画中电源按钮，设备供电，模拟面板上的电源指示灯亮。

（2）点击启动按钮，模拟面板上的启动指示灯亮，船用四指针调节指示仪指针运动指示当前阀位、测量值、给定值。

（3）点击测黏计，检查截止阀和平衡阀的开关状态。若平衡阀处于开启状态，则打开测黏计高压端截止阀，关闭平衡阀；若平衡阀处于关闭状态，则先开启平衡阀，稍后开启测黏计高压端截止阀，再将平衡阀关闭。

注：测黏计高压端管路上有一红色小阀，此阀应处于常闭状态。

（4）点击四指针指示调节仪上的给定指针，然后设定给定值，使给定指针指在给定值位置。

（5）点击四指针指示调节仪上"手动－自动"选择按钮到"自动"位置。

2. 对照动画模拟面板，熟悉燃油黏度控制系统的结构组成

一方面要求从燃油系统的角度熟悉主机燃油系统的管路流程，另一方面要求从反馈控制系统的角度熟悉燃油黏度控制系统的结构组成。输入高中低三个黏度给定值，观察动画变化情况，并解释其发生变化的原因。

3. 燃油黏度手动控制

燃油黏度的手动控制是通过手动改变蒸汽调节阀，改变雾化加热器的加热强度来实现的。当蒸汽调节阀开大时，燃油温度升高，黏度降低；反之，温度降低，黏度升高。温度和黏度的测量值可通过四指针指示调节仪中的测量指针来显示。阀门开度变化可以通过四指针指示调节仪中的阀位指针来显示。

黏度控制器提供了手动改变蒸汽调节阀开度的功能，方法如下：

（1）按"手动－自动"键到"手动"位置。

（2）改变"手操定值器"的输入压力，就可以直接改变阀门阀位，并且通过手操指针和阀位指针显示出来。

注1：在实船操作中，黏度将会随着加热强度的改变而自动变化，通过手动控制蒸汽调节阀的开度，使温度或黏度值达到满意为止。

注2：由于黏度压差很小，因此黏度模拟调压阀的动作幅度不宜过大；另外，控制器的黏度采样通道设有惯性时间常数，因此调整黏度模拟调压阀后，黏度的变化比较缓慢。

【拓展知识】

一、NAKAKITA 型燃油黏度自动控制系统

1. 系统的组成

控制系统的组成原理图如图 4-12 所示。其中由测黏计 23、差压变送器 20、黏度调节器 9 和蒸汽调节阀 6 等组成黏度定值控制系统，由温度变送器 25、温度程序调节器 8 和蒸汽调节阀 6 等组成温度程序控制系统。"温度-黏度"控制选择阀 7 的作用是：在油温低于上限值（如 130 ℃，可调）时，它选择温度调节器的输出去控制蒸汽调节阀，对燃油温度进行程序控制。在油温达到上限值时，它选择黏度调节器的输出去控制蒸汽调节阀，对燃油黏度进行定值控制。

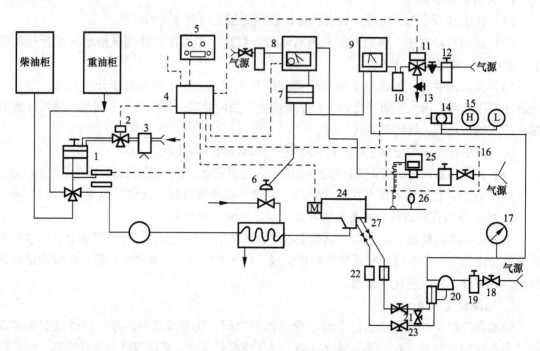

图 4-12　NAKAKITA 型燃油黏度控制系统组成原理图

1—三通活塞阀；2，11—三通电磁阀；3—空气过滤器；4—继电器箱；5—选择器；6—蒸汽调节阀；7—温度-黏度控制选择阀；8—温度程序调节器；9—黏度调节器；10—气容；12，19—过滤减压阀；13—针阀；14—黏度记录仪；15—压力开关；16—调整板；17—黏度指示仪；18，24，27—截止阀；20—差压变送器；21—平衡阀；22—油分离器；23—测黏计；25—温度变送器；26—阻尼元件

2. 系统的功能

当燃油温度在下限值与上限值之间变化时，黏度控制不起作用，蒸汽调节阀受温度程序调节器的控制；当燃油温度达到上限值时，系统能自动切除温度程序控制而转换为黏度定值控制，蒸汽调节阀受黏度调节器控制。

"柴油-重油"自动转换也是以油温为条件的。在燃油系统投入工作以前，若油温较低并处于下限值（20 ℃，可调），虽然已把"柴油-重油"转换开关切换到重油位置，但燃

任务四 燃油黏度的自动控制

油系统仍然用柴油工作。在温度程序调节器的控制下,油温慢慢升高。当油温达到中间温度值(70 ℃,可调)时,控制电路动作并通过三通电磁阀2和三通活塞阀1使燃油系统由用柴油转换为用重油工作。由于此时油温低于上限值(130 ℃,可调),对重油的加热仍受温度程序调节器的控制,直到油温上升到上限值时转为黏度定值控制。该控制系统增加了温度程序控制,这就避免了在油温较低的情况下,采用黏度控制会使油温升高过快的现象,从而可改善喷油设备的工作条件。"柴油 – 重油"自动转换可使在油温较低的情况下,燃油系统使用柴油工作,这既能保证良好的雾化质量,又能用柴油冲洗用过重油的管路,保证控制系统和喷油设备工作的可靠性。

3. 温度程序调节器

温度程序调节器工作原理与前面介绍的调节器基本相同,只是多了一套温度程序设定装置。同时,调节器是采用正作用式的。温度程序设定装置如图4 – 13所示。它是在给定指针上加装一个驱动杆,小齿轮转动扇形齿轮时,驱动杆与给定指针一起转动。驱动杆上装有上、下限开关,两个开关的开关状态由开关杆控制。当驱动杆转动时,开关杆沿着控制板移动。驱动杆上还装有中间温度限位开关,它的开关状态由可调凸轮控制。当中间温度(如70 ℃)确定后,可调凸轮的位置固定不变。驱动杆和给定指针由小齿轮带动。按下给定值旋钮,离合器脱开,转动给定值设定旋钮,可手动设定温度给定值。拔出给定值设定旋钮,

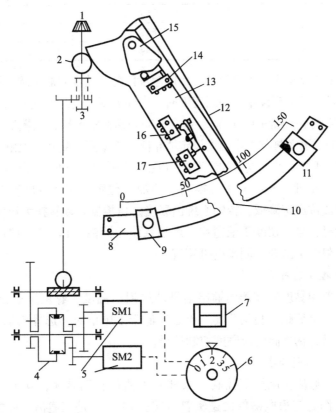

图4 – 13 温度程序设定装置工作原理图

1—给定按钮;2—小齿轮;3—离合器;4—差动齿轮装置;5—同步电机;6—温度上升 – 下降速度开关设定;7—温度上升 – 下降指示灯;8—控制板;9—下限温度设定器;10—开关杆;11—上限温度设定器;12—给定指针;13—驱动杆;14—中间温度限位开关;15—调整凸轮;;16—下限开关;17—上限开关

离合器合上，同步电机 SM1 和 SM2 的转动通过差动减速齿轮装置和小齿轮带动驱动杆和温度给定指针转动。在控制系统没有投入工作时，燃油温度低于下限值，开关杆与下限温度设定器相碰，下限开关闭合，上限开关断开，中间温度限位开关触头没有被可调凸轮压下。

在控制系统投入工作时，先把"柴油-重油"转换开关转换到"重油位置"。合上电源开关，同步电机 SM1 和 SM2 开始转动，并经差动减速装置和小齿轮带动驱动杆和温度给定指针向指示温度增高的方向转动，经调节 PID 的控制作用，燃油温度的测量值将以相同的速度跟踪给定值上升。温度给定值上升的速度靠"上升-下降"设定开关来实现。它共有 5 挡，即 0、1、2、3、5，分别控制电机 SM1 和 SM2 的转动方向。两个电机都经差动减速装置带动小齿轮转动，但它们的减速比不同，SM2 的减速比小于 SM1。这样，两个电机的转动方向不同，温度给定值的变化速度不同。以增大温度给定值为例，温度"上升-下降"设定开关在不同挡上，电机 SM1 和 SM2 的转动方向及相应的温度给定值的上升速度（℃/min）见表 4-1。

表 4-1 设定开关的作用

挡 位	SM1 转动方向	SM2 转动方向	温度给定值上升速度/（℃·min^{-1}）
0	停	停	温度定值控制
1	反转	正转	1
2	正转	反转	1.5
3	停	正转	2.5
5	正转	正转	4

在燃油温度达到设定的中间温度以前，中间温度限位开关没有被可调凸轮压下，燃油系统是用柴油工作。当油温升高到设定的中间温度时，中间温度限位开关被可调凸轮压下，使三通电磁阀 2 和三通活塞阀 1（见图 4-12）动作，自动切断柴油通路，让重油进入燃油系统。当温度上升到上限值时，开关杆与上限温度设定器相碰，下限开关断开，上限开关闭合，同步电机停转，油温给定值不再上升。这时控制系统由温度程序控制自动转换为黏度定值控制。

如果把"柴油-重油"转换开关转换到"柴油"位置，同步电机就以与原来相反的方向转动，温度给定值按原速降低，控制系统由黏度定值控制自动转换为温度程序控制。当油温下降到中间温度时，自动切断重油通路，燃油系统用柴油工作。当油温下降到下限值时，下限开关闭合，上限开关断开，同步电机停转。

4. 温度-黏度控制选择阀

温度程序调节器和黏度调节器的输出信号都送到"温度-黏度"控制选择阀，选择阀的输出信号送入蒸汽调节阀控制其开度。当温度低于上限值时，选择阀输出温度程序信号；当油温达到上限值时，选择阀输出黏度控制信号。

5. 三通电磁阀和三通活塞阀

三通电磁阀和三通活塞阀用于控制"柴油-重油"自动转换，其工作原理如图 4-14 所示。其中，(a) 图是三通电磁阀的逻辑符号图；(b) 图是三通活塞阀的结构示意图。B 和 C 分别接重油和柴油管路，A 是三通活塞阀的输出管路。当油温低于中间温度时，中间温度限位开关触头没有被压下，电磁阀 SV1 通电，SV2 断电，三通电磁阀下路通；气源被截止，三通活塞阀的控制活塞 3 上部通大气，在弹簧 8 的作用下，活塞 3 连同活塞杆 4 和阀 6

任务四 燃油黏度的自动控制

一起上移,直到阀 6 落在上阀座 5 上为止。这时,切断重油管 B 与输出管处的通路,而柴油管 C 通输出管 A,柴油进入燃油系统。当燃油温度高于中间温度值时,中间温度限位开关被可调凸轮压下,此时三通电磁阀 SV1 断电,SV2 通电,三通电磁阀上路通,气源进入三通活塞阀的活塞 3 的上部空间,使活塞 3 连同活塞杆 4 和阀 6 一起克服弹簧 8 的张力向下移动,直到阀 6 落在下阀座 7 上为止。这时,切断柴油管 C 与输出管 A 之间的通路,接通重油管 B 与输出管 A 之间通路,重油进入燃油系统。

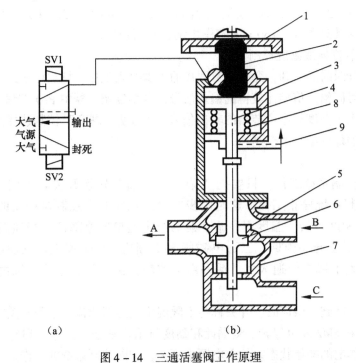

图 4-14 三通活塞阀工作原理
(a) 三通电磁阀逻辑符号图;(b) 三通活塞阀结构示意图
1—手轮;2—限位螺丝;3—控制活塞;4—活塞杆;5—上阀座;
6—控制阀;7—下阀座;8—弹簧;9—限位开关杆

三通电磁阀的逻辑功能是 SV1 和 SV2 不可能同时通电,它们中一个通电另一个必定断电。SV2 通电,三通电磁阀上路通;SV1 通电,三通电磁阀下路通。如果 SV1 和 SV2 都断电,三通电磁阀保持原状态。

图中 9 是限位开关杆,用于检测"柴油-重油"转换是否完成。转动手轮可以进行"柴油-重油"的手动转换。

6. 系统工作过程

(1) 系统启动。

要使系统投入工作,先要合上电源主开关,电源指示灯亮;再把温度"上升-下降"设定开关转到所要设定的位置上,如转到"5"挡。然后把"柴油-重油"转换开关转换到"重油"位置,重油转换灯亮,表示系统已投入工作。这时电机 SM1 正转,电机 SM2 正转,于是油温会以 4 ℃/min 的速度上升;测黏计电机启动,使测黏计和差压变送器投入工作。黏度指示仪表和记录仪表将显示燃油黏度值,但因黏度调节器没有接通气源而没有输出。此时燃油系统用柴油工作。

(2) 供柴油切换成供重油，油温从下限值开始以 4 ℃/min 的速度上升。温度程序调节器的驱动板和给定指针逐渐向温度增高的方向转动。当油温上升到中间温度时，可调凸轮把中间温度限位开关压下，三通电磁阀 SV2 通电，SV1 断电。三通电磁阀上路通，三通活塞阀的活塞上部空间通气源，把活塞压到下位，这时燃油系统自动由用柴油转换到用重油。

(3) 升温控制变换成温度定值控制。

当油温达到上限值时，开关杆与上限温度设定器相碰，下限开关断开，上限开关闭合，电机 SM1 和 SM2 断电停转，燃油温度不再升高，即由温度程序控制转为温度定值控制。其工作的持续时间由计时器（0~60 min 范围内调整）所决定。

(4) 温度控制变换成黏度控制。

一旦计时器计时时间一到，黏度调节器接通气源投入工作。把差压变送器送来的与黏度成正比的气压信号同给定值相比较得到偏差信号，经黏度调节器中 PID 控制作用输出一个控制信号，该信号大于温度程序调节器的输出信号，"温度 – 黏度"控制选择阀输出黏度控制信号，实现对燃油黏度的定值控制。

(5) 系统停止。

如果要停止控制系统工作，只要把"柴油 – 重油"转换开关转换到"柴油"位置。燃油黏度定值控制系统停止工作，这时同步电机出现同升温控制时相反的运转，即电机 SM1 反转，电机 SM2 反转。温度程序调节器的给定值按原速降低。当油温下降到中间温度时，中间温度限位开关弹回，三通电磁阀 SV2 断电，SV1 通电。三通电磁阀下路通，三通活塞阀的活塞上部空间通大气，活塞由下位转换到上位，燃油系统由用重油转换到用柴油。

当燃油温度下降到下限值时，开关杆与下限温度设定器相碰，下限开关闭合，上限开关断开，电机 SM1 和 SM2 断电停转。测黏计和黏度显示仪表停止工作。到此，控制系统又恢复到系统投入工作前的初始状态。拉下电源主开关，切除控制系统的工作。

7. 管理维护

本系统的黏度和温度调节器都是气动仪表，有关的气动仪表的日常管理要求、特点、应注意的事项及其常见故障排除在本系统中一样可以应用。在此要特别指出的是，系统在运行过程中，每隔一段时间要按一下装在恒节流孔上的通针，对恒节流孔进行一次冲洗，以免被污物堵塞，如果恒节流孔旁没有装通针，应把它拆下来用溶剂进行清洗。在装配前，要用压缩空气吹干。测黏计马达滚珠轴承每年清洁一次，并重新灌注润滑脂。齿轮箱每年要检查和清洗一次，清洗后用压缩空气吹干，添加新齿轮油至正常油位。

另外本系统在运行过程中最常见的故障是：当系统停用一段时间再次启用时，执行机构的调节阀刚开始不动作，势必导致被控参数暂时失控。在这种情况下，最简单的方法是通过大幅度地改变给定值，使调节器的输出增大，一旦调节阀动作后，立即将给定值调回到正常值即可。

二、VAF 燃油黏度自动控制系统简介

1. 控制系统的组成

VAF 燃油黏度自动控制系统如图 4 – 15 所示。它主要由测黏计、差压变送器、气动调节器和调节阀等部分组成。

任务四 燃油黏度的自动控制

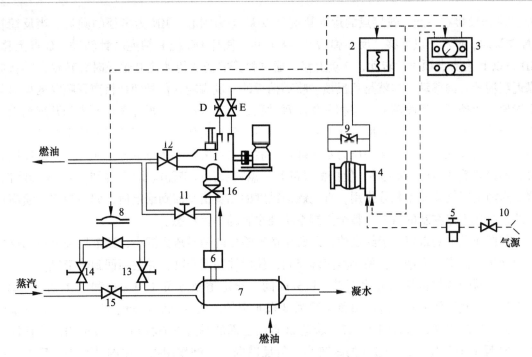

图 4-15 VAF 型燃油黏度自动控制系统
1-测黏计；2-记录仪；3-调节器；4-差压变送器；5-过滤减压阀；6-燃油细滤器；7-燃油加热器；
8-气动调节阀；9-平衡阀；10、11、12、13、14、15、16-截止阀

测黏计检测燃油加热器出口燃油的黏度，并将黏度值转换为压差信号，作为黏度的测量信号送到差压变送器。差压变送器把该压差信号按比例地转换为 0.02~0.1 MPa 的气压信号送到调节器。测量值与给定值相比较得到一个偏差值，此时调节器根据偏差信号的大小和方向按比例积分的作用规律输出一个控制信号来改变蒸汽调节阀的开度，把燃油黏度维持在给定值上。

2. 测黏计与差压变送器

测黏计的结构原理与图 4-2 相同，这里不再叙述。差压变送器是燃油黏度的变送单元。它把表征燃油黏度的压差信号成比例地转换为气压信号并送到调节器和黏度指示仪。

3. 调节器

VAF 型黏度控制系统所用的调节器是按位移平衡原理工作的，能实现比例积分的控制作用。如图 4-16 所示给出了 VAF 型调节器的结构简图。当控制系统处于平衡状态时，被控参数等于给定值，调节器上的测量指针（黑色）与给定指针（红色）重合。当系统受到扰动时，测量值偏离给定值出现偏差。若测量值大于给定值，差压变送器输出的气压信号增大，波纹管伸长，前后两个扇形轮均绕固定轴逆时针转动一个角度。它使指示盘上的黑色指针顺时针转动，指示燃油黏度的实际值增大，同时，连杆 AB 上移，杠杆 BD 以 C 为支点逆时针转动，D 点下移，通过弹簧的挠性传动，使 P 轴顺时针转动。于是装在 P 轴上的挡板离开喷嘴，喷嘴背压降低。这个背压经功率放大器使输出压力下降（调节器是反作用的）。调节器输出的下降压力送到气关式蒸汽调节阀，开大阀门，增加通入加热器的蒸汽量，降低燃油黏度。同时，调节器输出压力送到反馈波纹管，并经积分阀与积分气室相通。但因积分阀的节流作用，在输出压力下降的瞬间，积分气室压力不变，而反馈波纹管中的压力瞬间降低，反馈波纹管和反馈杆 LN 左移。比例带调整盘的拨动杆 MN、反馈杆 LN 和反馈弹簧片

JO 的端部铰接在一起，铰接点的运动轨迹是以 M 点为圆心、MN 为半径的圆弧。当反馈杆 LN 左移时，N 和 J 点下移，反馈弹簧片 JO 下移，使杆 OC 绕 P 轴逆时针转动，C 点上移，BD 杆以 B 为支点顺时针转动，D 点上移，通过弹簧的挠性传动使 P 轴逆时针转动，挡板向靠近喷嘴的方向移动，这就是负反馈。喷嘴挡板的开度靠输入信号使挡板离开喷嘴的位移与反馈信号使挡板靠近喷嘴的位移相平衡而暂时稳定下来。这时挡板开度比原来的开度稍大一点。若偏差越大，挡板的开度变化也越大。显然，负反馈作用使调节器实现比例控制。随着输出压力的降低，积分气室的压力不断降低，波纹管内外压差不断减小，使 LN 杆又逐渐右移，反馈弹簧片 JO 逐渐上移，使挡板又离开一点喷嘴，调节器输出压力随时间又逐渐降低。这个附加正反馈实现了积分作用，直到燃油黏度的测量值又回到给定值，偏差为零，喷嘴挡板的开度才固定在新的值上，整个控制系统处在新的平衡状态。

若燃油黏度测量值小于给定值，差压变送器输出的信号压力减小，调节器按上述相反的方向动作，输出压力增加，关小蒸汽调节阀，使燃油黏度升高，并逐渐回到给定值。

调节器的调整包括调整比例带、积分时间、给定值及正负作用切换和"手动-自动"切换等。调整比例带是通过调整负反馈强度来实现的。改变比例带调整盘上 M 点的位置可以调整负反馈强度，参看图 4-17。若把 M 点向上面的垂直方向移动，在 LN 相同位移情况下，JO 反馈弹簧片上、下移动的距离小，负反馈弱，比例作用强，比例带减小。反之，点 M 向下面的垂直方向移动，负反馈强，比例带增大。

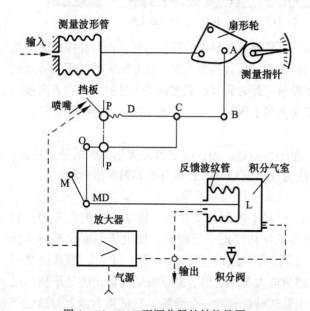

图 4-16　VAF 型调节器的结构简图

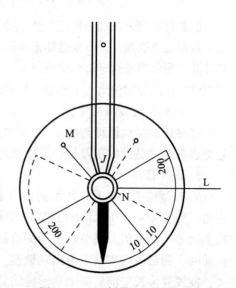

图 4-17　比例带调整盘示意图

调整积分时间是通过调整积分阀的开度实现的，开度大，积分时间短，积分作用强。反之，积分作用弱。

上面介绍的调节器是反作用的，它与气关式调节阀配套使用。如果采用气开式调节阀，调节器应改为正作用式。这时只需把喷嘴顺时针转动 90°，使它对准下面的挡板，同时把比例带调整盘上的 M 点由左上角移到右上角（见图 4-17），这样差压送器与调节器输出信号的方向就一致了。

三、阀门定位器

从理论上讲,执行器的信号压力与开度间总成单值直线关系(执行器工作特性)。但实际上,执行器在工作时,要受到两种阻力的影响。一种是由于阀前后的压差而产生的不平衡力。另一种是阀杆等部件与密封填料间的摩擦力。不平衡力会造成执行器特性的畸变。摩擦力的方向始终与运动方向相反,它使执行器特性形成滞环。阀门开度的变化滞后于信号压力的变化。执行器在工作中,不平衡力和摩擦力同时存在,因而使执行器的实际特性成为非线性关系,即阀门不能正确定位。

采用阀门定位器可以克服不平衡力及摩擦力对执行器工作特性的影响,保证输入压力与阀门开度之间的线性关系,实现阀门的正确定位。如图4-18所示是QFD型阀门定位器的安装示意图,如图4-19所示是它的工作原理图。QFD型定位器是按位移平衡原理工作的。当输入压力增加时,波纹管1推动托板2绕凸轮支点逆时针转动。于是喷嘴挡板间隙减小,放大器的输出增加,膜片上的压力一下升到上限,推杆下移,一方面改变阀门开度,另一方面通过反馈杆带动凸轮顺时针转动。托板绕波纹管支点逆时针转动,转动到一定角度(推杆走了一定距离后),挡板离开喷嘴,推杆停止移动,阀门处在新的开度上。稳定时,挡板回到原来的位置。所以根据三角形相似,对应边成比例,托板的波纹管支点位移与托板凸轮支点位移成比例,即输入压力与推杆位移成比例,也就是输入压力与阀门开度几乎成单值线性关系。反之,当输入压力减小时,膜片的压力一下跃到低限,推杆上移。执行器每次动作都以极限压力工作,克服了阻力的影响,实现了阀门的正确定位。

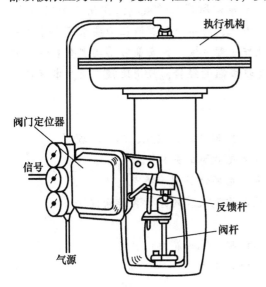

图4-18 阀门定位器安装示意图

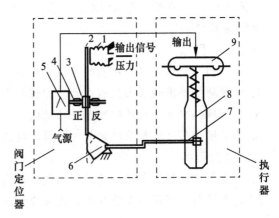

图4-19 阀门定位器工作原理图
1-波纹管;2-托板;3-挡板;4-喷嘴;5-放大器;
6-反馈凸轮;7-反馈杆;8-阀杆;9-执行器膜头

按图中实线安装喷嘴和凸轮,输入增加时,阀门定位器是正作用的。如果按图中虚线安装喷嘴和凸轮,则是反作用的定位器。利用阀门定位器后,执行器的变差和线性度偏差分别在0.5%和1%以内。

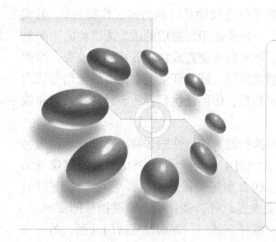

任务五 辅锅炉的自动控制

【任务描述】

内燃机动力装置中所使用的锅炉称为辅锅炉。辅锅炉所产生的蒸汽主要用于加热燃油、滑油和满足船员生活需要。它的蒸发量小,蒸发压力低,对水位和蒸汽压力要求不严格,一般采用双位比例控制。这类锅炉由于结构简单,操作管理方便,因而最容易实现全自动,不需要专人管理。我国在这类辅锅炉的全自动上已有较成熟的经验,应用比较广泛。本任务要达到的任务目标如下:

一、知识目标

1. 掌握辅锅炉水位双位控制的特点和电极式水位控制系统的组成、工作原理。
2. 掌握辅锅炉蒸汽压力控制方式、管理要点及常见故障的分析方法。
3. 掌握辅锅炉燃烧时序控制系统的功能以及常用元部件类型、特点。
4. 掌握燃烧顺序控制系统的管理和维护要点及其常见故障的分析和排除方法。

二、能力目标

1. 具有管理辅锅炉水位、气压和燃烧过程自动控制系统的能力。
2. 具有进行辅锅炉自动控制系统故障分析及排除的能力。

【背景知识】

一、船用辅锅炉自动控制

在柴油机动力装置的货船上,加热燃油、滑油、水及供生活等所需要的蒸汽,都来自小型辅锅炉。辅锅炉具有蒸发量小(一般小于5 t/h),气压低(一般低于1 MPa),对蒸汽品

任务五 辅锅炉的自动控制

质要求不高等特点,所以容易实现自动化。它包括水位和蒸汽压力自动控制、燃烧的时序控制及安全保护等。控制系统要求工作可靠,维修简单,造价低,便于管理。

1. 辅锅炉水位控制

辅锅炉水位控制方式:水位自动控制的任务是保证锅炉的给水量适应锅炉蒸发量的变化,使水位的波动不超过一定的范围。辅锅炉水位允许的变化范围为 60~120 mm。一般采用双位控制即可满足要求。

(1) 电极式水位控制系统组成。

电极式水位控制系统的组成如图 5-1 所示。锅炉外面电极室中的水位与锅炉水位一致,电极室内插入三根电极 1、2、3,分别检测锅炉高水位、低水位和危险低水位。2U、3U 是由四只二极管组成的桥式整流电路。由于炉水有一定盐分可以导电,所以当炉水与电极接触时,24 伏交流电源经二极管桥式整流电路(电极、炉水及电极室壳体接地)构成交流通路。继电器 7K 和 8K 接在整流电路的输出端,经阻容滤波以获得比较平稳的直流电压。

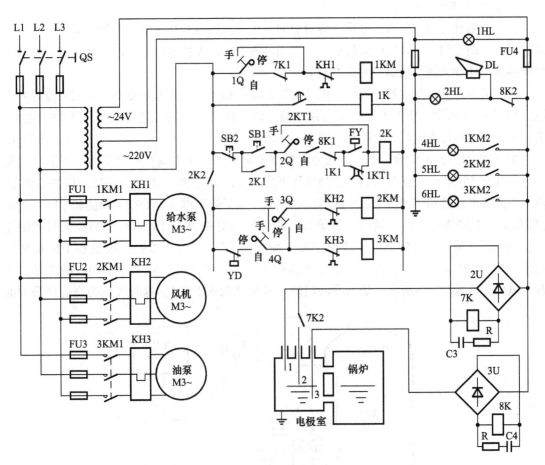

图 5-1 电极式水位双位控制系统

(2) 电极式水位控制系统基本工作原理。

当锅炉水位处在高水位时,电极 1 与炉水接触,整流电路 2U 构成交流通路。继电器 7K 通电,常开触头 7K2 闭合,常闭触头 7K1 断开,交流接触器 1KM 断电,其常开触头 1KM1

断开,给水泵电机断电,停止向锅炉供水。随着锅炉不断供汽,水位会不断降低。当炉水脱离电极时,由于7K2常开触头已经闭合,整流电路2U会经电极2构成交流通路,继电器7K维持通电,给水泵电机继续断电,停止向锅炉供水。当水位下降到电极2脱离水面时,切断整流电路2U的交流通路,继电器7K断电,常开触头7K2断开,常闭触头7K1闭合,交流接触器1KM通电,启动给水泵电机向锅炉供水,水位会不断上升。这时,虽然炉水已与电极2接触;但因继电器7K的常开触头7K2已经断开,保持继电器7K断电,给水泵继续向锅炉供水,直到水位达到高水位时,继电器7K通电,常闭触头7K1断开,才停止向锅炉供水。

如果由于给水泵出故障等原因不能向锅炉供水,水位会降低到危险低水位以下使电极3脱离水面,整流电路3U交流通路被切断,继电器8K断电,常闭触头8K2闭合发出声光报警,其常开触头8K1断开,继电器2K断电,常开触头2K2断开,交流接触器2KM、3KM均断电,停止油泵和风机,自动停炉以保护锅炉不会因水位太低而烧毁。

2. 辅锅炉压力控制

辅锅炉燃烧自动控制的任务是维持锅炉内蒸汽压力恒定或在一个允许的范围内变动。辅锅炉燃烧自动控制中,蒸汽压力是被控量,通过改变向炉膛的喷油量和送风量,即通过改变炉膛的燃烧强度来调节辅锅炉的蒸汽压力。

在辅锅炉燃烧双位控制系统中,用压力继电器来感受蒸汽压力的高低,控制炉膛内的燃烧,如图5-2所示,使用了两个压力继电器。两个压力继电器整定的动作值不同。比如,第一个压力继电器在蒸汽压力达到上限值(如0.65 MPa)动作,其触头断开;在达到下限值(如0.45 MPa)时闭合。第二个压力继电器整定的动作压力值在蒸汽压力上下限之间某个值(如0.55 MPa),其触头断开;当气压下降到下限值(如0.45 MPa)时,其触头闭合。两个压力继电器分别控制两个油头的燃油电磁阀。当锅炉蒸汽压力处在下限值和中间值之间(如0.45~0.55 MPa)时,风门开得最大,两个燃油电磁阀都打开,两个油头同时喷油燃烧,燃烧强度最大,气压上升较快,常称"高火燃烧"。当气压处在上限值和中间值之间(如0.55~0.65 MPa)时,由于第二个压力继电器触头断开,切除第二个油头的工作。此时,风门关得最小,只有一个油头喷油燃烧,常称"低火燃烧"。这时气压的高低视锅炉的

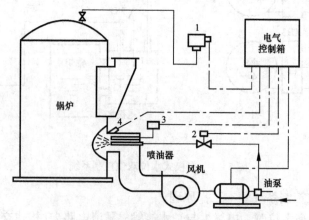

图5-2 双位式锅炉蒸汽压力控制系统简图
1-压力继电器;2-电磁阀;3-点火变压器;4-火焰感受器

任务五 辅锅炉的自动控制

负荷而定,在锅炉高负荷运行时,锅炉将进行"高火燃烧",在低负荷运行时,锅炉将进行"低火燃烧"。在低火燃烧时,如果气压仍然不断升高,且达到上限值时,由于两个压力继电器触头都断开,两个燃油电磁阀同时断电停止供油,自动停炉。当气压下降到下限值时,再自动启动锅炉。这种控制方式避免了锅炉启停频繁的缺点,结构比较简单,因此应用较为广泛。但是,锅炉在运行时气压也是波动的,不能稳定在某个值上。

二、辅锅炉燃烧时序控制

1. 时序控制系统的功能

船用辅锅炉虽然类型很多,实现燃烧时序控制的具体电路差异也很大,但其时序控制原理和它所能完成的功能却是基本相同的。如图 5-3 所示给出了燃烧时序控制框图。

时序控制系统的功能如下:
(1) 预扫风。
(2) 点火。
(3) 负荷控制。
(4) 安全保护。

2. 燃烧时序控制系统的主要元件

为了实现辅锅炉燃烧的时序控制,必须要有一些控制元件,其中包括信号发讯器、时序控制元件及火焰感受器等。

(1) 信号发讯器。信号发讯器是发出各种控制信号的元件,其中包括手动信号发讯器和自动信号发讯器。手动信号发讯器有启动和停炉按钮,转换或选择开关等。自动信号发讯器有压力开关、温度开关等,用它来接通或断开控制电路,完成时序控制过程的启动或停止。

(2) 时序控制元件。时序控制器是辅锅炉燃烧时序控制的核心部分。它根据启动信号发讯器送来的电信号,自动接通或切断电路,或根据规定的时间来接通或切断电路,用以预扫风、预点火、点火及转入正常燃烧等一系列时序动作。广泛采用的时序控制器有两大类,即有触点时序控制器和无触点时序控制器(见拓展知识)。有触点的时序控制器有多回路时间继电器和凸轮式时序控制器(见拓展知识)。如图 5-4 所示是多回路时间继电器结构原理图,它主要是利用标度盘上的爪形块来控制相应的微动开关,借以控制时序电路。当控制线圈 5 通电时,离合器啮合,同步电机带动标度盘 11 转动。标度盘上的爪形块将按预先规定的时间顺序使相应的微动开关闭合或断开,控制相关电路。当标度盘转过 360°时,最后一个标度盘的爪形块切断同步电机的电源使其停转。按下停炉按钮或锅炉在运行中出现故障自动停炉时,控制线圈 5 断电,离合器脱开,在复位弹簧 13 的作用下标度盘回零。松开锁紧螺母 14 可单独转动每个标度盘,调整相应的微动开关闭合或断开时间以满足时序动作的要求,调整好后再把螺母锁紧。

凸轮式时序控制器的工作原理与多回路时间继电器类似。同步电机经减速装置带动一根凸轮轴转动,于是固定在凸轮轴上的若干凸轮将依次使微动开关动作。改变凸轮相对凸轮轴的位置可调整相应的微动开关的动作时间。

(3) 火焰感受器。火焰感受器用来监视炉膛内有无火焰。当点火失败或在持续燃烧期间熄火时,为避免再向炉内喷油引起事故,要求关闭燃油电磁阀停止供油,并发出声光报警。因此,自动化锅炉都装有火焰感受器来监视炉内的火焰。辅锅炉上常用的火焰感受器有光敏电阻、光电池和紫外线灯管等。

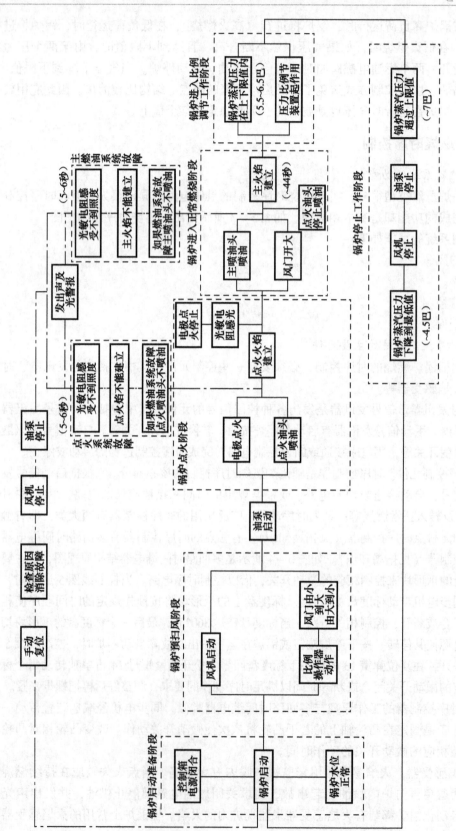

图 5-3 辅锅炉燃烧的时序控制框图（注：1巴=10⁵Pa）

任务五 辅锅炉的自动控制

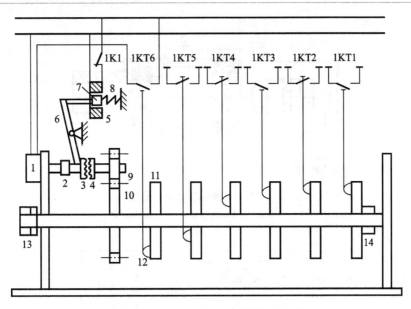

图 5-4 多回路时间继电器结构原理图

1—同步电机；2—传动轴；3,4—离合器；5—控制线圈；6—杠杆；7—铁芯；8—拉力弹簧；9,10—减速齿轮；11—标度盘；12—爪形块；13—复位弹簧；14—锁紧螺母

① 光敏光阻是由涂在透明底板上的光敏层，经金属电极引出线构成的，如图 5-5 (a) 所示。光敏层是由铊、镉、铅等硫化物或硒化物制成的。光敏电阻的主要特征是：它接受光照射时其电阻值很小，无光照射时其电阻值较大。因此，在光敏电阻两端所加电压不变的情况下，有光照射和无光照射时流过光敏电阻的电流相差很大，其伏安特性如图 5-5 (b) 所示。用光敏电阻组成的火焰感受器如图 5-6 所示。为了防止光敏电阻接受高温炉墙所辐射的可见光和红外线，使光敏电阻动作延迟或误动作，在安装时要避免高温炉墙的辐射线直接照射在光敏电阻上。此外，光敏电阻不能承受高温，否则会影响使用寿命。因此，在光敏电阻的前面装有磨砂玻璃，阻挡红外线的透入。同时利用散热片和空气冷却，保证光敏电阻的温度不超过规定的范围。

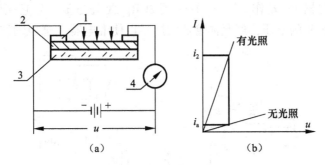

图 5-5 光敏电阻及其特性
(a) 结构组成；(b) 伏安特性
1—金属电极；2—光敏层；3—透明底板；4—电流表

光敏电阻控制电路的原理如图 5-7 所示。图 5-7 (a) 中，R_g 是光敏电阻，无光照射时，电流很小不能使继电器 5K 动作；当有光照射时，R_g 电阻值减小，电流增大，使继电器 5K 动作。图 5-7 (b) 中，光敏电阻 R_g 被光照射时，晶体管有基极电压，因此集电极电流

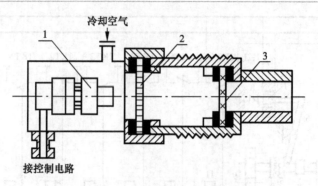

图 5-6 光敏电阻火焰感受器
1-光敏电阻；2-磨砂玻璃；3-耐热玻璃

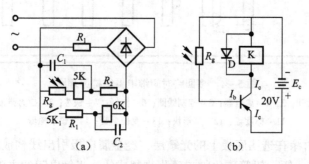

图 5-7 光敏电阻控制电路原理图

流过继电器 K 使其吸合。

无光照射时，光敏电阻阻值很大，基极电压很小、晶体管不能导通，集电极没有电流流过，继电器 K 因断电而释放。

② 光电池实际上是一种半导体材料，它是利用有光照射后在两电极间产生电压的原理工作的，如图 5-8 所示给出了光电池控制电路图。其中图（a）采用 RAR 型硒光电池作为光敏元件，当它接受光照射时，正负两极之间将会产生小于 1V 的电压，经磁放大器 MV 放大之后足以激励继电器 FR 动作。图（b）采用 $2CR_{11}$ 型光电池，当它接受光照射时，光电池两极间将产生 0.5 V 的电压，经晶体管放大后足以使继电器 K 通电动作。

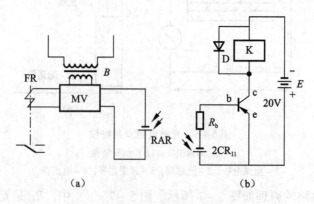

图 5-8 光电池控制电路图

光电池使用寿命长，而且它的光谱敏感范围仅限于可见光而不包括红外线，这对监视炉

任务五 辅锅炉的自动控制

膛内火焰是非常合适的,因此近年来使用越来越多。

【任务实施】

辅锅炉燃烧自动控制系统操作

船用辅锅炉尽管类型很多,但实现燃烧自动控制的基本原理和控制电路则大同小异。下面以国产辅锅炉实训系统(如图5-9所示)为例,介绍其水位及燃烧自动控制系统。如图5-10所示为其电路控制箱面板。如图5-11所示为辅锅炉燃烧自动控制电路原理图。

由图可见,锅炉水位采用电极式双位控制,锅炉气压采用双位控制,点火时序控制采用多回路时间继电器,火焰监视器采用光敏电阻作为光敏元件,有危险水位、低风压、超压保护等安全保护,自动控制系统失灵时可转为手动操作。

锅炉的自动控制过程如下:

1. 启动前的准备

在启动锅炉以前,轮机员先要做一系列的准备工作。如合上电源总开关;观察锅炉水位是否在危险低水位以下,若是,则要向锅炉补足水,否则锅炉不能启动;让燃油系统的温度、压力自动控制系统投入工作;把"自动-手动"转换开关转到"自动"位置等。做好这些工作以后,就可按锅炉启动按钮,燃烧时序控制系统投入工作。具体操作过程如下:

(1) 合上总电源开关 QS,电源指示灯 1HL (1) 亮,控制电路接通电源。

图5-9 船用辅锅炉实训系统

(2) 若炉内水位低于危险低水位,中间继电器8K (9) 断电,常开触点 $8K_1$ (12) 断开,锅炉无法自动启动。此时应将给水泵旋钮 1Q (10) 放在"手动"位置,接触器 1KM (10) 通电,触点 $1KM_1$ 闭合,启动水泵向炉内供水,$1KM_2$ (4) 闭合,水泵指示灯 4HL (4) 亮。当水位上升到正常水位后,将 1Q 放在"停"位置,水泵停止工作,4HL 熄灭。

(3) 将燃烧控制旋钮 2Q (12) 和风机旋钮 3Q (13) 转到"手动"位置,油泵转换开关 4Q (14) 转到"停"位置,然后按下启动按钮 SB_1 (12),继电器 2K (12) 通电,于是触点 $2K_1$ (12) 闭合自锁,母线上的触点 $2K_2$ 闭合,风机接触器 2KM (13) 通电,触点 $2KM_1$ 闭合,启动风机进行预扫风,触点 $2KM_2$ (5) 闭合,风机运行指示灯 5HL (5) 亮。手动进行预扫风一分钟后,再按停止按钮 SB_2 (12),使风机停止工作。

图 5-10 船用辅锅炉电路控制箱面板

(4) 将给水泵开关 1Q、燃烧开关 2Q、风机开关 3Q 和油泵开关 4Q 都转到"自动"位置，准备自动启动。

2. 燃烧的时序控制

(1) 预扫风。

预扫风就是在启动锅炉时先用空气吹除残留在炉膛内的油气，防止炉膛内积油过多而在点火时发生冷爆。预扫风的时间根据锅炉的结构形式不同而异，一般是 20~60s。给锅炉一个启动信号后，控制系统能自动启动油泵和风机。这时，燃油电磁阀是关闭的，不能供油，风门开得最大以进行大风量预扫风。具体操作如下：

当按下启动按钮 SB_1 (12) 时，由于水位正常，继电器 8K 有电，其常开触点 $8K_1$ (12) 闭合；同时，因继电器 1K (11) 断电，常闭触点 $1K_1$ (12) 闭合，而 $1KT_1$ (12) 是多回路时间继电器 1KT (19) 的常闭触点，所以主继电器 2K (12) 有电，触点 $2K_1$ (12) 闭合自锁，触点 $2K_2$ (母线上) 闭合，使控制电路 13~17 号接通电源。因此，风机接触器 2KM (13) 通电。其触点 $2KM_1$ 闭合，风机开始运转；$2KM_2$ 闭合指示灯 5HL (5) 亮；$2KM_3$ (母线上) 闭合，使 18~22 号控制回路也接通电源。多回路时间继电器 1KT (19) 标度盘开始转动，发出时序控制信号。在风机接触器 2KM 通电的同时，油泵接触器 3KM (14) 也通电。$3KM_1$ 闭合，油泵开始运转。但此时燃油电磁阀 DF (18) 无电关闭，燃油从油泵排出后在管路中循环，不能进入炉内，风机对炉膛进行预扫风。

在 $2K_2$ (母线上) 闭合时，由于 $1KT_3$ (16) 是多回路时间继电器的常闭触点，所以继电器 3K (16) 有电，触点 $3K_1$ (17) 断开，$3K_2$ (17) 闭合。压力比例调节器 YBD 的发讯电位器的滑动触点 E 和 F 断开，F 端与 A 端短接，于是电动比例操作器 DBC 中电位器上的滑动触点 F 向 C 端跟踪，以维持电桥的平衡。在这个过程中逐渐把风门关小，回油阀开大，

任务五 辅锅炉的自动控制

为点火做好准备。

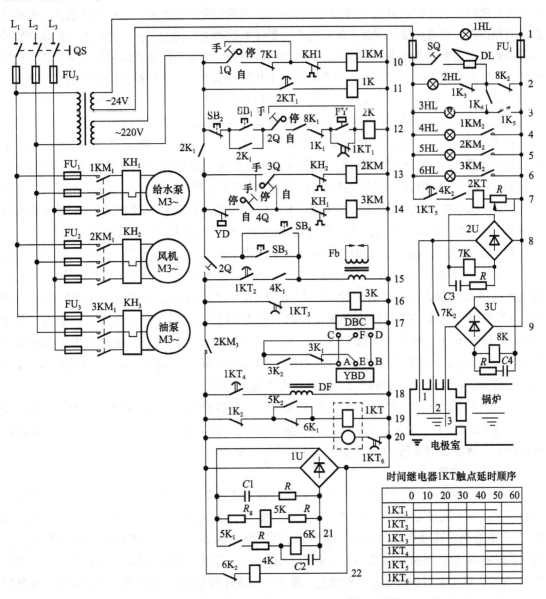

图 5-11 辅锅炉燃烧自动控制电路原理图

QS-开关；SB_1-启动按钮；SB_2-停炉按钮；1Q-给水泵转换旋钮；2Q-燃烧旋钮；3Q-风机转换旋钮；4Q-油泵转换旋钮；5Q-消音开关；SB_3、SB_4-手动点火按钮；Fb-点火变压器；FY-风压保护继电器；DF-燃油电磁阀；DBC-电动比例操作器；YBD-压力比例调节器；R_g-光敏电阻；1KT-时序控制继电器；2KT-熄火保护继电器；KM-接触器；K-中间继电器；KH-热保护继电器；1HL-电源指示灯；2HL-危险低水位指示灯；3HL-熄火指示灯；4HL、5HL、6HL-给水泵、风机、油泵运行指示灯；DL-蜂鸣器；U-二极管整流器；YD-超压保护继电器

由于在40 s之前尚未点火，所以光敏电阻感受不到火焰的光照，中间继电器5K（21）和6K（21）均无电，其常闭触点$6K_2$（22）是闭合的。所以4K（22）有电，触点$4K_1$（15）和$4K_2$（7）闭合，为点火变压器Fb通电和熄火保护延时继电器2KT（7）通电做好准备。

(2) 点火。

当整定的预扫风时间达到后，控制系统会自动关小风门以利于点火。点火变压器通电，点火电极产生电火花进行预点火（时间为3s左右）。然后打开燃油电磁阀进行供油点火。有些锅炉没有预点火，在点火变压器通电的同时打开燃油电磁阀进行供油点火。在点火时间内要求小风量少喷油。对有两个油头的辅锅炉，点火期间只打开一个油头的电磁阀进行点火，不同的时序控制系统其点火时间也不同，一般在几秒到十几秒范围内。点火是否成功由火焰感受器来监视。在调定的点火时间内，如果炉膛内有火焰，说明点火成功，时序动作继续进行。如果炉膛内无火焰，说明点火失败，自动停炉，待故障修复后再重新启动。具体操作如下：

在预扫风40s后，多回路时间继电器触点$1KT_4$（18）闭合，燃油电磁阀DF（18）有电，打开油泵到喷油器的供油管路。但因回油阀已开大，故向炉内喷油量很少。与此同时，触点$1KT_2$（15）也闭合，点火变压器Fb通电，使点火电极之间产生电火花进行点火；触点$1KT_5$（7）也闭合，熄火保护延时继电器2KT（7）通电。但是，它要在通电7s后才能将其触点$2KT_1$（11）闭合。所以，这时只对点火进行监视，为熄火保护做好准备。

如果在7s内点火成功，炉内有火焰，光敏电阻Rg（21）受到光照，电阻值减小，回路的电流增大，使继电器5K（21）有电。其触点$5K_2$（19）闭合，维持时间继电器1KT的标度盘继续转动，触点$5K_1$（21）闭合，继电器6K（21）通电，触点$6K_1$（19）断开，因$5K_2$已提前闭合，故1KT的标度盘维持转动，触点$6K_2$（22）断开，4K（22）断电，其触点$4K_1$（15）断开，点火变压器Fb断电，停止点火；$4K_2$（7）断开，使熄火保护延时继电器2KT（7）断电，其触点$2KT_1$（11）因未达到闭合时间继续断开，维持继电器1K（11）为断电状态，$1K_2$（19）始终闭合，1KT标度盘继续转动。

当1KT转到47s时，触点$1KT_1$（12）断开，风压保护继电器FY（12）已投入工作，使主继电器2K（12）仍有电。直到60s时，触点$1KT_6$（20）断开，多回路时间继电器的同步电机断电，标度盘停止转动，正常点火时序控制结束。

（3）点火失败。

如果点火时序控制从40s时开始点火，延时时间超过7s，光敏电阻Rg仍未感受到炉膛火焰的照射，则中间继电器5K和6K（21）一直断电，触点$6K_2$（22）一直闭合，继电器4K（22）一直有电，其触点$4K_2$（7）一直闭合，延时继电器2KT（7）一直有电。当2KT（7）达到整定时间7s后，使触头$2KT_1$（11）闭合，1K（11）有电，其触点$1K_1$（12）断开，主继电器2K（12）断电，其触头$2K_2$（母线上）断开，将高压控制回路电源切断。使风机、油泵停转，电磁阀DF关闭，时间继电器1KT（19）断电，标度盘自动回零，各延时触点恢复启动前的状态。与此同时，低压控制回路的$1K_3$（2）断开，$1K_4$（3）和$1K_5$（3）闭合，故障熄火指示灯3HL亮，蜂鸣器响，发出报警信号。

（4）再次启动。

在第一次点火失败时，必须在排除故障后进行再次启动。首先将熄火保护延时继电器2KT（7）手动复位，使触点$2KT_1$（11）复位断开。只有在$2KT_1$断开使继电器1K（11）断电，其常闭触点$1K_1$（12）1恢复闭合后，才能重新启动。

（5）中途熄火。

在燃烧过程中，如果中途熄火，光敏电阻失去火焰光照，电阻值增大，继电器5K（21）因电流过小而失去作用，则触点$5K_1$（21）断开。因此继电器6K（21）断电，其常闭触点

任务五 辅锅炉的自动控制

$6K_2$（22）闭合，继电器 $4K$（22）有电，触点 $4K_1$（15）闭合，而 $1KT_2$ 在点火时序控制结束时处于闭合状态，所以点火变压器 Fb（15）通电，重新进行点火；同时，$4K_2$（7）也闭合，由于 $1KT_5$（7）已闭合，故熄火保护延时继电器 $2KT$（7）通电，对点火时间进行监视。若在7s内点火成功，即转入正常燃烧；若仍未点燃，则同点火失败情况一样，7s后触点 $2KT_1$（11）闭合，$1K$ 有电，$1K_1$（12）断开，主继电器 $2K$（12）断电，使锅炉停止燃烧，并发出熄火声光报警信号。也就是，在中途熄火后，自动点火一次，如不成功，停炉并发出报警。

3. 气压和负荷的自动控制

在点火时序控制过程中，时间继电器 1KT 转到45s后，触头 $1KT_3$（16）断开，继电器 3K（16）断电，触点 $3K_1$（17）闭合，$3K_2$（17）断开，使压力比例调节器 YBD 的滑动触点 E 和电动比例操作器 DBC 的滑动触点 F 接通，F 与 A 断开。由于此时锅炉是低压启动，所以 YBD 滑动触点 E 移到低压端 B，电动比例操作器 DBC 的滑动点 F 也向低压端 D 跟踪，使风门开大，回油阀关小（喷油量加大），锅炉进入正常比例燃烧自动控制。当气压上升到控制气压的下限值时，气压再升高，YBD 滑动点开始从 E 点向 A 方向移动，同时 DBC 的滑动点 F 也跟踪向 C 方向移动，相应地关小风门和减少喷油量，维持正常负荷的气压比例控制。当锅炉的负荷低于30%，风油量已调到最小限度，气压达到控制气压的上限值时，比例控制失去作用，气压转入双位控制。即达到超压保护继电器 YD（14）的整定上限值，YD 断开，接触器 2KM 和 3KM 失电，风机和油泵停止工作，同时 $2KM_3$（母线上）断开，燃油电磁阀 DF（18）关闭，时间继电器 1KT（19）断电回零。此时为正常熄炉，不发出报警信号。当锅炉的气压又降低到控制气压的下限值时，YD 又重新闭合，2KM 和 3KM 通电，风机和油泵重新启动，同时 $2KM_3$ 闭合，18～22路有电，开始自动点火时序控制，使锅炉重新燃烧。因此，锅炉在低负荷运行时，气压的比例控制作用不大，燃烧接近双位控制。

4. 安全保护

如果发生点火失败、风机失压、中间熄火、水位太低等现象，会自动停炉对锅炉进行安全保护。待故障排除后按复位按钮才能重新启动锅炉。具体操作如下：

锅炉在运行中，当水位下降到危险低水位时，最低的一根电极脱离水面，继电器 8K（9）断电，其触点 $8K_1$（12）断开，主继电器 2K（12）断电，$2K_2$（母线上）断开，切断整个控制电路，使锅炉自动熄火停炉。$8K_2$（2）闭合，危险水位指示灯 2HL 亮，蜂鸣器响，发出报警信号。

当风压过低时，风压保护继电器 FY（12）触点断开、主继电器 2K 断电，锅炉自动熄火停炉。

5. 停炉

停炉时，可手按停止按钮 SB_2（12），主继电器 2K（12）断电，燃烧系统停止工作。当水位降到低于危险低水位时，应把水泵开关 1Q 放在"手动"位置，向锅炉供水，直到水位达到正常水位时，再把 1Q 放在"停止"位置上。切断总电源开关，并把燃烧开关 2Q 置于"手动"位置，风机、油泵开关 3Q、4Q 放在"停止"位置上。

6. 手动操作

当锅炉某些自动控制设备出现故障（如多回路时间继电器故障、压力比例调节器或电动比例操作器失灵等),难以立即修复时,可改为手动操作。在手动操作之前,应做好以下准备工作:检查锅炉水、油、电的供给情况是否正常;自动控制箱上的各个转换开关是否处于点火前的准备位置;锅炉水位应高于最低水位;将燃油电磁阀置于常开状态,而手动速关阀置于关闭状态;将燃烧转换开关2Q置于"手动"位置,风机和油泵转换开关3Q和4Q置于"停止"位置;将风油配比机构与电动比例操作器DBC脱开,把风门和油门调到小火燃烧位置;合上总电源开关QS。

手动操作具体步骤:

(1) 按下启动按钮SB_1(12),接通控制电路。

(2) 将风机转换开关3Q(13)转到"手动"位置,风机投入运行,进行预扫风。

(3) 预扫风后,把油泵转换开关4Q(14)转到"手动"位置,油泵启动,建立起油压。

(4) 按下点火按钮SB_3(15),点火变压器通电,点火电极产生电火花,打开燃油管路上的速关阀,向炉膛内喷油进行点火。

(5) 从观火孔看到火焰时,放开按钮SB_3,终止点火变压器工作。

(6) 点火成功后,调整风油配比机构,使炉内燃烧和锅炉负荷相适应。

(7) 如果手动点火失败,应立即关闭速关阀,停止向炉膛内喷油,并进行后扫风,待查明原因并排除故障后,再重新点火。

【拓展知识】

一、锅炉汽压双位—比例调节

如图5-12所示为比例式锅炉汽压控制系统。该系统由锅炉、比例调节器和比例操作器组成。当汽压变化时,调节器中的波纹管伸缩,杠杆偏转,滑臂偏转,改变了电阻R_1与R_2的比值。R_1、R_2、R_3、R_4组成一个电桥,电桥平衡时,即$R_1/R_2 = R_3/R_4$时,$U=0$。R_1/R_2

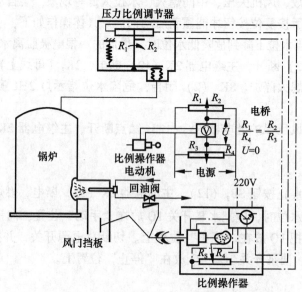

图5-12 锅炉汽压双位—比例调节

的变化使电桥失去平衡，电桥对角点产生电位差。此电压信号通过晶体管放大器放大后，使电动机转动，一方面通过减速器带动输出轴转动，去改变回油阀的开度和风门挡板的转角，即改变喷油量和供风量，调节汽压；另一方面旋转着的电机带动凸轮转动，反馈滑臂偏转，改变 R_3/R_4，电桥又重新趋向平衡，电机停止转动，回油阀的开度和风门挡板的转角稳定在新的位置上，使油量、风量与汽压成比例关系。汽压升高，油量、风量成比例减小；汽压下降，油量、风量成比例增加。

在双位控制时，锅炉要么喷油燃烧，要么熄火停炉。喷油量是不变的，因而供风量也无须变化，要么鼓风，要么停止风机不鼓风。而在比例控制中，随着锅炉负荷的变化，喷油量要成比例变化，因而需要供风量跟着变化，即保持一定的油——风比，以保证较高的燃烧效率。

我们知道，燃烧需要空气，并应保持一定的过量空气系数。从理论上计算，1kg 燃油完全燃烧至少需要 $10 \sim 11 \ m^3$（标准状态下）的空气量，但由于供给锅炉的空气未必都能得到有效利用，所以实际供入的空气量还要多一些，空气的实际供入量与理论需要量之比称为过量空气系数。

正常的过量空气系数一般应该在 $1.3 \sim 1.4$ 之间。过量空气系数不足，则燃油不能完全燃烧，过量空气系数太大又会降低烟气温度，使传热效率下降，同时排烟量增加，余热损失增加。过量空气系数过大过小都会使锅炉的效率下降，所以应该保持一定的过量空气系数，即保持一定的油风比。

在图 5-10 所示系统中，进风门的控制杆上和回油阀的调节柄上，设有许多供调节用的孔位和长形槽。分别把它们调到最佳位置后，由比例操作器的控制杆连接起来。比例操作器的电动机通过联动杠杆同时控制回油阀的开度和风门挡板的转角，在调节油量的同时使风量跟着变化，保持一定的油风比，实现了油风配比调节，提高了燃烧效率。

二、浮子式锅炉水位控制系统

如图 5-13 所示是国产 JYF-01 型浮子继电器。它有一个浮筒，可以绕铰链转动。在浮筒的柄上有一根磁钢。在继电器的外壳中还有一个可转动的磁钢，两根磁钢相对的一端是同极性的。外壳是铜质的，磁力线可以通过。因磁极同性相斥，所以水位在下限时，浮子在下限位置，壳中的磁钢处于图示的位置，接通水泵的电源，水泵启动，向锅炉供水，锅炉水位上升。当水位上升至上限时，浮子在上限位置，两根磁钢转动，触点切换，切断水泵电源，停止向锅炉供水。

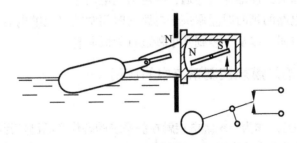

图 5-13 浮子型液位继电器

上面的浮子继电器放在侧面，另有一种浮子继电器需装在顶部，如图 5-14 所示。它的上

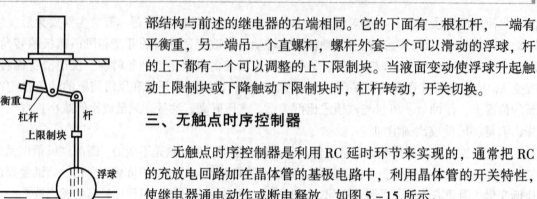

部结构与前述的继电器的右端相同。它的下面有一根杠杆,一端有平衡重,另一端吊一个直螺杆,螺杆外套一个可以滑动的浮球,杆的上下都有一个可以调整的上下限制块。当液面变动使浮球升起触动上限制块或下降触动下限制块时,杠杆转动,开关切换。

三、无触点时序控制器

无触点时序控制器是利用 RC 延时环节来实现的,通常把 RC 的充放电回路加在晶体管的基极电路中,利用晶体管的开关特性,使继电器通电动作或断电释放,如图 5-15 所示。

图 5-15（a）为单管延时释放电路。开关 S 闭合时,电容 C 被旁路,晶体管立即导通,继电器 K 通电动作。当 S 断开时,电源向电容充电,由于电容两端的电压不能突变,在一段时间内晶体管保持导通,继电器 K 保持通电。随着电容的充电,电容两端电压不断升高,电压 U_B 不断减小,经 t 秒的延时后晶体管截止,继电器 K 释放。

图 5-14 立式安装的液位继电器

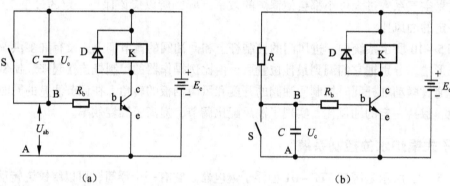

图 5-15 晶体管延时开关电路

图 5-15（b）是继电器延时通电电路。当开关 S 闭合时,电容 C 被旁路,晶体管立即截止,继电器立即断电释放。当 S 断开时,电源向电容充电,开始充电时充电电流较大,晶体管基极电压近似为零。以后随着电容 C 两端电压的升高,晶体管基极电压不断增大,经 t 秒延时后,基极电压增大到使晶体管导通,继电器通电动作。

晶体管延时开关电路的延时时间取决于电路的时间常数 T 及继电器的动作电流。晶体管延时开关电路的延时时间可以从一秒到几十秒进行无级调整。

四、PLC 在船用辅锅炉燃烧控制系统中的应用

1. 引言

可编程控制器（PLC）作为传统继电接触控制系统的替代产品已广泛应用于工业控制的各个领域,由于它可通过软件来改变过程,而且具有体积小、组装灵活、编程简单、抗干扰能力强及可靠性高等特点,非常适合于在恶劣的工业环境下使用,被认为是工业上的无故障产品,PLC 在船用辅锅炉燃烧自动控制系统中替代传统辅锅炉燃烧自动控制系统是一种必然。

任务五　辅锅炉的自动控制

2. 设计要求

设计总体要求：锅炉水位是采用电极式双位控制；锅炉气压在低负荷时采用双位控制，正常负荷时采用压力比例调节器 – 电动比例操作器的比例控制；火焰监视器采用光电池；有危险水位、低风压、超压保护等安全保护装置；自动控制系统失灵时可转为手动操作。

3. PLC 选型及输入、输出点的设计

（1）考虑到以下几方面，选用 FX2N PLC。

① FX2N 配置灵活，除主机单元外，还可以扩展 I/O 模块，A/D 模块，D/A 模块和其他特殊功能模块。本系统设计需 I/O 40 点（输入 24 点，输出 16 点）。主机采用小型化基本单元 FX2N – 40MR。

② FX2N 指令功能丰富，有各种指令性 107 条，且指令执行速度快。

③ FX2N PLC 可用内部辅助继电器 M，状态继电器 S，定时器 T，寄存器 D，计数器 C 的功能和数量满足了系统控制要求的需要。

④ FX2N PLC 的编程，可用编程器，也可以在 PC 机上使用三菱公司的专用编程软件包 MELSE MEDOC 进行。编程语言可用梯形图或指令表，尤其是可用 PC 机对系统实时进行监控，为调试和维护提供了极大的方便。

（2）输入、输出点的设计

输入、输出点的设计如表 5 – 1 所示。

表 5 – 1　输入、输出点的设计

代码	含义	代码	含义
X000	水泵转换旋钮—停止	X023	油泵转换旋钮—停止
X001	水泵转换旋钮—自动	X024	油泵转换旋钮—自动
X002	水泵转换旋钮—手动	X025	油泵转换旋钮—手动
X003	停炉按钮	X026	手动点火按钮
X004	启动按钮	X027	光电池控制触点
X005	燃烧旋钮—停止	Y000	水泵
X006	燃烧旋钮—自动	Y001	风机
X009	燃烧旋钮—手动	Y002	油泵
X010	风压保护	Y003	点火变压器
X011	超压保护	Y004	回油及风量调节
X012	危险低水位	Y005	压力比例调节器
X013	高水位	Y006	燃油电磁阀
X014	低水位	Y007	熄火保护手动复位
X015	水泵热保护	Y010	水泵运行指示灯
X016	风机热保护	Y011	风机运行指示灯
X017	油泵热保护	Y012	油泵运行指示灯
X020	风机转换旋钮—停止	Y013	熄火指示灯
X021	风机转换旋钮—自动	Y014	危险低水位指示灯
X022	风机转换旋钮—手动	Y015	报警器

4. 系统梯形图

系统控制梯形图如图 5 – 16 所示。

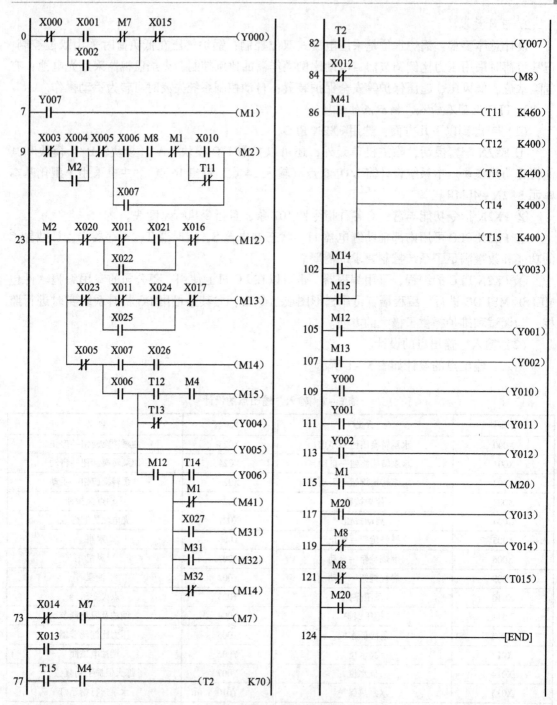

图 5-16 系统控制梯形图

5. 锅炉的控制过程分析

(1) 启动前的准备。

① 合上总电源开关,控制电路接通电源。

② 若炉内水位低于危险低水位,X012 断开,锅炉无法自动启动。此时应将给水泵旋钮放在"手动"位置,X002 闭合,Y000 闭合,启动水泵向炉内供水,当水位上升到正常水位

任务五　辅锅炉的自动控制

后，水泵旋钮放在"停"位置，水泵停止工作。

③ 将燃烧控制旋钮和风机旋钮转到"手动"位置，油泵转换开关转到"停"位置，然后按下启动按钮 X004，M2 通电，于是 M2 触点闭合自锁，M12 通电，启动风机进行预扫风，手动进行预扫风一分钟后，再按停止按钮 X003，使风机停止工作。

④ 将给水泵开关、燃烧开关、风机开关和油泵开关都转到"自动"位置，准备自动启动。

（2）燃烧的时序控制。

① 预扫风。当按下启动按钮 X004 时，由于水位正常，M8 有电，其常开触点闭合；T11 没有电，其常闭触点闭合；M2 有电，Y001 得电，风机开始运转；Y002 得电，油泵开始运转。但此时燃油电磁阀无电关闭，燃油从油泵排出后在管路中循环，不能进入炉内，风机对炉膛进行预扫风。

由于 Y004 得电，压力比例调节器 YBD 发讯电位器的滑动触点动作，逐渐把风门关小，回油阀开大，为点火做好准备。

由于在 40s 之前尚未点火，所以光电池感受不到火焰的光照，X027 断开，M31 无电，M4 有电，相应的 M4 触点闭合，为点火变压器通电和熄火保护 T2 通电做好准备。

② 点火。在预扫风后，T14 闭合，燃油电磁阀 Y006 有电，打开油泵到喷油器的供油管路。但因回油阀已开大，故向炉内喷油量很少。与此同时，T15 也闭合，使点火变压器 Y003 通电，使点火电极之间产生电火花进行点火通电。但是，它要在通电 7s 后才能将 Y007 闭合。所以，这时只对点火进行监视，为熄火保护做好准备。

如果在 7s 内点火成功，炉内有火焰，光敏电池受到光照，X027 闭合，M31 得电，M32 失电，使 M4 失电，M4 触点断开，使 T2 断电，其触点因未达到闭合时间继续断开，维持 M1 为断电状态。

到 46s 时，T11 断开，风压保护 X010 已闭合，使 M2 仍有电。

正常点火时序控制结束。

③ 点火失败。如果点火时序控制从 40s 时开始点火，延时时间超过 7s，光电池仍未感受到炉膛火焰的照射，X027 断开，M31 失电，M32 得电，M4 得电，使 M4 触点一直闭合，当 T2 达到设定时间 7s 后，使触头 T2 闭合，Y007 得电，其常开触点闭合，M1 得电，使 M2 失电，将控制回路电源切断。使风机、油泵停转，电磁阀关闭，发出报警信号。

④ 再次启动。在第一次点火失败时，必须在排除故障后进行再次启动。首先将熄火保护继电器触点 Y007 手动复位，使其断开。只有 M1 断电，其常闭触点恢复闭合后，才能重新启动。

⑤ 中途熄火。在燃烧过程中，如果中途熄火，光电池失去火焰光照，X027 断开。M31 失电，M32 得电，M4 得电，使 M4 触点闭合，所以点火变压器 Y003 通电，重新进行点火；同时，开始 7s 计时，对点火时间进行监视。若在 7s 内点火成功，即转入正常燃烧；若仍未点燃，则同点火失败情况一样，使锅炉停止燃烧，并发出熄火声光报警信号。也就是，在中途熄火后，自动点火一次，如不成功，停炉并发出报警。

（3）气压的自动控制。

在点火时序控制过程中，到了 44s 后，Y004 失电，使压力比例调节器 YBD 的滑动触点和电动比例操作器 DBC 的滑动触点动作，由于此时锅炉是低压启动，所以 YBD 滑动触点移到低压端，电动比例操作器 DBC 的滑动点也向低压端跟踪，使风门开大，回油阀关小（喷油量加大），锅炉进入正常比例燃烧自动控制。

当气压上升到控制气压的下限值时，如果气压再升高，则相应地关小风门和减少喷油量，维持正常负荷的气压比例控制。当锅炉的负荷低于 30%，风油量已调到最小限度，气压达到控制气压的上限值时，比例控制失去作用，气压转入双位控制。即达到超压保护继电器的整定上限值时，X011 断开，接触器 M2 失电，风机和油泵停止工作，此时为正常熄炉，不发出报警信号。当锅炉的气压又降低到控制气压的下限值时，X011 又重新闭合，M2 通电，风机和油泵重新启动，开始自动点火控制，使锅炉重新燃烧。因此，锅炉在低负荷运行时，气压的比例控制作用不大，燃烧接近双位控制。

（4）安全保护。

该系统的安全保护包括危险低水位和风压过低自动熄炉保护。锅炉在运行中，当水位下降到危险低水位时，最低的一根电极脱离水面，X012 断开，M8 断电，使 M2 断电，切断整个控制程序，使锅炉自动熄火停炉。

当风压过低时，风压保护继电器触点 X010 断开，主继电器 M2 断电，锅炉自动熄火停炉。

（5）停炉。

停炉时，可手按停止按钮 X003，M2 断电，燃烧系统停止工作。当水位降到低于危险低水位时，应把水泵开关放在"手动"位置，向锅炉供水，直到水位达到正常水位时，再把水泵开关放在"停止"位置上；切断总电源开关，并把燃烧开关置于"手动"位置，风机、油泵开关放在"停止"位置上。

（6）手动操作。

当锅炉某些自动控制设备出现故障（如多回路时间继电器故障、压力比例调节器或电动比例操作器失灵等）难以立即修复时，可改为手动操作。在手动操作之前，应做好以下准备工作：检查锅炉水、油、电的供给情况是否正常；自动控制箱上的各个转换开关是否处于点火前的准备位置；锅炉水位应高于最低水位；将燃油电磁阀置于常开状态，而手动速关阀置于关闭状态；将燃烧转换开关置于"手动"位置，风机和油泵转换开关置于"停止"位置；将风油配比机构与电动比例操作器 DBC 脱开，把风门和油门调到小火燃烧位置；合上总电源开关 QS。

手动操作具体步骤：

① 按下启动按钮 X004，接通控制电路。

② 将风机转换开关转到"手动"位置，风机投入运行，进行预扫风。

③ 预扫风后，把油泵转换开关转到"手动"位置，油泵启动，建立起油压。

④ 按下点火按钮 X026，点火变压器通电，点火电极产生电火花，打开燃油管路上的速关阀，向炉膛内喷油进行点火。

⑤ 从观火孔看到火焰时，放开按钮 X026，终止点火变压器工作。

⑥ 点火成功后，调整风油配比机构，使炉内燃烧和锅炉负荷相适应。

⑦ 如果手动点火失败，应立即关闭速关阀，停止向炉膛内喷油，并进行后扫风，待查明原因并排除故障后，再重新点火。

五、压力开关

如图 5-17 所示是一个船舶机舱系统中常用的压力开关的结构原理图,它多用于辅锅炉气压或空气压缩机自动启动的双位控制系统中。

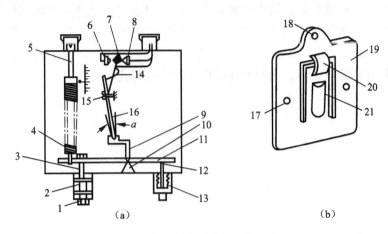

图 5-17 压力开关结构原理图

1-幅差调整旋钮;2-幅差弹簧;3,15-螺钉;4-给定弹簧;5-给定值调整螺钉;6,8-静触头;7,18-动触头;9-拨叉;10-支点;11-杠杆;12-顶杆;13-测量波纹管;14,20-跳簧;16,19-簧片;17-螺钉孔;21-舌形片

作用在杠杆上有三个力:
① 被测压力信号经测量波纹管形成的向上推力,它对支点产生了逆时针的测量力矩。
② 给定弹簧的拉力,它产生了顺时针的给定力矩。
③ 幅差弹簧的顶力,它产生了幅差力矩,也是顺时针力矩。

当测量力矩大于给定力矩与幅差力矩之和时,杠杆绕支点逆时针旋转。反之,则杠杆绕支点顺时针旋转。当杠杆旋转时,它会带动拨叉移动,并使簧片和跳簧变形。当被测压力上升到上限或下降到下限时,跳簧的变形达到极限,它会突然动作,使动触头从一个静触头突然跳到另一个。从而使控制电路的接通或断开状态突然改变,即调节器的输出状态突然跳变。而当被测压力在上下限之间时,动触头的位置不变,即调节器的输出状态不变。

被测压力上、下限的值,可通过调整幅差弹簧和给定弹簧的预紧力来实现,而上下限之间的差值称为幅差(或称开关差)。调整给定弹簧的螺钉可设定下限值,由给定值指针在标尺上指示出来。调整幅差弹簧的旋钮可设定上限值 $P_上$。在旋钮上有 10 个刻度,按幅差值可求出对应的刻度值,转动旋钮使该刻度对准红色的基准标记线即可。例如,某压力开关的幅差可调范围为 0.07~0.25 MPa,则不同刻度所对应的幅差为

$$\Delta P = 0.07 + (0.25 - 0.07) \cdot X/10$$

式中:X——幅差刻度值。

若已知被测压力的下限值为 0.4 MPa,上限值为 0.6 MPa,则调整步骤为
① 调整给定值螺钉,使指针指在 0.4 MPa 上。
② 计算幅差刻度 X:
其幅差为: $\Delta P = 0.6 - 0.4 = 0.2(\text{MPa})$

按上式有 $$0.2 = 0.07 + (0.25 - 0.07) \cdot X/10$$
可求得 $X = 7.2$，调整幅差旋钮，使刻度 7.2 对准红色标记即可。

由于机械仪表的误差较大，实际使用中可按如下方法调整上、下限值：调整给定弹簧螺钉，将给定值标尺调在欲设定的下限值上，调整幅差旋钮在适当的位置上。在输入端送入可调气压信号，并用气压表显示。缓慢调高输入气压，当听到微动开关"咔嗒"的动作声时，停止调节，此时压力表指示值即为上限值；然后再逐步调低气压信号，听到微动开关再次的"咔嗒"声时，停止调节，此时压力表指示值即为下限值。如上、下限值不符合要求，则调整给定弹簧螺钉和幅差旋钮后，重复上述过程，直至达到设定值。

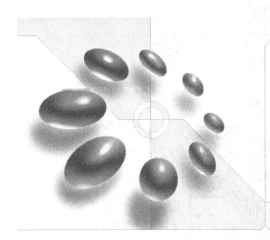

任务六 自清洗滤器的自动控制

【任务描述】

　　自清洗滤器是滑油系统的重要设备之一，它利用滤网直接拦截油中的杂质，去除悬浮物、颗粒物，降低浊度，净化油质，减少系统污垢、菌藻、锈蚀等产生，以净化油质及保护系统其他设备正常工作的精密设备。油由进油口进入自清洗过滤器机体，因为自动化设计，系统可自动识别杂质沉积程度，给排污阀信号自动排污。本任务要达到的任务目标如下：

一、知识目标

1. 掌握空气反冲式自清洗滤器的组成及工作原理。
2. 掌握自清洗滤器的自动控制过程。

二、能力目标

　　具有对自清洗滤器进行自动控制的能力。

【背景知识】

　　目前，在自动化船上广泛应用自动清洗式滤器，主要采用两种形式——空气反冲式和油反冲式。下面以空气反冲式滑油自动清洗滤器为例（如图6-1所示），说明其组成和工作原理。

　　该滤器由清洗控制本体和四个滤筒所组成。滤筒内装有滤网和浮子式自动放残气装置，控制本体由电动机减速后驱动，可依次分别对准各滤筒。对准后，便进行压缩空气的定时反向冲洗。滤油时，只使用三只滤筒，正在清洗的滤筒被旋转本体切断进油通路（大约冲洗1min左右，清洗完毕后作备用）。只有当使用的三只滤筒使滤器进出口压差大于某一规定值，比如大于0.09 MPa时，自动装置便对滤器进行自动清洗，即对各个滤筒轮流进行清洗，直至滤器进出口压差低于某一规定值，比如低于0.03 MPa时，自动停止清洗。

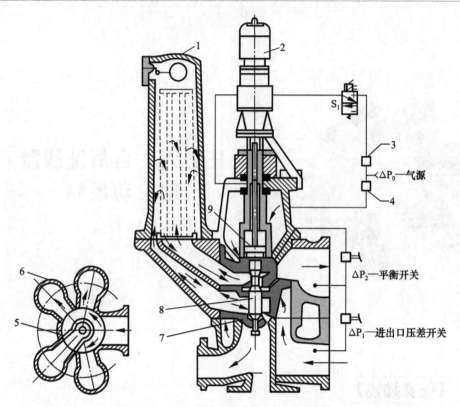

图 6-1 空气反冲式自清洗滤器结构示意图

S_1-清洗电磁阀；1,6-滤筒；2-电动机；3,4-空气减压阀；
5-旋转本体；7-排污阀；8-控制阀；9-控制活塞

自清洗滤器的自动控制电路如图 6-2 所示。自动清洗工作原理如下：

合上电源主开关 S，首先对一个滤筒进行清洗。冲洗 1min 左右时间，停止清洗。当滤器进出口压差 ΔP_1 大于某值 (0.09 MPa) 时，电动机 M 驱动旋转本体开始转动，当电动机驱动旋转本体转到对准下一个滤筒时，切断电动机 M 电源而停止转动，电磁阀 S_1 通电，对滤筒进行清洗。以后就重复上述动作，直到滤器进出口压差 ΔP_1 小于某一个值 (0.03 MPa) 时，电动机 M 断电停转，停止本次清洗。当滤器进出口压差 ΔP_1 再增大到某个值时，电动机 M 先转动，带动旋转本体对准下一个滤筒后再进行冲洗。

如果清洗后无效果，说明滤器有故障，当滤器进出口压差大于 0.12 MPa 时，报警触头 ΔP_3 闭合，发报警信号。

具体电路分析如下：

(1) 合上电源开关 S，电源指示灯 L_1 亮，因延时继电器 RT 尚未动作，其触头 RT(1-3)/6 闭合，冲洗阀 S_1/6 线圈得电，使控制本体内活塞上部空间与大气相通，下部空间通气源 P_0，经减压阀 4 送来的压缩空气 (0.3~0.4 MPa)，抬起控制活塞，打开控制阀和排污阀。压缩空气进入清洗滤筒并从滤筒内向滤筒外冲洗，这与油的流动路线 (从滤筒外向滤筒内) 正好相反，故称反冲式自清洗滤器，被冲洗下来的污垢由排污口排除。

因延时继电器 RT/9 有电，触头 RT 经 1min 延时后动作，1-2 闭合，1-3 断开使冲洗阀 S_1 线圈断电，使控制本体内活塞上部空间与气源相通，0.4~0.6 MPa 的压缩空气进入活

任务六 自清洗滤器的自动控制

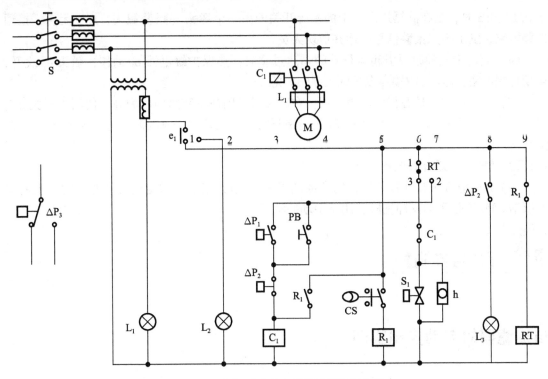

图 6-2 空气反冲式自清洗滤器控制电路

塞上部空间,将活塞压下,关闭排污阀,同时截止冲洗压缩空气进入备用滤筒,结束冲洗,并为电动机启动做准备。

(2) 当正在使用的三只滤筒进出口所产生差压大于 0.9 MPa 时,装在滤器进出口上的差压开关动作,触头 $\Delta P_1/3$ 闭合。因 $\Delta P_2/3$ 是常闭的,所以接触器 $C_1/3$ 有电,主触头 C_1 闭合,电动机转动,常闭副触头 C_1 乃断开。

电动机转动,限位开关 CS/5 闭合,继电器 $R_1/5$ 有电,常开触头 $R_1/4$ 闭合,常闭触头 $R_1/9$ 断开。

常闭触头 $R_1/9$ 断开,延时继电器 RT 断电,触头 RT 动作,1-2 断开,1-3 闭合。由于接触器 C_1 的常闭副触头 $C_1/6$ 是断开的,冲洗阀 S_1 线圈不会有电。由于继电器的常开触头 $R_1/4$ 闭合,电动机不会停转。

当电动机带动控制本体转到对准另一个滤筒时,限位开关 CS/5 正好被一个凸轮顶开,继电器 R_1 断电,常开触头 $R_1/4$ 断开,常闭触头 $R_1/9$ 闭合。

常开触头 $R_1/4$ 断开,接触器 C_1 断电,主触头 C_1 释放,电动机停转,常闭副触头 $C_1/6$ 闭合,冲洗阀 S_1 线圈有电,开始对此滤筒冲洗。

常闭触头 $R_1/9$ 闭合,延时继电器 RT 有电,触头 RT 经 1 min 延时后动作,1-2 闭合,1-3 断开,停止冲洗,使电动机重新转动,再对下一个滤筒进行冲洗。以后重复上述动作,直至滤器进出口差压为 0.03 MPa 时,装在滤器进出口上的差压开关动作,使触头 ΔP_1 断开,接触器 $C_1/3$ 断电,主触头 C_1 释放,电动机停转;常闭副触头 $C_1/6$ 闭合,为下次冲洗作准备。

(3) 如果对滤器清洗后,压差不消失,反而上升,说明滤器有故障。当压差上升到大于 0.12 MPa 时，装在滤器进出口上的差压开关的另一个触头（报警触头）ΔP_3 闭合，接通报警电路，发出声光报警信号，通知值班人员。

（4）当由于某种原因引起运行着的马达过载时，热保护继电器 e_1 动作，触头 e_1 跳开，切断控制电路，电动机停转，故障指示灯 L_2 亮。

（5）ΔP_2 是冲洗状态指示压力开关。在冲洗时，因冲洗腔室内压力高，使压力开关 ΔP_2 闭合，冲洗指示灯 L_3 亮，而触头 $\Delta P_2/3$ 是断开的，当达到冲洗时间时，电磁阀 S_1 断电，冲洗腔室内压力降低，$\Delta P_2/8$ 断开，冲洗指示灯灭，表示某个滤筒冲洗完毕，同时，$\Delta P_2/3$ 闭合，为接触器 C_1 通电做准备。

（6）h 是清洗次数计数装置，它和冲洗阀 S_1 并联，用于提供定期检修滤器时间上的参考依据。PB/4 是手动反冲洗阀，用于手动冲洗。

【任务实施】

自清滤器的自动控制实训

一、实训目的和要求

1. 实训目的

（1）掌握滑油系统及自清滤器工作的基本原理和操作要领。

（2）通过手动或自动操作能维持滑油系统与自清滤器工作的正常运行。

2. 实训要求

（1）独立完成训练项目内的全部内容，操作顺序正确，动作准确无误。

（2）独立完成参数变化趋势的正确判断，调节恰当，工况正常。

（3）在规定的时间内完成训练项目，不得出现任何警报或因操作引起的故障。

二、实训初始状态设置

本实训必须在轮机模拟器实训中心进行。

正常启动轮机模拟器，让模拟器处于码头停泊状态。

1. 一台发电机运行，发电机系统在"自动方式"工作。

2. 锅炉在正常运行，燃用"MDO"，蒸汽压力为 0.60 MPa。

三、实训步骤

1. 滑油系统的组成

滑油系统由供油、驳运及净油三个部分组成。

（1）滑油供油系统：

① 主机滑油系统。主机润滑冷却对象主要有以下部分：

任务六 自清洗滤器的自动控制

A. 增压器：滚动轴承，自供油（自带油泵，又称内部润滑），透平油；
B. 气缸润滑：气缸油柜自动补油，注油器自动供油；
C. 主轴承、曲轴、凸轮轴、活塞：系统油；
D. 主滑油泵二台；
E. 自清滤器两个；
F. 凸轮轴增压泵两台；
G. 填料函滑油回油柜、沉淀柜各一个及为其驳油的泵一台，冷却器及温度调节器等。

报警：主机滑油循环柜低位、失压，气缸油柜高、低位，主机活塞填料函滑油柜高位都设有报警打印，可在"CRT"上检查。

② 发电机供油系统。发电机预供油泵每台机一台，电源接在应急电网上，滑油泵为机带泵。

（2）滑油驳运系统：
① 驳运泵一台；
② 滑油沉淀柜和滑油日用油柜各一个。

（3）滑油净油系统：
① 滑油分油机两台，各为主机、发电机净油，也可通过隔离阀互通；
② 加热器等。

2. 主机滑油系统净油

（滑油分油机选用 LOPX 系列无比重环部分排渣分油机，控制装置：EPC-400）

（1）运行：对主机滑油循环柜净油。

启动前的准备：
① 在集控室配电板馈电屏上：将滑油分油机总电源开启；
② 在模拟屏上检查主机滑油循环柜油位，开启净油进出口阀门；
③ 在模拟屏上锅炉蒸汽分配阀处将主机滑油循环柜加温蒸汽阀打开，对油柜加温到 35 ℃ 时关闭；
④ 模拟屏上检查分油机高置水箱水位并补水，在"CRT"上将出口阀开启；
⑤ 开启分油机滑油系统上的有关阀门。

启动滑油分油机：在机旁控制箱上进行下列操作：
① 接通电源，选择 No.1 或 No.2 分油机工作；
② 将控制方式旋钮转到"P"设定：油温加热值 80 ℃、排渣间隔时间 p60 10 min、排渣间隔时间 p61 20 min；

控制箱的上部四个按钮在参数设定时，第一个用于选择参数，第二、三个用于参数增减修改，第四个按钮用于参数修改后确认。

③ 再将"工作方式"旋钮转到"R"，设定为机旁"自动"运行方式；
④ 启动分油机滑油供油泵，此时滑油在分油机外自行循环；
⑤ 将分油机加热器"加热按钮"按下，对滑油加热；
⑥ 启动分油机：按下分油机电机"启动按钮"，当分油机转速达全速时（正常需要 10 min）将"程序启动/停止"按钮按下，分油机开始程序运行。在"CRT"上观察净油过程及温度数值。

(2) 各程序指示灯的含义：

① M15：开盘水电磁阀；

② M16：关翻/补给水电磁阀；

③ V1：三通阀电磁阀；

④ MV10：置换/调节/封水；

⑤ MV10A：排水阀。

(3) 报警指示灯的含义（下述各故障发生后，系统均停止向分油机供油而机外循环）：

① TT2：加热器故障；

② TT1：高膨低温；

③ XS1：紧急停车/震动；

④ MT4：水分传感器；

⑤ PS41：高压；

⑥ PS42：低压。

3. 启动主机滑油系统

(1) 开启主机滑油泵、滑油自清滤器和凸轮轴增压滑油泵有关阀门。

(2) 启动主机滑油泵和凸轮轴滑油泵，在集控台和"CRT"上观察压力值。

4. 填料函沉淀柜驳油

(1) 开启"填料函沉淀柜"及相应驳运泵的有关阀门。

(2) 启动填料函沉淀柜的驳运泵，将填料函沉淀柜滑油驳到主机滑油循环柜。

5. 自清滤器的操作

鼠标左键点击 No.1/No.2 主机滑油自动清洗滤器，弹出主机滑油自动清洗滤器操作面板对话框（如图 6-3（a）所示）。鼠标右键（同时按住 CTRL）点击控制箱门选钮，则打开箱门（如图 6-3（b）所示），反之则关闭箱门。点击"OK"按钮则退出该显示界面。

（a）

（b）

图 6-3 滑油自清滤器面板

（a）滑油自清洗滤器面板（门关）；（b）滑油自清洗滤器面板（门开）

任务六 自清洗滤器的自动控制

（1）门关：左1为电源开关（带指示），鼠标左键点击则电源开，再次点击则电源关。

左2/3分别为No.1/No.2滑油自动清洗滤器手动清洗按钮，鼠标左键点击则开始清洗；出现报警（电机过载、滤器压差高等）时，鼠标左键点击任一按钮确认报警。

右1为滑油自动清洗滤器压差高和高频清洗（滤器较脏，清洗过频）报警指示。

右2/3分别为No.2/No.1滑油自动清洗滤器电机过载报警指示。

显示器为No.1/No.2清洗次数计数显示；自动清洗/手动清洗均自动加一。

（2）门开：选钮左为清洗持续时间，选钮右为清洗间隔时间。操作同上。

开关左为No.1滑油自动清洗滤器电机自动开关。

开关右为No.2滑油自动清洗滤器电机自动开关。

按钮左为No.1滑油自动清洗滤器电机热继电器复位按钮（电机过载时抬起），鼠标按左键点击则复位。

按钮左为No.1滑油自动清洗滤器电机热继电器复位按钮，操作同上。

鼠标右键点击No.1（No.2）主机滑油自动清洗滤器，弹出No.1（NO.2）主机滑油自动清洗滤器压力显示对话框，如图6-4所示。点击"OK"按钮则退出该显示界面。

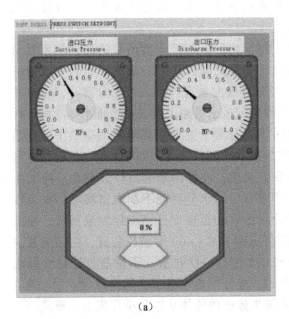
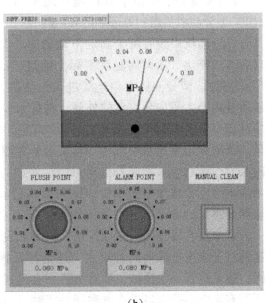

(a)　　　　　　　　　　　　　　　　(b)

图6-4　No.1自清滤器显示界面

(a) No.1自清滤器压差显示；(b) No.1自清滤器清洗压差设定

鼠标右键点击属性页按钮可在压差显示和清洗压差设定页面切换。

在清洗压差设定页面：选钮左为设定自动清洗压差（开始）；选钮右为设定高压差报警值。按住鼠标左键上下拖动则可增大（向上拖动）或减小（向下拖动）压差设定值，若同时按住SHIFT则可加大增量步长。

按钮为手动清洗自动滤器（该按钮在教员处可设置允许/禁止）。清洗前，关闭控制箱电源，关闭放残阀气源，关闭相应的进出阀门。清洗后，打开相应阀门，打开控制箱电源。

自清滤器压差设定完成后,观察运行过程中其压力变化情况。

6. 注意事项

(1) 自清滤器的压差由教员设定。

(2) 温度调节过程中,环境温度、海水温度、主机热负荷应由教员设置。

【拓展知识】

一、FOPX 型分油机的工作原理

FOPX 型分油机作为部分排渣型分油机工作时,其特点是待分油连续进入分油机,在排渣期间也不切断进油,每次排渣其排渣口仅打开 0.1 s,排出量是分离片外边缘与壳体之间容积的 70%。该分油机可净化在 15 ℃时,密度为 1 010 kg/m³ 的重质燃油,而在净化不同密度的燃油时,不受低密度的限制,取消了比重环,这给使用和操作者带来较大的方便。该分油机的控制和监视系统采用 WT200 型水分传感器和以单片机 8031 为核心的 EPC-400 装置。

FOPX 型分油机由于其控制系统不同,可部分排渣,也可以全部排渣。部分排渣的 FOPX 型分油机的结构原理如图 6-5 所示。

在分油机中设有两个固定不动的向心泵 URT,它们分别把分离出来的净油和水从 R 口和 S 口排出。所谓向心泵实际上就是扩压盘,它是把高速旋转的液流动能转变成位能(压力能)。待分油从 Q 口连续进入分油机,经分离盘上垂直孔进入每个分离片,水分和渣质被离心力甩向分离盘的外侧。在排水口 S 所接的排水管路上装有一个排水电磁阀;在净油出口 R 所接的管路上装有一台 WT200 型水分传感器,它能精确地检测净油中的含水量。当分离出来的水很少时,其油水分界面在分离盘外侧较远处,如在 1 位。这时排水电磁阀封住排水口 S 不向外排水。净油经向心泵 U 扩压,连续由净油出口 R 排出,净油中基本不含水分或含水量极少。随着分离过程的进行,油水分界面不断向里移动,水分传感器会感受到净油中含水量的增大。当油水分界面移动至接近分离盘外侧表面时,净油中的含水量会增加到一个触发值。这个触发值将送到 EPC-400 型监控装置,由该装置决定是打开排水电磁阀向外排水,还是打开排渣口 I 进行一次排渣。不论是打开排水电磁阀,还是进行一次排渣,油水分界面会迅速外移,净油中含水量也会迅速减少。向心泵 T 下面有 4 个小孔,当排水电磁阀关闭时,向心泵 T 排出的液体从这些小孔流出,形成一个循环,防止此处温度过高。

当等分油中含水量极少时,从上次排渣算起又已达到最大排渣间隔时间,而油水分界面仍离分离盘外侧较远,此时尽管净油中基本不含水分,但 EPC-400 型装置仍要进行一次排渣操作,为减少排渣时油的损失,排渣前要从接置换水水管的 DI 口进置换水,使油水分界面向里移动到接近分离盘外侧表面时,再打开排渣口进行排渣。

FOPX 型分油机在正常分油期间,滑动底盘 K 靠它下面高速旋转的工作水所产生的动压头托起,密封排渣口 I,为了补偿工作水由于蒸发和漏泄造成的损失,由管 P2 断续供水,使其工作水面维持在 Z 孔附近,这时管 P1 断水。当需要排渣时,管 P2 和 P1 同时进水,水面向里移,开启室 Y1 充满水,该水的动压头足以克服弹簧 O 的张力,把滑动圈 L 压下,打开泄水阀 X,滑动底盘 K 下面的工作水经泄水孔进入开启室 Y1。开启室 Y1 中的水经数个

任务六 自清洗滤器的自动控制

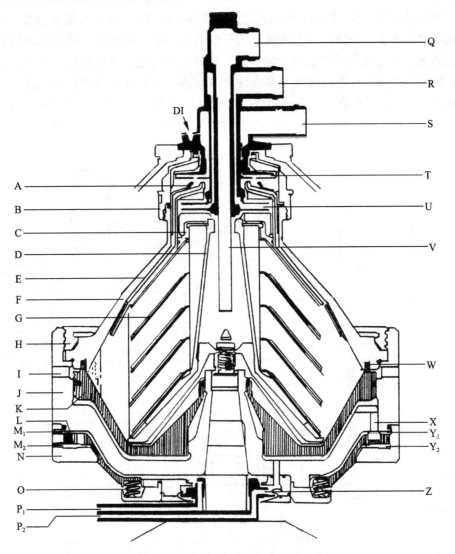

图 6-5 FOPX 型分油机的结构原理

垂直孔大量进入腔室 Y2，少量从泄水小孔 M1 和 M2 泄放。由于滑动底盘 K 下面的工作水泄放出去，水的动压头消失，滑动底盘 K 下落，打开排渣口 I 进行排渣。当滑动圈 L 和定量环 N 之间密封腔室 Y2 复位，密封泄水阀 X。大量水经垂直孔进入滑动底盘 K 下面空间，其工作水面将会迅速达到 Z 孔附近，再次把滑动底盘 K 托起封住排渣口 I，此时管 P1 断水。滑动圈 L 上下腔室 Y1 和 Y2 中的水经泄水小孔 M1 和 M2 泄放，管 P2 连续进水一段时间后恢复继续进水。在整个排渣过程中，管 P1 操作水的时间为 3 s，而滑动底盘 K 下落（即排渣口 I 打开）的时间仅为 0.1 s。在此时间内，将使分油机分离盘外侧的 70% 渣质和水的容量从排渣口 I 排出。排渣口 I 打开的时间与定量环 N 表面凹槽大小有关，凹槽越大，容水量越多，使水充满腔室 Y2 所需时间越长，排渣口打开的时间也就越长，即从排渣口排出的容量会增多。不过定量环 N 凹槽表面大小是不能调的，实际所用定量环 N 凹槽的大小，就是保证在一次排渣中，排渣口打开时间仅为 0.1 s 左右。由于排渣口打开时间很短，每次渣排出的容量仅是分油机里面容量的一部分，故叫做部分排渣分油机，且在排渣时不必切断进油。

在FOPX型分油机中，组成其控制系统的重要设备是EPC-400型监控装置。该装置由两块印刷电路板组成：一块是水分传感器信号处理电路板，它接收装在净油出口管路上的WT200型水分传感器输出的净油含水量信号，经处理后送至主控电路板；另一块是主控电路板，它接收装在分油机进油管路上和净油出口管路上的各种传感器信号，经分析和处理后，由输出端输出各种信息，可对分油机进行操作，同时分油机的运行状态也可通过在主控电路板上的一系列发光二极管及数字显示窗的数字进行指示。FOPX型分油机自动控制系统的组成原理如图6-6所示。

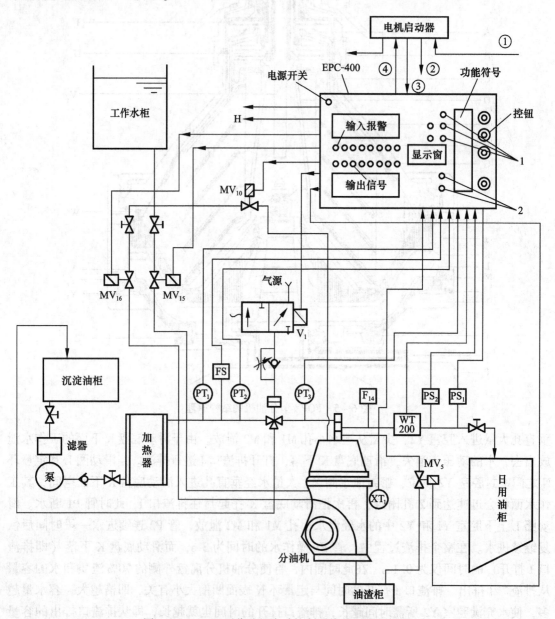

图6-6 FOPX型分油机自动控制系统的组成原理图

在该控制系统中，对EPC-400型装置来说，其输入信号和输出信号是比较多的。这些信号能准确地监视分油机的工作状态，同时也能控制分油机的各种操作。

任务六 自清洗滤器的自动控制

　　PT_1 是装在燃油加热器出口的具有高油温报警的温度传感器。在正常运行期间，它检测燃油温度实际值，当油温达到上限值时，其报警开关闭合，发出高油温报警。PT_2 是低油温报警开关，温度低于下限值时，该开关闭合。可见分油机在正常运行期间，PT_1 和 PT_2 温度报警开关都是断开的，燃油加热系统在 PI 调节器控制下，可保持分油机最佳分离效果所要求的燃油温度值。只有在加热装置及控制系统出现故障时，温度报警开关 PT_1 和 PT_2 才起作用，因此可把 PT_1 和 PT_2 报警开关看做是加热器装置和温度控制系统的故障监视开关。

　　FS 是低流量开关，它监视供油系统的故障。低到下限值时，低流量开关 FS 闭合，把该信号送至 EPC-400 型装置，发出低流量报警。在净油出口管路上装有流量表 F_{14}，随时指示分油机净化出燃油的数量。

　　压力开关 PS_1 是监视净油出口压力的，净油出口压力正常时，PS_1 开关断开；分油机发生跑油等故障现象时，该开关闭合。EPC-400 型装置接收到这个信号后，要发出分油故障报警并停止分油机工作，因此压力开关"1"实际上是监视分油机本身故障的开关。压力开关 PS_2 是排渣口是否打开的反馈信号。如果 EPC-400 型装置发出排渣信号后，没有收到排渣口打开（PS_2 闭合）信号，说明分油机不能排渣。这时 EPC-400 型装置将撤销排渣信号，数秒钟后第二次发出排渣信号。如果仍接收不到排渣口打开信号，EPC-400 型装置最终确定分油机不能排渣，发出不能排渣的报警并停止分油机的工作。EPC-400 型装置发两次排渣信号的作用是防止误动作和误报警。

　　在净油出口管路上装有 WT200 型水分传感器，它能随时检测净油中的含水量，并根据净油中含水量达到触发值所需时间，由 EPC-400 型装置决定是否打开排渣口还是开启排水电磁阀。因此水分传感器是监控系统中很重要的部件，它的结构原理如图 6-7 所示。

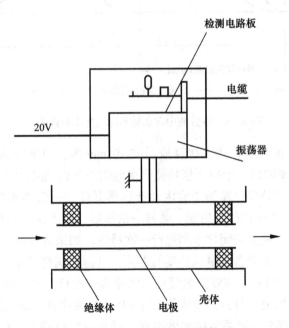

图 6-7 WT200 型水分传感器结构原理图

　　在控制系统中，EPC-400 型装置输出的信号有：控制对分油机操作的各种电磁阀、显示分油机的控制系统状态的指示灯及由 5 位数码显示器所组成的显示窗。

二、FOPX 分油机基本控制过程

在 EPC-400 型装置中,设定了一个最短的排渣间隔时间 10 min,及一个最大的排渣间隔时间 63 min(可调)。分油机是以最短的间隔时间打开一次排渣口,还是以最大的间隔时间打开一次排渣口,取决于待分油中含水量的多少。如果待分油中含水量极少,从上次排渣算起,在 63 min 内油水分界面仍在分离盘外侧一段距离处,净油中含水量很少,没有达到触发值,这时 EPC-400 型装置就决定排一次渣。在排渣前,要先输出一个控制信号使电磁阀 MV_{10} 通电打开,向分油机内注入置换水,油水分界面会逐渐向里移动。当净油中含水量达到触发值时,EPC-400 型装置再输出控制信号使电磁阀 MV_{15} 和 MV_{16} 同时通电打开,进行一次排渣程序,该过程如图 6-8 中曲线 1 所示。如果待分油中含有一定量的水,距上次排渣时间超过 10 min,但不到 63 min 净油中含水量就增加到触发值,即油水分界面已经移动到接近分离盘外侧的边缘,EPC-400 型装置要发出排渣信号进行一次排渣。由于分离盘外侧有足够的水量,所以排渣前不需进置换水,该过程如图 6-8 中曲线 2 所示。

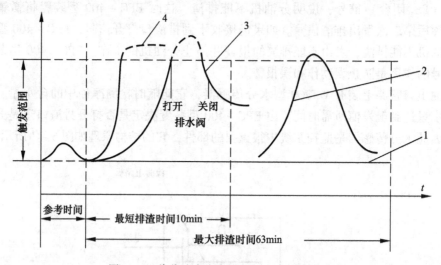

图 6-8 待分油中含水量不同的排水和排渣

如果待分油中含水量较多,在上次排渣后的 10 min 内,净油中含水量就达到触发值,此时 EPC-400 型装置要输出一个控制信号使排水电磁阀 MV_5 通电打开向外排水。随着排水的进行,油水分界面不断外移,净油中含水量会迅速下降,一般排水电磁阀 MV_5 打开 20 s 后关闭,该过程如图 6-8 中曲线 3 所示。若排一次水后,距上次排渣仍在 10 min 内,净油中含水量又达到触发值,则要关闭排水阀进行一次排渣。如果待分油含有大量的水,距上次排渣后较短的时间内,净油中含水量就达到触发值,且排水阀打开 120 s 净油中含水量未能下降到触发值以下,这时 EPC-400 型装置要关闭排水阀进行一次排渣。排渣后,净油中的含水量又较快地增至触发值,且打开排水阀 120 s 后,净油中含水量仍不能下降至触发值以下,则 EPC-400 型装置再一次关闭排水电磁阀,进行一次排渣后,停止待分油进分油机,发出声光报警,该过程如图 6-8 中曲线 4 所示。

EPC-400 型装置的工作电源是 48 V 交流电,它来自分油机启动器。启动器接 220 V 交流主电源(图 6-6 中①),作为启动分油机的电源。要使分油机投入工作,首先要按启动

任务六　自清洗滤器的自动控制

器上的启动按钮，它一方面启动分油机电动机使之逐渐达到稳定运行状态；另一方面使启动器中的继电器 K5 通电，经变压器输出 48 V 交流电，向 EPC-400 型装置供电（图 6-6 中③），并经该装置内部变压器输出 24 V 交流电，再经整流稳压输出 20 V、12 V、5 V 直流电源，作为主控电路板和水分传感器信号处理电路板的工作电源。接通 EPC-400 型装置面板上电源开关，就接通了两块电路板的电源。按加热器按钮，开始对待分油进行加热，同时温度自动控制系统投入工作。按一次"程序启动/停止"按钮，EPC-400 型装置从初始化程序开始执行，首先它监视待分油温度，当油温达到正常温度值时，EPC-400 型装置将对分油机进行密封排渣口、待分油进分油机及排水和排渣等操作。

三、水分传感器信号处理电路的基本工作原理

在 EPC-400 型装置的控制箱中，水分传感器信号处理电路板是在主控电路板的后面。该电路板也是以单片机 8031 为核心，两块电路板上的 8031 是采用串行通信方式。水分传感器信号处理电路板的作用有三个：一是处理由水分传感器送来的净油中含水量信号，并经串行输出口 TXD 随时送至主控电路板上 8031 的串行输入口 RXD，当净油中含水量达到触发值（350 个单位）时，要向主控电路板送去一个中断请求信号；二是监视水分传感器工作是否正常；三是监视电源电压和频率是否正常。如图 6-9 所示给出了水分传感器信号处理板电路简图。

图中 19-2 和 19-4 端接由水分传感器输出的与净油中含水量成比例的交流电流信号，经放大、整流滤波后再经四运算放大器 LM1458 的放大，其输出的直流电压信号就与净油中含水量成比例。19-3 和 19-1 端接水分传感器振荡器输出的脉冲信号，经放大及频率-电压变换器转变成直流电压信号，再经 LM1458 的放大，其输出的直流电压信号就与振荡器输出的脉冲信号频率成比例。LM1458 输出的模拟量电压信号均接在多路转换开关 DG508 的输入端，DG208 可同时输入 8 个模拟量，但在同一时刻只能闭合一路开关，输出一个模拟量（本电路的 DG508 只接两路模拟量）。DG508 输出哪一路模拟量由 8255A 口输出的 A2-A0 三位二进制数来选择，DG508 输出的某一位模拟量送至精密电压-频率转换器 LM331，使输出的脉冲信号频率大小与输入的电压信号成比例，并由 8031 内部的定时器/计数器 T_0 计其脉冲数，同时启动内部定时器 T1 进行计时。实际上 LM331 是起到 A/D 转换作用。当 LM331 把净油中含水量的直流电压信号转换成脉冲信号时，8031 从 T0 口每秒钟接收的脉冲数就是净油中含水量的单位数。如每秒接收 350 个脉冲，即净油中含水量是 350 单位，也就是净油中含水量达到触发值，平时该电路板上的 8031 总是经串行输出口 TXD 把净油中的含水量信号送至主控板上的 8031 串行输入口 RXD。当净油中含水量达到触发值时，水分传感器信号处理电路板上的 8031 经 P0 口输出一个信号并由 8255①端输出一个中断请求，主控电路板上 8031 的中断输入端 INT0 就是接该信号。8031 查询到这个中断信号后，根据上次排渣后所进行的时间，决定进行一次排水或排渣操作。水分传感器信号处理电路板上的 8031 要定时地检查水分传感器中振荡器输出交流电频率是否正常。这时 T0 口输入的脉冲信号就与振荡器输出的交流电频率成比例。如果这个信号不正常，将报告给主控电路板上的 8031，以便进行报警和显示。

水分传感器信号处理电路除监视水分传感器的工作以外，还要监视交流电源频率是否太高，24 V 交流电源电压是否正常，20 V 和 12 V 直流电压是否正常。这些信号经变换器、整

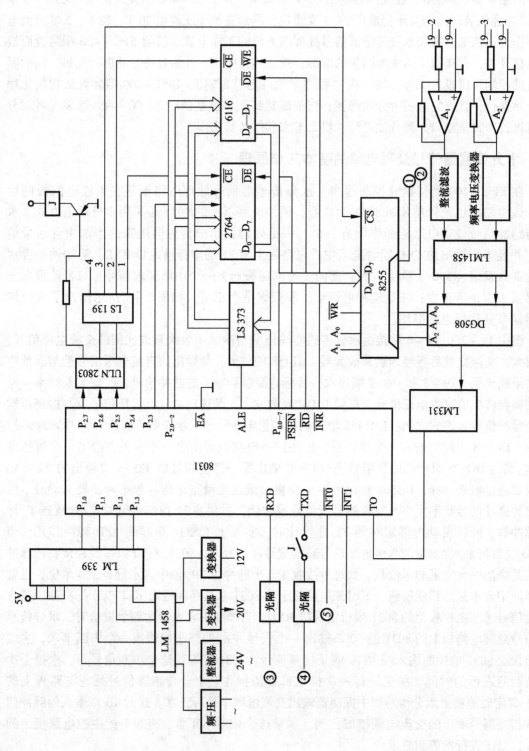

图 6-9 水分传感器信号处理板电路简图

任务六　自清洗滤器的自动控制

流滤波变换器及频率-电压转换器均转变成与电压级别相一致的直流电压信号送至四电压比较器 LM339，其输出就接到 8031 的数据口 $P_{1.0-1.3}$。当 8031 检测到任何故障时，都要从 P0 口输出一个信息并由 8255A 口的②端输出中断请求信号，该信号接在主控板上 8031 的中断输入端 INT1。8031 查询到这个中断信息后，将从串行输出口 TXD 输出一个指令信息送至水分传感器信号处理电路板上 8031 的串行输入 RXD，要求报告其故障内容。水分传感器信号处理电路板上 8031 从串行输出口 TXD 输出的信息不再是净油中含水量的数据，而是故障内容的指令信息，这些信息有：净油中含水量超过 400 个单位或不足 100 个单位（表示传感器有故障），水分传感器中振荡器输出交流电频率不正常，交直流电压不正常，外接 EPROM2764 及 RAM6116 有故障。

以便检查主控电路板上的模拟量是否工作在正常范围内，这些模拟量经 A/D 转换后也是经 8031 的串行口 RXD 输入的。为了防止两种输入信号的互相干扰，8031 在输入该电路板上的模拟量前，要从地址译码器输出端 7 送出一个中断请求信号。该信号经水分传感器信号处理板的接线端⑤接至 8031 的中断输入端 INT0。8031 查询到这个中断信号后，将使 P2.7 口变为"0"信号，继电器 J 断电，常开触头 J1 断开，放弃串行口 TXD 对外的输出；当中断请求撤消，即 INT0 变为高电平时，P2.7 变为"1"信号，经驱动器 ULN2803 使继电器 J 通电，触头 J1 闭合，恢复向主控电路板上的 8031 报告净油中含水量信息。

四、FOPX 分油机状态监视和参数测试

FOPX 型分油机是以在 EPC-400 型装置中预先编制好的程序和已设定的参数下运行的。我们可用 5 位数字显示窗来监视分油机及控制系统的运行状态，在运行中如果出现故障，除总报警红色发光二极管闪亮外，显示窗将立即显示出故障内容。我们还可以利用面板上的四个按钮和显示窗来测试和调整分油机运行的有关参数。

1. 故障显示

FOPX 型分油机及 EPC-400 型装置在运行中如果发生故障报警，则在显示窗中将会显示出故障的代码和内容，其中左边两位显示 AX（X=1, 2, …, 9），是故障代码，表示故障的类别，右边的数字指出具体故障内容。

A1 代表通讯故障。当 EPC-400 型装置与主计算机联网或几台 EPC-400 型装置联网使用时，它们之间通讯不正常，将在显示窗中显示出故障代码 A1，如果该 EPC-400 型装置是单机运行，一般不会发生 A1 类别的故障报警。

A2 代表单片机处理器故障，其中：

A2-1　　8031 内部 RAM 故障
A2-2　　8031 外部 RAM 故障
A2-3　　EEPROM 故障
A2-4　　EPROM 故障
A2-5　　RLP 方式选择开关转换位置错误
A2-6　　A/D 转换器故障
A2-7　　温度和水分传感器标定错误

A3 代表程序编制方式时间太长，它是指两块电路板中 8031 之间，8031 与存储器及各种接口之间传递信息时间太长，这会影响程序正常运行，将会发出显示 A3 代码的报警。

A4 代表电源故障报警，其中：
A4-1　　　　停电
A4-2　　　　电源频率太高（+5%）
A5 代表分油机启动时间超过最长启动时间的故障报警。
A6 代表控制温度传感器和高温报警传感器所检测到燃油温度值之差超过 30 ℃报警。
A7 代表分油机系统故障报警，其中：
A7-1　　　　水分传感器输出值 >400 单位
A7-2　　　　水分传感器输出值 <100 单位
A7-4　　　　排水阀开度不够
A7-5　　　　记忆单元故障
A7-6　　　　液体传感器工作不正常
A7-7　　　　水分传感器工作不正常
A7-8　　　　两次发出打开排渣口指令，排渣口仍未打开
A7-10　　　 置换水系统工作不正常

当分油机及控制系统在运行中发生故障时，相应的红色发光二极管和总报警发光二极管闪亮，同时显示窗中显示报警内容的数字也在闪亮。故障排除后必须按复位按钮才能使分油机从初始化程序重新开始运行，或撤消中断的程序使程序继续运行。如果在同一时间发生几个报警状态，则主控电路板上的单片机将根据所检测到的故障顺序，在显示窗中显示第一个故障内容，按一次复位按钮后，复位第一个报警，显示窗再显示第二个报警，这样轮机人员就会清楚有几个故障需要修复。

2. 参数测试

分油机在没有故障的正常运行状态下，显示窗左边两位显示净油中含水量达到触发值的百分数。如果这个触发值达到或超过 100%，则显示"——"。右边 3 位显示距下次排渣的最大时间，如显示"1.3"，表示距下次最大排渣时间是 1 h30 min – 1 h39 min；显示"32"，表示距下次最大排渣时间是 32 min；显示"·32"，表示距下次最大排渣时间是 32 s。

系统在运行中通过按复位按钮，显示窗可逐步显示有关参数值。第一次按复位按钮，显示窗左边两位显示参数代码"1C"，表示待分油进口管路上温度控制传感器输出的温度值，右边 3 位显示实际温度值，如显示窗左边两位显示"2C"，它是高温报警传感器所检测的燃油实际温度是 98 ℃。第二次按复位按钮，显示窗左边两位显示"2C"，它是高温报警传感器所检测的燃油温度值，如显示"2C 95"，表示该传感器检测的燃油温度值是 95 ℃。如果这两个温度传感器所检测的燃油温度值相差超过 30 ℃，则 EPC–400 型装置会发出声光报警，且中断程序的运行。第三次按复位按钮，显示窗左边两位"3 h"，表示分油机运行的总时间，右边 3 位显示的数字要乘 10。如显示"3 h　72"，说明分油机已运行 720 h，最大只能显示 9990h。第四次按复位按钮，显示窗左边两位显示"4"，右边 3 位显示净油中含水量单位数而不是百分数，如显示"4280"，表示净油中现在的含水量是 280 个单位。第五次按复位按钮，显示窗左边两位显示"5"，右边 3 位显示"——"，表示这是不用的功能。再按一次复位按钮，显示窗恢复正常显示。

为保证分油机及控制系统的正常运行，必须预先设定一些有关的参数。这些参数是比较多的，如在对分油机进行时序控制时程序时刻表中所设定的各种时间，最大排渣和最小排渣

任务六 自清洗滤器的自动控制

间隔时间，排水电磁阀和置换水电磁阀一次开启时间，跑油报警压力设定值，待分油进分油机油温高低报警设定值，水分传感器、液体传感器报警设定值等。但这些参数基本上可分两类：一类是安装参数，这类参数只能测试不能调整；另一类是过程参数，这类参数既能测试也能调整。为了能方便地测试或调整这些参数，把所有的参数都用代码来表示。通过动作面板上的上面两个按钮可在显示窗中显示参数代码，动作面板下面两个按钮可显示该参数的设定值，如果允许的话，还可进行调整。其详细操作步骤请参看说明书，这里不多叙述，不过在测试和调整参数之前，必须把方式选择开关转至 P 位，待显示窗右边 3 位显示出"PRO"后方可进行。

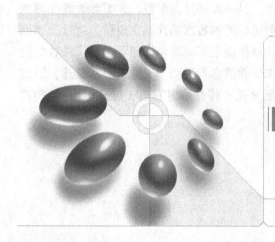

任务七 主机遥控

【任务描述】

主机遥控,是指远离主机机旁操纵的自动控制系统。主机遥控系统从安全可靠的角度出发,均设有三种操作方式,即机旁操作、集控室操作、驾驶室操作。主机遥控系统是机舱自动化的核心,是现代化船舶实现无人值班机舱必不可少的重要条件,采用主机遥控除能减轻劳动强度,改善工作条件,避免人为的操作差错外,还能提高船舶的操纵性和经济性。本任务要达到的任务目标如下:

一、知识目标

1. 掌握主机遥控系统的组成、功能及分类。
2. 掌握主机遥控系统常用气动阀件知识。
3. 掌握主机遥控系统换向逻辑及其控制功能。
4. 掌握主机遥控系统启动逻辑及其控制。
5. 掌握主机遥控系统制动逻辑及其控制。
6. 掌握主机遥控系统的紧急操纵。

二、能力目标

1. 具有管理主机遥控系统运行的能力。
2. 具有初步对主机遥控系统进行故障分析和故障排除的能力。

【背景知识】

一、主机遥控系统简介

驾驶员常常需要对主机遥控系统发出如"前进一"、"前进二"等各种命令,这种由人

任务七　主机遥控

的意志或按照人的意志发出的命令称为"指令"。但这种指令一般来说不能直接作用于推进装置，因为指令是很简单的。这种简单的指令下达后能否立即执行，还须通过一系列的分析和判断。例如，原来是"前进三"的工况，驾驶员发出了一个"后退三"的指令，这就很难立即执行，因为全速前进立即转为全速后退将会使机械设备遭到损坏。一般来说，主机遥控系统必须具有分析判断的功能，判断指令是否能够立即执行，以及在什么条件下才能执行这个指令。因此，主机遥控系统是一种较复杂的控制系统，其中的各个环节既相互联系，又相互制约。主机遥控系统中有许多信号，这些信号之间的关系叫做逻辑关系，逻辑关系既可用文字描述，又可用表达式表示，这种表达式称逻辑表达式。

1. 组成和分类

（1）组成。

从主机遥控系统的装置情况来看，整个主机遥控系统由遥控操纵台、遥控装置、测速装置、安全保护装置，以及包括遥控执行机构在内的主机操纵系统五大部分组成。

① 遥控操纵台。遥控操纵台设置在驾驶室和集控室内，它的作用是实现人机对话。人通过操纵台上的操作件向系统下达命令，系统则通过操纵台上的显示屏向人提供系统执行命令的情况。遥控车钟用于正、倒、停车的发令和主机转速的设定；紧急操纵按钮用于应急停车、应急运行及越控指令的发令；操纵部位切换开关用于驾驶室与集控室间的遥控部位选择，遥控监视屏用于各种参数和状态信号的显示、报警指示、车钟记录，以及辅车钟信号的联系。

② 遥控装置。遥控装置是整个遥控系统的控制中心，它根据遥控操纵台给出的指令与测速装置提供的主机状态参数，完成遥控系统中的停油、换向、制动、启动逻辑程序控制，以及转速与负荷控制功能。

③ 测速装置。测速装置用来检测主机的转速、转向、凸轮轴位置等状态参数，向遥控系统提供所需的各种工况参数。

④ 遥控执行机构与主机操纵系统。遥控执行机构与主机操纵系统用来执行遥控装置发出的停油、换向、制动、启动及供油控制命令。在遥控系统失灵时，可通过机旁操纵装置紧急操纵主机。

⑤ 安全保护装置。安全保护装置是一个相对独立的系统，用来监视主机运行中的一些重要参数，一旦主机发生严重故障，自动控制主机实行减速运行或迫使主机停车，以保障主机安全运行。

（2）分类。

主要的主机遥控系统按其所利用的控制能源可分为全气动式、电-气混合式及全电动式三种。下面介绍全气动式特点。电-气混合式和全电动式主机遥控系统特点见拓展知识。

全气动式遥控系统主要由气动遥控装置与驱动机构组成，并配有少量电磁阀和测速电路。它的主要特点是驱动功率大，结构简单、可靠、直观，对于温度和电气干扰基本上不受影响，因而深受轮机管理人员欢迎，在初期建造的自动化船上获得广泛应用。全气动式主机遥控系统对于气源的防油、除水、防尘的净化处理要求较高，否则，在船舶处于强烈的冲击或振动的环境中，系统中的可动部件可能会产生误动作。此外，系统中气压信号在传递距离较远时，会出现控制信号的时间滞后现象。全气动式主机遥控系统，通常不能实现复杂的逻辑控制。

2. 主机遥控系统的主要功能

主机遥控系统通常应具有如下功能：

(1) 逻辑程序控制与自动控制。

① 换向逻辑功能。当车令和主机凸轮轴的实际位置不相符时，必须能够进行逻辑判断，并自动进行换向；换向完成后应送出允许启动的信号。

② 启动逻辑功能。当车钟从停车位置移至正车（倒车）位置时，能够进行逻辑判断，并能自动地进行启动操作。启动完成后自动地进行油-气转换，停止启动。

③ 重复启动逻辑功能。在启动过程中点火失败时，能够进行三次（或四次）试启动；当三次（四次）试启动失败时，能自动停止启动过程，并能进行报警。

④ 重启动逻辑功能。在应急启动、倒车启动或有重复启动的情况下，自动增加启动油量进行启动，或者自动地提高点火转速进行启动，它们与正常启动不同，需要增加油量或提高启动转速，故称重启动。相应的，正常启动也称轻启动。

⑤ 慢转启动逻辑功能。主机停车时间超过规定时间（30~60 min），或在停车期间停过电，再次启动须慢转启动。

⑥ 加速速率限制功能。当进行加速操作时，应根据主机负荷的大小对加速过程的速度进行限制，以防加速过快，出现主机热负荷过载。

⑦ 转速控制。包括加速速率限制、临界转速的自动避让、最小转速限制和最大转速限制等。

⑧ 负荷控制。通常利用增加空气压力及设定转速（实际转速）限制油量的方法将主机的负荷限制在允许范围内。

(2) 紧急操纵。

① 应急运行。在应急情况下，可以取消慢转启动、负荷程序、最大油量限制等，进行应急换向、应急启动和应急加速。

② 应急停车。在遥控系统正常停车失灵时，为了确保主机能立即断油停车，按下"应急停车"按钮，遥控系统就会通过应急停车回路迫使主机立即断油停车，同时发出报警。

③ 越控。当主机因某种故障而出现自动停车，但从船舶的安全角度出发又不允许主机停车时，为了保障船舶安全，应采取"舍机保船"措施，实现强迫运行。遥控系统进入"越控"时将暂时取消主机故障自动停车控制，迫使主机带病运行，同时发出越控报警。

(3) 安全保护。当发生危及主机运行安全的故障（如滑油低压、轴承高温、曲柄箱油雾浓度过高等）时，安全保护装置将根据其危害程度自动控制主机进行减速运行或者停车，同时发出相应的报警，显示安全保护系统动作的原因，确保主机安全运行。

(4) 模拟测试。为了便于管理，主机遥控系统设置了模拟试验设备，操作人员可以通过模拟试验来检测遥控系统的功能及运行工况，也可对遥控系统中的设定参数进行油试及调整。在系统发生故障时，可通过模拟试验来查找故障的部位。

二、主机遥控系统常用的气动阀件认识

在遥控系统中，常用的气动阀件有逻辑元件、时序元件和比例元件三大类。它们的工作气源是由主机遥控系统的气源装置提供的，一般为 0.7 MPa 或 0.8 MPa。

任务七 主机遥控

1. 逻辑元件

逻辑元件实际上就是开关元件,根据某些逻辑条件,其输出端或者通气源压力信号(简称输出为1),或者通大气(简称输出为0)。逻辑元件包括两位三通阀、三位四通阀、多路阀、双座止回阀和联动阀等。

(1) 两位三通阀。

图7-1(a)示出了该阀的结构原理,图7-1(b)是该阀的逻辑符号。它有两个位置和三个通路。若控制端A无信号作用,即A为0,则阀芯7和动阀座5在复位弹簧4的作用下复位,气源1截止,输出端2通大气端3,该阀输出为0,在逻辑符号图上相当于阀工作在下位。若控制端有作用信号,A为1,则阀芯连同动阀座一起被压下,通大气端3截止,输出端2与气源1相通,该阀输出为1,在逻辑符号图上相当于阀工作在上位。总之,阀工作在哪个位置取决于A端有没有控制信号,若A为1,则工作在靠近控制端A的那一位;反之,则工作在另一位置。

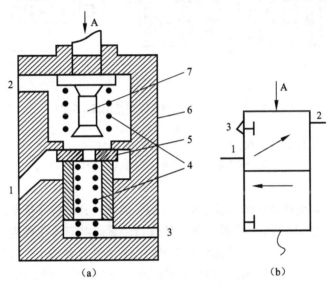

图7-1 两位三通阀结构原理及逻辑符号图
(a) 结构原理;(b) 逻辑符号
1—气源;2—输出端;3—通大气端;4—复位弹簧;5—动阀座;6—阀体;7—阀芯

根据动作阀芯力的性质不同,也就是控制信号A的种类不同,两位三通阀又可分为机械动作、手动、气动、双气路控制及电动等。图7-2中(a)、(b)、(c)、(d)、(e)分别画出了它们的逻辑符号图。

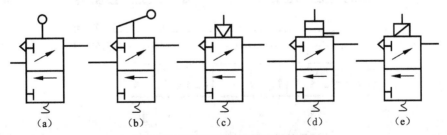

图7-2 各种两位三通阀逻辑符号图
(a) 机械动作;(b) 手动;(c) 气动;(d) 双气路控制;(e) 电动

(2) 三位四通阀。

在主机遥控系统中，三位四通阀通常作为双凸轮主机的换向阀，图7-3（a）、（b）分别示出了该阀的结构原理及逻辑符号。它由阀体、左右滑阀及弹簧组成。A口和B口分别为正车换向和倒车换向输出口，7口接联锁信号，只要有联锁信号，该阀被锁在中间位置。此时，气源口P截止，A口和B口均通大气，该位置是不允许进行换向操作的。联锁信号撤销（7口通大气）后，若5端有控制信号，6端通大气，该阀右位通，B口输出1，A口输出0，气源经B口进入倒车换向油缸，进行倒车换向；若6端通控制信号，5端通大气，该阀左路通，A口输出1，B口输出0，气源经A口进入正车换向油缸进行正车换向。换向完成后，7口通联锁信号，三位四通阀立即被锁在中间位置。

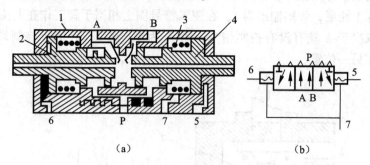

图7-3 三位四通阀结构原理及逻辑符号图
(a) 结构原理；(b) 逻辑符号
1-阀体；2-左滑阀；3-弹簧；4-右滑阀；5-倒车信号；6-正车信号；
7-联锁信号；B-倒车换向口；P-气源口

(3) 多路阀。

在遥控系统中，多路阀通常作为双凸轮换向的控制阀，其结构原理及逻辑符号如图7-4所示。它主要由阀体8、阀芯7、活塞A及一些气口组成，共有4个位置，从左至右分别为Ⅳ、Ⅲ、Ⅰ、Ⅱ位。4口和5口分别接车钟发出的倒车和正车指令，2口和3口分别接三位四通阀的5端和6端，1口接气源，6口接启动回路，还有两个口通大气。

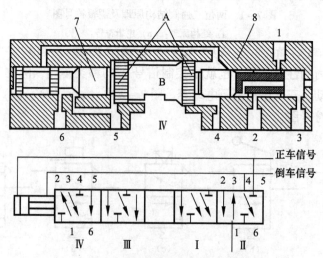

图7-4 多路阀结构原理及逻辑符号图
1-气源；2，3，4，5，6-通气口；7-阀芯；8-阀体；A-活塞；B-阀芯缺口

任务七 主机遥控

若车钟发出倒车指令，4口通气源，5口通大气。4口的倒车信号通过作用于活塞A的右面把阀芯推到最左端的Ⅳ位（图示位置）。此时，2口通气源1，3口通大气，6口经接正车信号的5口通大气。2口的输出接到换向阀（即三位四通阀）的控制端5，若三位四通阀的联锁信号被撤销，则其右位通，进行倒车换向，在凸轮轴从正车位置向倒车位置移动的过程中，由机械机构通过多路阀阀芯的缺口B向右拨动阀芯。当倒车换向完成时，阀芯正好被反馈到Ⅰ位。这时气源1截止，2口和3口均通大气，5口截止，而6口与接倒车信号的4口相通，即换向完成后，由6口自动输出一个允许启动信号。反之，若车钟发出正车指令，则阀芯被推到最右端的Ⅱ位，3口通气源1，接到换向阀的控制端6，进行正车换向。换向完成时，阀芯正好被反馈到Ⅲ位。这时气源1截止，2口和3口均通大气，4口截止，而6口与接正车信号的5口相通，自动输出一个允许启动信号。

由上面的分析可知，一方面，当车令与凸轮轴位置不一致时，6口输出0信号，不允许启动主机，只能先进行换向。当换向完成时，即车令与凸轮轴位置一致后，6口才输出1信号，允许主机启动。另一方面，只有当车令与凸轮轴位置不一致时，才需要进行换向，若车令与凸轮轴一致，则无须换向，直接送出允许启动信号，直接进行启动。

(4) 双座止回阀。

双座止回阀是或门阀，其逻辑符号如图7-5所示。它有两个输入端A和B，一个输出端C，其逻辑功能是C = A + B。

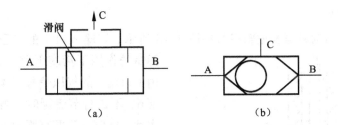

图7-5 双座止回阀逻辑符号图

(5) 联动阀。

联动阀是与门阀，其逻辑符号如图7-6所示。它有两个输入端A和B，一个输出端C，其逻辑功能是C = A · B。

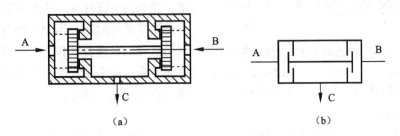

图7-6 联动阀逻辑符号图

2. 时序元件

时序元件在气路中一般对气压信号的变化起延时作用，它包括单向节流阀、分级延时阀及速放阀。

(1) 单向节流阀。

单向节流阀的结构原理与逻辑符号如图 7-7 所示。B 端是输入端，A 端是输出端。当 B 端气压信号高于 A 端时，单向阀 3 紧压在阀座上，气压信号只能经节流孔 1 到达 A 端，使气室 C 和 A 端压力逐渐升高，起到延时作用。当 B 端气压信号降低或撤销时，A 端压力高于 B 端，顶开单向阀使 A 端气压信号不经节流直接到达 B 端而不延时。转动可调螺钉 2 可改变节流孔的开度，从而调整延时时间。

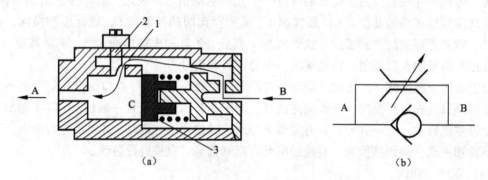

图 7-7 单向节流阀结构原理及逻辑符号图
1-节流孔；2-可调螺钉；3-单向阀；A-输出端；B-输入端；C-气室

(2) 分级延时阀。

分级延时阀的结构原理及逻辑符号如图 7-8 所示。当输入口 1 的气压信号较低时，在弹簧的作用下活塞下移，阀盘 2 离开阀座，由 1 口输入的气压信号经 4 口直接达到输出端 6，不进行节流延时。当 1 口输入信号增大到一定值，活塞克服弹簧张力上移到使阀盘 2 压在阀座上时，输入的气压信号必须经 7 口，再经节流孔 5 到达输出端 6，进行节流延时。转动调节螺钉 A 可改变弹簧的预紧力，即可调整开始节流延时的输入信号压力值；转动调节螺钉 B，可改变节流孔的开度，即可调整延时时间。当输入的气压信号降低或撤销时，在弹簧的作用下，活塞连同阀盘一起下移，输出端 6 经 4 口直接与输入端相通，而不能进行延时。

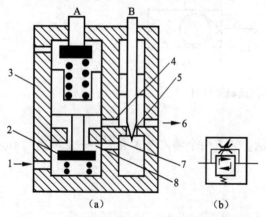

图 7-8 分级延时阀结构原理及逻辑符号图
1-输入口；2-阀盘；3-阀体；4,7-连接通道；5-节流孔；6-输出端；8-气室；A，B-调节螺钉

(3) 速放阀。

速放阀的结构原理及逻辑符号如图 7-9 所示。A 为输入端，B 为输出端。当输入端 A 有气压信号时，橡胶膜片 2 被顶起封住通大气口 4，使输出端 B 的气压信号立即等于 A 端，当输入端 A 的气压信号撤销时，膜片 2 下落封住输入端，同时打开通大气口 4，使输出端 B 的气压信号就地泄放，而不必经输入端 A，再经较长的管路泄放，这就避免了信号泄放延时。

任务七　主机遥控

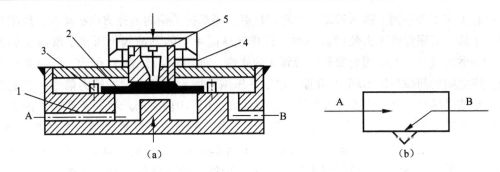

图7-9　速放阀的结构原理及逻辑符号图
1-输入通道；2-橡胶膜片；3-限位座；4-通气口；5-调节螺钉；A-输入端；B-输出端

3. 比例元件

比例元件的功能是：使输出的气压信号与输入信号成比例变化。它包括比例阀和转速设定精密调压阀。

（1）比例阀。

比例阀的结构原理及逻辑符号如图7-10所示。当输出端2的气压信号与输入端5相等时，膜片6上下受力相等，处于平衡状态，动阀座8、截止气源1和阀芯7压在动阀座上封住通大气口4，输出信号不变。当输入信号增大时，膜片6向下弯曲，动阀座8下移，气源1与输出端2相通，输出压力信号增大，该增大的信号经反馈口3进入膜片6下部空间。当输出的气压信号增加到与输入相等时，膜片6又处于平衡状态，气源被截止，输出稳定在比原来高的压力值上。若输入信号降低时，膜片6向上弯，阀芯上移，输出端2与通大气口4相通，输出压力降低，经反馈口3使膜片6下面空间压力降低，直到输入信号与输出相等时，膜片6又恢复到平衡状态，这时输出压力就稳定在比原来低的值上。可见，比例阀在稳态时，其输入与输出是相等的。

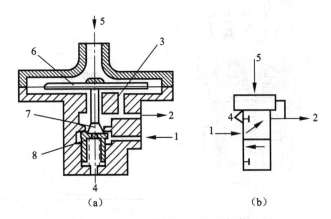

图7-10　比例阀结构原理及逻辑符号图
1-气源；2-输出端；3-反馈口；4-通大气口；5-输入端；6-膜片；7-阀芯；8-动阀座

（2）转速设定精密调压阀。

在气动遥控系统中，转速设定精密调压阀用于设定主机的转速，其输入信号是车钟手柄的位置，输出是车钟手柄设定的转速所对应的气压信号。该阀的结构原理如图7-11（a）所示。

滚轮 1 与车钟手柄下面所带动的凸轮相接触，当车钟手柄向加速方向扳动时，经滚轮使顶锥 2 下移，克服弹簧张力使滑阀下移，进排气球阀 4 中的下球阀仍压在下滑阀 5 的阀座上，封住通大气口，上球阀会离开上滑阀 3 的阀座，如图 7-11 (b) 所示。气源 P 经上球阀与阀座之间的间隙与输出端 B 相通，输出气压信号增大。该增大的压力信号一方面作为转速设定信号输出，另一方面经反馈孔（图 7-11 (b) 中虚线所示）进入膜片 6 的上部空间，压缩弹簧 7 使下滑阀连同下球阀一起下移。当下滑阀的下移量（弹簧 7 的被压缩量）与顶锥 2 的下移量相等时，上球阀又被压在上滑阀的阀座上，截止气源 P，使输出端 B 压力不再增加。可见，输出压力是与弹簧的压缩量（顶锥 2 的下移量）成比例的。当车钟手柄向减速的方向扳动时，在弹簧 8 的作用下，顶锥、上滑阀连同进排气球阀一起上移，下球阀会离开下滑阀阀座，使输出端 B 与大气口 C 相通，输出压力降低，经反馈孔使膜片 6 上部空间的压力降低，靠弹簧 7 的张力使滑阀上移。直到下滑阀的上移量与上滑阀的上移量相等时，下滑阀又封住通大气口，使输出压力稳定在比原来低的压力值上。图 7-11 (c) 为该阀的逻辑符号图。图 7-11 (d) 示出了该阀的输出特性曲线。由于车钟手柄下面所带动的凸轮正、倒车边是对称的，所以正、倒车转速设定的特性是一样的。转动调整螺钉 10 可改变弹簧 7 的预紧力，即可上下平移输出特性曲线，拧紧螺钉 10 可向上平移，即当车钟手柄设定在相同的速度挡时，其输出的压力信号（主机设定转速）增加，反之亦然。调换不同刚度的弹簧 7，或改变它的有效工作圈数，可改变输出特性曲线的斜率。

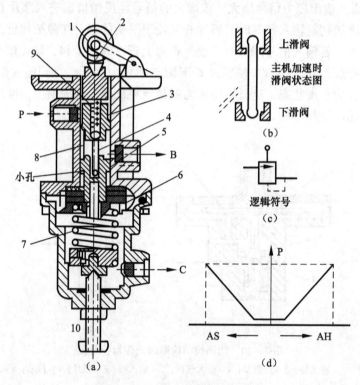

图 7-11 转速设定精密调压阀

1-滚轮；2-顶锥；3-上滑阀；4-进排气球阀；5-下滑阀；6-膜片；7, 8, 9-弹簧；10-调整螺钉

在主机遥控系统中，利用上面介绍的气动阀件，可组成启动、换向、制动以及速度和负荷限制等各种逻辑回路和控制回路。因此，掌握这些阀件的工作原理，特别是掌握其逻辑符

号图，对分析和理解一个复杂的遥控系统是很重要的。

三、MAN-B&W-S-MC/MCE 型气动主机遥控系统

MAN-B&W-S-MC/MCE 型气动主机操纵系统的气路图如图 7-12 所示，其主要控制元部件分布在集控室操纵台、机旁和专门的气动控制箱内。系统提供了对主机进行机旁手动操纵和集控室手动遥控的功能，再配上自动遥控装置，则可以实现驾驶室自动遥控。还有喷油定时的自动调节和慢转启动等控制功能。

该系统要求提供 3.0 MPa（30 bar）动力气源，还要求提供两个相互独立的 0.7 MPa（7 bar）气源，分别用于主机操纵和安全保护。

图 7-12 所描述的当前工况为：主机处于停车状态；凸轮机构的滚轮处于正车位置，已具备电源和气源条件；调速器连接油门拉杆的供油离合器处于"遥控"位置；机旁操纵台的"遥控/机旁"转换阀 100 处于"遥控"位置，已具备集控室操纵工作条件；盘车机已脱开；至空气分配器的气路已打开。

1. 集控室操纵

图 7-13 所示为集中控制室车钟。

车钟、通讯按钮、报警指示灯、控制部位指示灯、状态指示灯和应急停车按钮与驾驶台的相同。在集中控制室车钟系统中，增加了启动-调速手柄和集中控制室-驾驶台位置转换手柄，完成集中控制室-驾驶台操纵部位的转换。

下面以停车、换向、启动和运行中换向启动三种情况为例说明对主机进行集控室手动遥控的操作和气动操纵系统的动作原理。

（1）停车。

驾驶室车钟给出"STOP"指令，集控室的操作手柄 A 和 B 都处于"STOP"位置，阀被压下，工作于上位，控制空气通过，然后分成两路。一路经速放阀 58 和单向节流阀 69 送到正、倒车换向指令阀 70 作为后续操作的准备条件；另一路经管路 2 或门阀 85、管路 7 到达两位二通阀 38 控制端，来自管路 0 的控制空气通过阀 38 和 23 后再分成两路。一路使阀 25 下位通，控制空气通过阀 25 和 128 使高压油泵处于不可供油状态。另一路使阀 117 下位通，为启动操作提供准备条件。与此同时，限位开关 60 也向电子调速器发送断油停车信号，确保可靠停油。

（2）换向。

在停车状态下，当驾驶台发出指令时，轮机员首先通过手柄 A 进行回令。当集控台指示灯指示的凸轮轴位置与车令一致时，再将手柄 B 从"STOP"位置推向"START"位置。假设驾驶台发出的是正车（AHEAD）车令，则集控室应将手柄 A 推到"AHEAD"位置。此时存在两种情况：一是车令与凸轮轴位置相一致，即"AHEAD"指示灯亮，说明满足启动逻辑鉴别条件，可直接将手柄 B 推到"START"位置，进行启动操作；二是车令与凸轮轴位置不一致，即"AHEAD"指示灯不亮，则说明车令与凸轮轴不一致，操纵系统将进行换向操作，必须等换向结束之后才能进行启动操作。

假设车令与凸轮轴位置不一致，即车令为正车，而凸轮轴位置为倒车。此时，由于手柄 A 在正车位置，管路 6 有气，通过或门阀 87 后一路送至阀 55 等待（因空气分配器处在倒车位，阀 55 工作于左位而截止），另一路再经或门阀 29 后到达阀 10 的控制端，使之工作于左位而打开。气源经过阀 10 左位后一路经阀 9（手动阀，工作时应开启）到达各个高压油泵

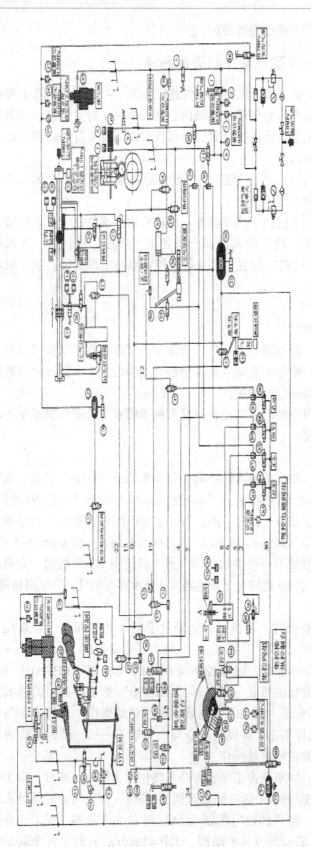

图 7-12 MAN-B&W-S-MC/MCE 主机操纵系统气路原理图

01-手控二位三通球阀；02-压力开关；03-手控二位三通球阀；04-手控二位三通球阀；06-压力表；07-电磁开关；08-电磁开关；09-手控二位三通阀；10-二位三通阀；11-二位三通阀；13-燃油泵换气缸；14-二位三通阀；15-二位三通阀；16-手控二位三通球阀；17-压力开关；18-压力开关；19-压力开关；20-储气瓶；21-压力开关；23-双向止回阀；24-二位三通阀（或门阀）；25-两位五通阀；26-二位三通阀；27-二位三通阀；28-二位三通电磁阀；29-双向止回阀（或门阀）；30-双向止回阀（或门阀）；32-节流止回阀（或门阀）；33-二位三通阀；37-二位三通阀；38-两位五通阀；40-二位五通阀；41-位置开关；42-调速器换向气缸；47-开关；48-开关；49-节流止回阀；50-双向止回阀；51-压力表；52-VIT同伺服阀；53-VIT调节阀；55-两位三通阀；56-两位三通阀；57-空气分配器向气缸；58-速放阀；59-精密减压阀；60-开关；61-开关；62-集控室转速设定电位器；63-调速室启动阀；64-集控室停车钟；69-节流止回阀；70-集控室停车阀；73-压力表；74-储气瓶；75-泄放阀；76-压力开关；77-开关；78-开关；79-开关；80-二位五通阀；83-压力开关；84-二位三通阀；85-双向止回阀；86-二位三通电磁阀；87-两位三通阀；88-双向止回阀；89-双向止回阀；90-二位三通电磁阀；91-双向止回阀；100-二位五通阀；101-手动二位三通阀；103-二位三通阀；104-节流止回阀；105-手动两位五通阀；106-压力开关；107-压力开关；114-开关；115-二位三通阀；116-开关；117-二位三通阀；118-截止阀；119-开关；120-开关；121-开关；122-节流止回阀；125-储气瓶20L；126-球阀；127-两位止回阀；128-双向开关；137-止回阀；148-二位四通阀；149-空气缸；251-试验阀；253-试验阀；257-压力开关；258-压力开关；265-二位三通电磁阀；266-双向止回阀；267-压力开关；270-开关；271-二位三通电磁阀；281-电磁阀；288-开关；298-开关；301-节流板；727-二位三通电磁阀；728-球阀；729-带有滤器的控制阀

任务七 主机遥控

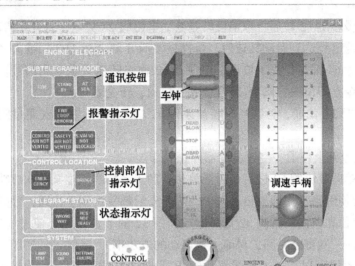

图 7-13 集中控制室车钟系统

的换向气缸，进行正车换向（换向到位后，相应的磁力开关 7 动作，送出开关量反馈信号）；另一路经阀 14（此时控制端无气，下位通）到达空气分配器换向气缸，推动活塞向左运动进行正车换向。换向到位后，通过机械动作使阀 55 工作于右位，阀前等待的控制空气经 55 和或门阀 50，使管路 12 有气。

管路 12 有气标志着空气分配器换向结束，到达阀 37 的阀前等待，为主机启动准备条件。高压油泵换向结束后，各个换向气缸上的磁力开关 7 动作，通过电路处理给出凸轮轴位置信号。这一信号可用于集控台"AHEAD"指示灯控制信号，还可用于自动遥控系统进行逻辑判断。

以上为操纵系统进行正车换向的过程，倒车换向过程类似。

(3) 启动。

当车令与凸轮轴位置一致时，将集控室手柄 B 推到"START"位置，阀 63 被压下，工作于上位，管路 5 有气；由于是油-气分进型主机，此时阀 63 仍然处于上位，管路 2 继续有气，系统仍处于停止供油状态。

管路 5 的控制空气，经或门阀 91 到达阀 37 的控制端，使其下位通，阀前等待的气源经过阀 37、或门阀 31 使阀 33 下位通。只要盘车机是脱开的，阀 115 上位通，管路 19 有气，控制空气就将通过阀 33 下位使管路 22 有气。管路 22 的控制空气将产生以下逻辑动作：

① 使阀 14、15 均工作在上位，空气分配器的位置被锁定；

② 使阀 26 工作在右位，为空气分配器投入工作准备条件；

③ 使阀 27 工作在左位，阀前等待的气源经过阀 27 左位到达阀 28 和辅启动阀，使辅启动阀打开。阀 28 为慢转电磁阀，没有慢转指令时工作于右位，控制空气得以通过，使主启动阀也打开。3.0 MPa 动力空气立即进入启动空气，一方面到达各缸气缸启动阀，另一方面经过手动阀 118 和阀 26 的右位，然后分成两路：一路进入空气分配器，另一路经阀 117 下位（停油时工作于下位）使空气分配器投入工作，指挥各个气缸启动阀按照正车的顺序开启，使主机进行正车启动。

若有慢转指令，则慢转电磁阀 28 得电，工作于左位，启动时只有辅启动阀打开，使主机慢转。当主机慢转 1~2 转后，取消慢转指令，电磁阀 28 失电，打开主启动阀，转入正常启动。当主机转速已经达到启动转速时，将操纵手柄 B 从"START"推向"FUEL RANGE"区域，这时阀 63、64 都复位到下位通，电位器 62 输出转速设定电压信号。阀 64 的复位使管路 2 的停车指令立即消失，阀 38 就复位到上位通，于是就有：

① 阀 25 复位到上位通，各缸高压喷油泵停车气缸内的压缩空气通过阀 25 泄放，进入工作状态；

② 阀 117 复位到上位通，空气分配器停止工作。

管路 6 要经单向节流阀 69 进行延时泄放，有利于各缸高压油泵换向成功。

阀 63 的复位使管路 5 立即失压，阀 37 和 33 先后都复位到上位通，管路 22 上的控制空气将通过阀 33 上位和单向节流阀 32 延时泄放。阀 32 的节流作用是使进气过程延时结束以获得约 1 秒钟的油-气重叠时间，保障主机启动的成功率。

启动供油阶段结束以后，主机操纵手柄 B 下面的电位器 62，输出转速设定信号送至电子调速器，调速器通过电动执行器控制主机高压油泵齿条调节油量，进入正常运行阶段。

2. 驾驶台遥控

如图 7-14 所示是驾驶台车钟的操作和显示界面。其各部功能如下：

（1）车钟：上面有车钟手柄和车钟状态指示灯，状态指示灯主要显示的是集中控制室的车钟状态，驾驶台遥控时，当驾驶台和集中控制室车钟不一致时，发出闪光指示。

（2）通讯按钮：通讯按钮有三个，分别是完车、备车和定速航行，用于与集中控制室通讯。

（3）报警指示灯：完车时，需要泄放控制空气，关闭主控制阀，如果没有关闭就出现提示报警。

（4）操作部位指示灯：显示当前的操作部位。

（5）运转状态指示灯：显示主机的运转状态。

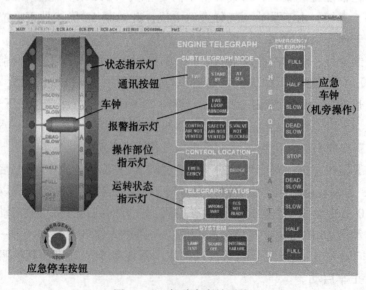

图 7-14 驾驶台车钟系统

任务七　主机遥控

（6）应急车钟：在转换到机旁控制时，用于驾驶台与机旁控制台的命令通讯。此外还有消音按钮。

主机气动操纵系统均设置有与驾驶台自动遥控系统进行接口的气路。只要在集控室操纵状态下，将操纵台上的"驾控/集控"转换阀 80 置于"驾控"位置，则阀 80 工作于下位，接通停车电磁阀 84、正车电磁阀 86、倒车电磁阀 88 和启动电磁阀 90 的工作气源；同时，切断集控室主机操纵台气源，手柄 A 和手柄 B 均失去对气路的控制功能。

或门阀 85、87、89 和 91 的两个输入端分别接收来自集控操纵台和各个电磁阀的输出信号。在驾控时，自动遥控系统根据车令和主机状况进行逻辑判断，通过电信号指挥各个电磁阀动作。电磁阀的输出代替来自集控室的命令，实现对主机的各种操纵，其工作过程与集控室操纵相同。

根据需要，可以选配不同的自动遥控系统，自动功能因不同的产品有所不同，但一般都具有重复启动、重启动、一次性限时启动、正常换向操纵和应急换向操纵等逻辑功能，同时还可以对换向、启动失败等情况进行监视，发生故障时将给出声、光报警信号。此外，在转速和负荷控制方面，一般还有最低稳定转速限制、最高转速限制、临界转速自动回避、加速速率限制以及程序负荷等功能。

3. 机旁应急操纵

任何主机的气动操纵系统都必须具备机旁应急操纵功能，以便在遥控系统发生故障或在某些必要情况下能够在机旁对主机进行操纵。如图 7-15 所示为机旁操作台界面。

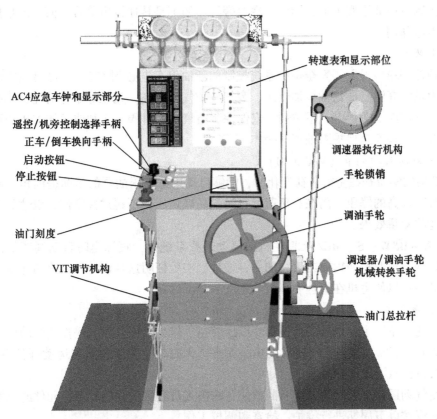

图 7-15　机旁操作台界面

进行机旁操纵时，首先要进行操作部位的切换。一是把机旁操纵台上的切换阀 100 置于"机旁"（LOCAL）位置；二是把调速供油离合器转换到"机旁"（LOCAL）位置。

切换阀 100 置于"机旁"（LOCAL）位置后，机旁操纵台气源接通（压力开关 106 和 107 动作，送出相应的开关量信号），可通过机旁手动阀对主机进行应急操纵；管路 24 的气源被切断，不论是集控室还是驾驶台都无法对主机进行遥控。

机旁操作指令由停车手动阀（102）、正/倒车换向阀（105）和启动阀（101）发出，并分别通过或门阀 23、29、30 和 31 的遥控指令操作。由于遥控气路不工作，以上或门阀的输出只能来自机旁。

（1）停车。按下阀 102，使其上位通，该指令控制空气在进入气动控制箱以后，经管路 3 到或门阀 23，其后动作与遥控操作相同。

（2）换向。正车换向时，将阀 105 置于正车位置，管路 7 有气，管路 4 放气，或门阀 29 的输出有气，进行正车换向；倒车时，管路 4 有气，管路 7 放气，或门阀 30 的输出有气，进行倒车换向。在机旁手操时，换向联锁应由操作员自行判定。

（3）启动。操作按下启动阀 101，使其上位通，输出有气并分成三路。其中，一路使阀 102 复位；一路经过管路 15 和或门 31 送至阀 33 的控制端，进行启动操作；一路经过管路 3 和或门 23，在启动过程中保持停油。启动成功后，松开启动阀，停止启动。

在机旁控制气路中，单向节流阀 104 的作用和单向节流阀 69 的作用相同。

（4）供油调速。机旁手动操纵的供油调速是通过操纵手轮经传动杠杆、离合器和调油轴等直接控制高压油泵实现的，因此，在机旁给出的不是转速设定信号，而是油量信号。此时调速器不起作用。

4. 安保断油

在气动控制箱内设置了安全保护系统控制的断油停车电磁阀 127，一旦出现主轴承滑油低压、推力轴承高温、凸轮轴滑油低压、废气锅炉气压太高、超速等紧急情况，或有应急停车指令时，电磁阀 127 得电，下位通。安保控制空气将通过阀 127 和或门阀 128 送至高压油泵停油气缸，实现安全保护断油停车操作。

5. 喷油定时自动调节（VIT 机构）

VIT 机构的实质是在主机负荷变化时，能够自动调整高压油泵的喷油提前角，使主机在部分负荷时有较高的爆压，而在高负荷运行时最高燃烧压力不超过额定值，以达到节能和保障主机性能的双重效果。

在 MAN – B&W – S – MC/MCE 主机的气动遥控系统中，喷油定时自动调节是根据主机负荷变化有规律地使喷油提前或后移的一种设计，实验证明这种设计可以提高爆压，尤其是在高负荷区内可以使主机在最佳燃爆的状态下，降低油耗。

6. 管理要点

在气动遥控系统中，信号的传递都是以压缩空气作为工作介质。遥控气源的压力必须正常，一般为 0.7 MPa；操作空气要求无尘、无水、无赃物；为了使某些运动部件得到润滑，操作空气最好经过滑油雾化处理。

为了使气动遥控元件发挥其应有的效能，轮机人员必须重视气动遥控元件的定期检查保养工作。建议按以下周期进行维护、检查和调校工作。

（1）1 至 7 天对滤器、气瓶定期排放污水，并注意查看有关的液位情况。

任务七　主机遥控

（2）半年至1年更新空气过滤器中的过滤元件，对遥控气路认真进行漏气检查。

（3）每两年对强度在3 MPa以下的气动元件（如气缸等执行机构）进行维护检查。

（4）每4年对强度在1 MPa以下的气动元件（即大多数气动阀件）进行维护检查。

（5）4~8年对密封垫片之类的橡胶制品，即使没有表面破损等情况也必须予以更新。

（6）原则上经过8年长期使用之后的1 MPa以下的气动元件都要求更新，以确保工作的安全和可靠。

在进行维护检查的时候，对金属零件应用清洗油清洗，对橡胶制品则应用肥皂水清洗。发现破损、老化等情况必须予以更换。在安装时，要用低压压缩空气吹净并给予必要的润滑。

7. 故障排除

如果遥控系统工作不正常，只要对遥控气路有充分的理解，一般不难查出故障并予以排除。若仍然感到有困难，则可根据具体故障现象按遥控系统的功能进行专项检查，从而进行排除。在进行专项检查之前，首先应着手以下项目的检查。

（1）核对遥控系统高、低压气源的压力是否正常。

（2）检查管路上是否有泄漏情况。

（3）检查应急停车等应急操纵是否已被撤销。

【任务实施】

一、主机备车与启动

掌握正常备车的步骤及要领，掌握驾、机联系制度，完成主、辅车钟联系，对时、对车钟和对舵等项目；

通过手动或自动操作和调节，使机器设备和系统处于安全运行状态；独立完成训练项目内的全部内容，操作顺序正确，动作准确无误；

通过训练达到在规定的时间内完成训练项目，不得出现任何警报或因操作引起的故障。

1. 初始状态设置

本实训必须在轮机模拟器实训中心进行。

正常启动轮机模拟器，让模拟器处于以下状态：

（1）No.1发电机在供电，发电系统在"自动模式"工作，停港海、淡水泵在运行。

（2）为主机服务的燃油和滑油系统"常开的阀"均处在开启位置。

（3）膨胀水箱水位在正常状态。

（4）燃油辅锅炉在运行。

（5）主空气瓶压力为2.0 MPa，控制空气瓶压力为0.7 MPa。

2. 实训内容及步骤

（1）在集控室完成与驾驶台的联系。

校对时钟（电话联系），校对舵机（电话联系），校对车钟，校对"辅车钟"，然后在"机旁"与驾驶台校对"应急车钟"。

(2) 先在机旁完成下列操作。

① 在"CRT"上检查主、副气瓶和控制气瓶压力,启动主空压机补气,当压力大于 2.5 MPa 时,开启"启动空气"和"控制空气"管路上的有关阀门,并观察各处压力表数值。

② 检查辅锅炉运行状态,检查其油柜和水柜的情况。

③ 检查主机、发电机燃油日用油柜油位,并对"FO"油柜加温,油温达 80 ℃ ~ 85 ℃。

④ 检查主机滑油循环柜和气缸油油位,开启有关油阀。

⑤ 开启主机暖机系统的蒸汽阀和预热泵进口阀。

⑥ 将主机、发电机燃油油品均选择"DO"。

⑦ 将发电机滑油预供油泵置"自动"位置。

(3) 在集控室完成下列操作。

在配电板上完成泵的操作并置"自动":

1) 启动 No.1 主机滑油泵,检查滑油压力:0.24 ~ 0.28 MPa。

2) 启动 No.1 "凸轮轴滑油增压泵",检查压力:0.33 ~ 0.35 MPa。

3) 启动"主机缸套淡水预热泵",对主机进行暖机,当温度达 70 ℃ ~ 75 ℃ 时自动停止加温,可以换泵。

4) 启动 No.1 主机缸套冷却水泵:缸套冷却水压力为 0.25 ~ 0.35 MPa,温度为 70 ℃ ~ 75 ℃;

5) 检查活塞冷却回油量(图解板上"TO M/E L.O. CIRC TANK"灯亮)。

6) 启动 No.1 中央冷却水泵和 No.1 主海水泵,关闭停港海、淡水泵。

7) 启动 No.1 主机燃油供给泵和 No.1 主机燃油循环泵,主机燃油供给泵压力:0.45 ~ 0.5 MPa,主机燃油循环泵压力:0.78 ~ 0.8 MPa。

8) 遥控启动 No.2 发电机,手动并入电网,然后将发电机系统置"自动模式"运行。

9) 在集控台检查主机遥控系统状态是否正常。

10) 电话通知驾驶台:请求"主机盘车、冲车和试车"。

① 轮机员在集控台按下副车钟上的"备车(STAND BY)"带灯按钮,带灯按钮闪光;

② 驾驶员在驾驶室按下副车钟上的"备车(STAND BY)"带灯按钮应答,带灯按钮转为平光。

11) 在集控台上将"辅助鼓风机操作方式"置"自动"。

(4) 再到机旁完成盘车、冲车和试车。(注意车钟联系)

1) 确认示功阀处于开启状态,合上盘车机,对主机进行盘车。(口述)

2) 盘车后脱开盘车机进行冲车,冲车后关闭示功阀(也可转到集控室,在集控台上通过冲车按钮进行冲车)。(口述)

3) 将换向旋钮转正车,正车启动"DEAD SLOW":32RPM,将换向旋钮转到倒车,倒车启动"DEAD SLOW":32RPM,进行试车。并观察辅助鼓风机运行指示灯的状态变化。

4) 试车完毕将车钟放在"停车"位置。

5) 将操纵地点由"机旁"转到"遥控"。

(5) 再回到集控室操作。

1) 在集控室按下"BC"(Bridge control 驾驶台控制)带灯按钮。

2) 驾驶员在驾驶台按下"BC"带灯按钮进行应答,驾驶台和集控室两处的蜂鸣器停响、"BC"带灯按钮由闪光转为平光。

3) 然后将"集控台"上的"REMOTE CONTROL/C. R. CONTROL"转换开关转至"REMOTE CONTROL"位置"。

4) 在驾驶台启动主机,按机动用车操作,正车:SLOW52 RPM;在集控台上观察转速、车钟、负荷指示及主机遥控流程图等显示状态。

二、主推进装置的运行管理

掌握推进装置运行管理的基本原则,对"CRT"上显示的主机参数和示意图能进行判断和分析;

掌握冷却水系统的组成及各设备之间的关系,调整主推进动力装置的各种参数,使主机始终处于安全运行工况之中;

独立完成训练项目内的全部内容,操作顺序及动作准确无误;

对推进装置运行中的各种参数变化趋势判断要正确,调节要恰当,工况正常;

在规定的时间内完成训练项目,不得出现任何警报或因操作引起的故障。

1. 初始状态设置

本实训必须在轮机模拟器实训中心进行。

正常启动轮机模拟器,让模拟器处于以下状态:

(1) No.1 发电机供电,发电机系统在"自动模式"下运行。

(2) 各油柜的油位均在正常状态;主机"HFO"日用油柜在加温。

(3) 辅锅炉在安全运行。

(4) 主机各车已结束,车钟在停车位置,操纵地点在集控室。

2. 实训内容及步骤

(1) 检查主机、发电机膨胀水箱水位。

(2) 在集控室启动主机(教员在驾驶台配合车钟操作),按港内机动车速:

正车:HALF50RPM。

(3) 出港定速航行:加速到正车:NAVIGATION FULL94RPM。

① 在加速过程中,先将车钟手柄推至 HALF,通过主机转速表观察主机转速的变化情况;

② 再将车钟手柄推至海上全速,观察主机转速的变化。

(4) 在锅炉控制箱上将辅锅炉由燃油工作状态转换为废气工作状态,燃油系统停止供油,注意热水井和锅炉水位。

(5) 检查空压机机旁启动控制箱"控制方式"是否处于"AUTO"状态。

(6) 在集控台"黏度调节装置"上设置使用"HFO"的各参数:调整"HFO"黏度为 12 mm/s,温度为 130 ℃;对主机日用重油柜加温,当油温达到 80 ℃~85 ℃时自动停止加温。在图解板上将主机日用油柜"HFO 和"MDO"选择开关置于"AUTO",再到集控台

"黏度调节装置"上通过选择"VISCO CONTROL"或"TEMP CONTROL",主机自动完成换油操作,使用"HFO",观察"CRT"上燃油系统各参数变化,在教练员机上可调主机燃油温度曲线,查看变化规律;

(7) 集控台"CRT"上调节中央冷却水温度为26 ℃,并观察中央冷却水系统调节阀开度V变化及其他各参数的变化。

(8) 在"CRT"上观察主机运行参数;并对示意图进行分析,判断故障原因。

3. 注意事项

(1) 注意检查主机滑油进机压力、出机温度及主机排温等重要参数,出现异常后应及时处理。

(2) 应尽量避免主机长期超负荷运转,防止气缸和活塞过热。

(3) 在大风浪航行时,应注意主机各参数,不可盲目加车以追求航速。

(4) 辅锅炉在进行工作状态转换时,如不换用"MDO"是不得转换的。

三、主机遥控系统的运行及管理

掌握主机遥控系统的基本原理和操作要领;掌握主机遥控系统、安全系统及主机调速、执行部分的工作逻辑与顺序;通过手动或自动操作与调节,使主机遥控系统、安全系统及主机的调速、执行系统达到安全运行状态。独立完成训练项目内的全部内容,操作顺序正确,动作准确无误,在规定的时间内完成训练项目,不得出现任何警报或因操作引起的故障。

1. 初始状态设置

本实训必须在轮机模拟器实训中心进行。

正常启动轮机模拟器,让模拟器处于以下状态:

(1) 一台柴油发电机供电,发电系统在"全自动模式"状态工作。

(2) 主机已完成备车程序,车钟应在停车位置。

2. 实训内容及步骤

(1) 检查柴油发电机控制地点。

确认柴油发电机机旁启动控制箱"Local/remote(工作模式选择)"是在"remote"位置;

(2) 观察集控台上主机遥控系统的状态并启动主机。

检查主机操作地点并启动主机:

1) 将主机机旁操纵台上的操纵地点转到"REMOTE(遥控)"位置。

2) 在集控台按下"备车"按钮,驾驶台应答。

3) 在集控台上:遥控启动主机(教员在驾驶台配合车钟),按机动航行状态将车速控制在正车:SLOW 52RPM。

(3) 轮机长手动转速限制。

1) 设定转速限制:通过集控台主机遥控面板上的"轮机长转速设定"按钮,将最高转速限制值设置在额定转速的94 RPM。

2) 观察结果:将车钟手柄推至海上全速,通过主机转速表观察主机转速的变化情况,此时主机转速因其受设定值的限制,虽然全速油门,但实际只有额定转速的90%。

任务七　主机遥控

3）改变设定：将最大转速限制值改为额定转速，然后将车令手柄推至海上全速，通过主机转速表观察主机转速是否还受"90%额定转速"的限制，可达104 RPM。再将车速降到正车：SLOW 52 RPM。

4）设置取消转速限制：将集控台上"NORMAL/CANCEL LIMITS"旋钮置于"CANCEL LIMITS"，然后将车钟手柄推至海上全速，通过主机转速表观察主机转速的变化，看其是否受轮机长手动转速设定"%RPM"的限制，实际转速可达到104 RPM。将车速再降到正车：SLOW 52 RPM。将"取消限制"按钮复位。

(4) 加速。

按海上航行状态加速到正车：NAVIGATION FULL 94 RPM，在加速过程中观察主机遥控系统按"负荷程序"工作时指示灯的变化，同时也观察主机转速的变化。

(5) 无扰动切换（集控室切换到驾驶台）。

1）用副车钟与驾驶台联系，要求转换操纵地点。

2）驾驶台应答后，观察集控台上的"主车钟车令双针指示"，显示驾驶台和集控室两处的车令、转速、方向和大小是否一致，一致后将集控台操纵地点选择开关"REMOTE CONTROL/C. R. CONTROL"转到"REMOTE CONTROL"位置，进行无扰动切换，观察主机转速表的指示是否变化。

3）再按相反程序由驾驶台到集控室进行无扰动切换——将操纵地点转到"C. R. CONTROL"位置，然后停车。

(6) 主机遥控系统中的启动逻辑控制—集控室（根据驾驶台车钟指令操作）。

1）在主机遥控系统面板上选"15"，确定启动转速，然后观察主机转速。

2）启动主机，由教员设置故障：制造启动失败、启动条件不满等故障，然后启动主机——正车：SLOW 52 RPM，仔细观察集控台上主机遥控系统和安全报警系统面板——启动失败（三次启动指示灯）、启动条件不满足、系统报警、转速限制等指示灯显示的状态，掌握其功能。

(7) 主机遥控系统中的启动逻辑控制—驾驶台。

由教员设置故障：制造启动失败、启动条件不满足等故障，然后启动主机，仔细观察驾控台上主机安全报警面板上各状态指示灯的变化：启动失败（三次启动指示灯）、启动条件不满足、转速限制等指示灯显示的状态，掌握驾驶台有关的功能。

(8) 安全系统。

仔细观察集控台主机安全系统面板上显示的功能：

1）故障停车、故障减速和报警等显示的状态及相互的关系，根据下面的操作掌握"越控"和"不能越控"的故障处理。

2）教员设置故障使主机出现故障自动减速（"SLOW DOWN"）：

当"SLOW DOWN"声光报警时：

① 按下应答按钮，先消声消闪；

② 观察主机转速表；

③ 观察导致"SLOW DOWN"的原因，并按下其旁边的"CANCEL"按钮进行"越控"处理，即暂不执行"SLOW DOWN"命令，观察转速表的变化；

④ 按下"CANCEL"按钮，将其释放，再观察转速表的变化。

复位：待故障排除后，按下集控台上主机安全系统板"RESET"栏中的"SLOW DOWN"按钮。

3）教员设置故障使主机出现故障自动停车（"SHUT DOWN"）：

当"SHUT DOWN"声光报警时：

① 按下应答按钮，先消声消闪；

② 观察主机转速表；

③ 观察导致"SHUT DOWN"的原因，判断该故障是否可以"越控"；

④ 如果是可"越控"的：则按下其旁边的"CANCEL"按钮进行"越控"处理，即暂不执行"SHUT DOWN"命令，观察转速表的变化；

⑤ 按下"CANCEL"按钮，将其释放，再观察转速表的变化：转速将继续下降；

⑥ 当转速降到发火转速前再按下"CANCEL"按钮，观察主机转速变化看"越控"是否起作用；

⑦ 当转速降到发火转速后再按下"CANCEL"按钮，观察主机转速变化看"越控"是否起作用；

⑧ 待主机停车后，按下"CANCEL"按钮，再启动主机观察主机转速变化。

复位：待故障排除后，在集控台上将车钟扳回到停车即可复位。

（9）紧急停车。

1）启动主机：当达全速时，按下红色带盖应急停车按钮（EM STOP），观察转速表和报警指示，并应答。

2）待故障排除后，将车钟手柄扳回到停车（STOP），即复位。

（10）电子调速器及执行系统。

理解电子调速器及其执行部分的作用，以及与主机遥控系统之间的关系。

3. 注意事项

（1）特别注意机旁手动操纵与遥控操纵的转换。

（2）特别注意集控室与驾控室操纵的无扰动切换时的操作地点。

【拓展知识】

一、气动式主机遥控系统实例

实例　MAN-V-40/54A型气动主机遥控系统

1. 概述

气动主机遥控系统的类型很多，由德国"西门子"公司生产并装配在MAN-V-40/54A型柴油机上的气动遥控系统具有一定的典型性。MAN-V-40/54A型柴油机主机是可逆转四冲程中速机，采用双凸轮换向，如图7-16所示为MAN-V-40/54A型主机气动遥控系统图。

任务七 主机遥控

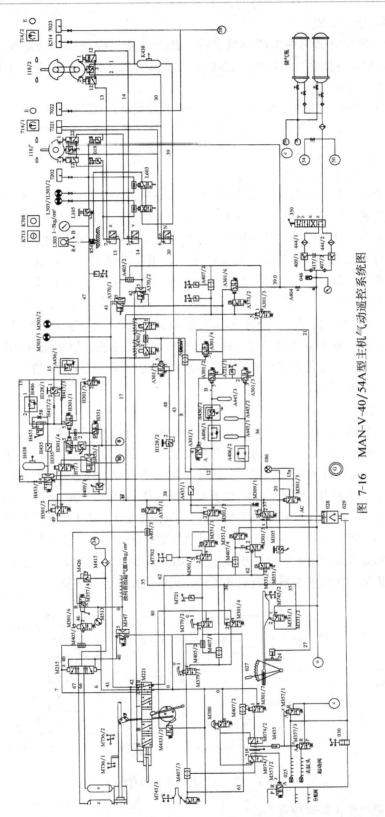

图 7-16 MAN-V-40/54A型主机气动遥控系统图

(1) 主要功能及组成。

在驾驶室、集控室和机旁都能操纵主机。其自动遥控操作部位的切换由集控室内的"驾驶室操纵－集控室操纵"切换阀（L303）来完成。其"手动－自动"操作切换由机旁的转换阀 M369/1 完成。

主机的启动、换向、调速过程自动进行，并具有能耗制动和强制制动功能。调速环节设有车速发讯、加速速率限制、负荷程序及负荷限制环节等。采用 PG 型调速器进行转速调节。

在驾驶室和集控室设有"应急停车"和"应急操纵"按钮。在紧急情况下可进行应急停车、应急启动、应急换向、应急加速的操作。

在集控室设有主机遥控系统模拟检查装置。可在主机停车的情况下，检查遥控系统各元件的动作是否正常，对某些参数进行调整及出现故障时查出故障的部位。

该系统主要由驾驶室操纵台和集控室操纵台组成。在驾驶室操纵台上设有遥控手柄、应急操纵和应急停车按钮、试灯按钮、调整电位器、主机转速表、启动空气和控制空气压力表、发光显示板等。集控室操纵台除有上述装置外，还设有模拟开关、转速模拟装置、"驾驶室操纵－集控室操纵"转换阀、双针压力表、操作部位切换联锁装置等。

MAN-V-40/54 主机遥控系统根据不同逻辑功能将控制阀分装为三个箱 M、A、H，其中 A 为启动控制箱；H 为调速控制箱；M 为综合控制箱。主机遥控系统中的控制气源为 0.7 MPa 的低压空气。控制用的空气均经除尘、除水等净化处理，以保证系统工作的可靠性。动力气源为 3 MPa 的高压空气。

(2) 遥控气源。

气源处理装置如图 7-17 所示，它提供两种气源，即高压气源 P_H 为 3.0 MPa，用作执行机构如启动、换向操作的气源；另一种是控制空气气源 P_L，为 0.7 MPa，作为各种气动阀件的工作气源。选择阀 1 有四个位置，如选择 I 位，则由主空气瓶来的压缩空气 H_P 经选择阀 I 位，再经下面的滤器 3 滤清后，一路经或门阀 6 作为高压气源 P_H 送至执行机构，另一路经减压阀 5 减压，输出 0.7 MPa 的控制空气 P_L；把选择阀 1 从 I 位转至 IV 位，上下气源处理装置同时使用；转至 III 位，用上面的气源处理装置；转至 II 位，主空气瓶来的压缩空气被截止，上下气源处理装置均通大气。压缩空气必须除尘除水，要定期放掉滤器中的脏物和残水。保持气源清洁是保证遥控系统能正常工作，提高使用寿命的关键。

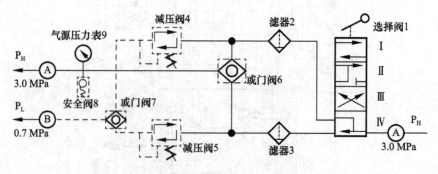

图 7-17 气源处理装置示意图

(3) 操作部位切换联锁原理。

在主机进行自动遥控时，若需进行驾驶室和集控室操作部位的切换，必须保证集控室手

任务七 主机遥控

柄的位置（方向）和驾驶室手柄的位置一致，否则车向和车令的不一致将导致事故。为保证上述的"一致"，在切换回路中设置了联锁装置。

联锁装置由 L603 的两个气动二位三通阀、两个气动或门和联锁气缸 854 组成。只有当联锁气缸有气压信号作用，把联锁活塞推向上端时，才允许阀 L303 转换。由图可知，两个气动或门的输入信号分别来自集控室倒车控制阀、驾驶室正车控制阀、驾驶室倒车控制阀、集控室正车控制阀的输出端。根据逻辑分析可知，只有当驾驶台车钟手柄和集控室车钟手柄都在正车位置，或者都在倒车位置，或者都在停车位置时，控制气源才能通过 L603 的两个二位三通阀进入联锁气缸把与联锁活塞相连的定位销推出定位槽，进行操作部位切换，从而保证了切换时操作手柄位置的一致。双针压力表 7221 分别显示了驾驶室和集控室的调速气压，在切换前将集控室的调速设定气压调整到和驾驶室的调速设定气压信号相等，便可实现无扰动切换。

2. 停油

主机在下列两种情况下必须停油：车钟手柄在停车位置，运转中进行换向时主机转向与车令不符。下面分析停油原理。

进行停车操作时，车钟被扳到停位，正车控制阀 1 复位，将阀 A370/2 控制端的空气泄放大气，A370/2 复位。A301/4 控制端的空气经 A407/1、A405/1、A351/2、A370/2 放入大气，A301/4 复位，将控制空气通过管路 27 引入停油气缸 024 活塞的右方，将调油机构置于停油位置。

当主机处于正车运转状态时，把车钟手柄直接扳到倒车位，由于正车控制阀 1 复位，停油过程如上所述。当车钟手柄到达倒车位时，倒车控制阀 2 受控，将控制空气引入 A370/1 控制端，A370/1 受控，使 41 管路有控制空气。由于此时主机仍处于正车运转，转向与车令不符，电磁阀 A351/1 失电，41 管路的控制空气无法通过 A351/1 去解除停油，主机维持停油状态。直到主机转向与车令一致，A351/1 有电，控制空气经 A351/1 到达 A301/4 控制端，把停油气缸 024 中的空气从 A301/4 泄放后，方能允许供油。

3. 换向

下面分析运转中的换向过程。

主机在正车运转时将车钟手柄扳到倒车某位置。由前面分析可知主机首先停油，停油逻辑条件由机控二位三通阀 M331/1 的受控而确认，M331/1 受控后将气动或门 A405/3 左端的空气经 35 管路和 M331/1 的上阀位泄放。

手柄置倒车位后，倒车控制阀 2 受控，使 A370/1 受控，41 管路有控制空气，而 42 管路的控制空气经 A370/2 泄放大气。由于主机原为正车运行，多路阀 M221 处在Ⅲ位，封住了 41 管路的倒车信号传至启动环节的通路，同时在 41 管路空气压力的作用下把 M221 推向Ⅳ位，多路阀 M221 完成了换向的逻辑鉴别并提供了换向信号的通路。控制空气经 M221 的 1-2 到管路 7 并等待于换向阀 M215 的 Z 端，同时经 M405/1 到 M301/6。

主机停油后开始减速，当转速下降到低于换向转速，电磁阀 A373/1 带电，将气动或门 A405/3 右端泄放大气，使 M301/6 复位，管路 7 的控制空气经 M301/6 下位、管路 46 至 M357/4 控制端。高压空气 34 经减压阀减压后通过 M357/4 送到进排气阀顶升机构，使进排气阀抬起，同时使 M347 受控，撤销对换向阀的闭锁，在 Z 端控制空气作用下，M215 切换成上位，高压气源通过管路 67 引入倒车换向油缸，推动凸轮轴从正车位置到倒车位置。凸轮轴移到倒车位后，经反馈杆件等机械传动使 M221 由Ⅳ位变为Ⅰ位。这时管路 6、7 均经

M221 的 2、3 泄放，M357/4、M347 均复位，使进排气阀顶升机构复位，M215 重新闭锁，换向完成。

倒车换向完成后，M221 处于 I 位，由图可知，41 管路的倒车信号可通过 M221 的 4-6 进入 62 管路，主机便可以进入下一个程序动作，倒车启动。

4. 启动

设车钟手柄从停车扳到正车，正车控制阀 1 送出控制信号，A370/2 受控。气源经 A370/2、42 管路到 M221 的 5 端。若此时凸轮轴在正车位置，则 M221 在 Ⅲ 位，端口 5、6 相通，正车启动信号进入能管路。若此时凸轮轴在倒车位置，则 M221 在 I 位，阻止启动信号进入 62 管路，并使主机进行正车换向。换向完成后 M221 转为 Ⅲ 位，进行正车启动，由此可知，主机的启动逻辑鉴别也是由 M221 完成的。62 管路中的启动信号经 M301/5 下位（此时 M301/5 未受控）至 M301/2 控制端和 8 管路。8 管路的信号一路去 M407/1 的左端，为解除停油做准备；另一路经重复启动控制阀 A301/1 的左位、12 管路、M301/2 上位、M301/1 下位到 M379/2 下位（自动位）。M379/2 输出的气压信号分两路，一路去气动与门 M407/2 的右端；另一路经 M405/2、M379/1 下位（自动位）到气动与门 M407/3 的右端，因盘车机在启动前已脱开，M331/3 复位，控制空气经 M331/3 下位分别到达 M407/2 和 M407/3 的左端，使两个气动与门均有输出。M407/2 输出使 M301/7 受控，控制空气经 M301/7 上位、M074/2 上位（自动）最终使 M357/1 和 M357/3 受控，高压空气 C 经 M357/1 和 M357/3 去缸头启动阀；M407/3 输出经 M074/1 上位（自动）使 M357/2 受控，高压空气 D 经 M357/2 去空气分配器，主机在压缩空气推动下开始启动。

主机运转后，由于其转向与车令一致，转向判断电磁阀 A351/2 带电，42 管路控制空气经 A351/2 上位、A405/1 同时发出三个控制信号——使 A301/7 受控，将启动供油信号切换成手柄油量信号；使 M301/1 受控，切换启动信号通道，为启动结束做准备；使 A407/1 有输出，A301/41 受控，将 024 右端的压气放大气，解除停油。

主机在压缩空气和燃油的作用下，转速逐步提高，当转速达到压缩空气切断转速时，M351/1 失电，工作于下位，将启动回路的空气信号全部放泄，使 M357/1、M357/3、M357/2 复位，关闭进入主启动阀和空气分配器的高压空气，启动结束。

5. 重复启动

该系统的重复启动回路在启动失败情况下，可进行三次重复启动。重复启动回路串接于主启动回路中，启动控制空气由 8 管路送入，经阀 A301/1 后由 12 管路输出进入启动环节。故主机的启动过程取决于 A301/1 的工作状态。下面分析重复启动原理。

重复启动回路由分级延时阀 A436/2，单向节流阀 A406/1、2，气容 A445/1、2、3，气动两位三通阀 A301/1、2、3 及报警压力开关 A721/1 组成。

分级延时阀 A436/2 与气容 A445/3 构成的充气回路用来控制每次启动的持续时间；单向节流阀 A406/1 与气容 A445/2 构成的放气回路用来控制两次启动间的时间间隔；单向节流阀 A406/2 与气容 A445/1 和 A445/2 构成的充气回路用来控制总的启动时间；气控二位三通阀 A301/3 用于中断启动，A301/2 受控后中断主机启动；气控二位三通阀 A301/3 用于三次重复启动失败的闭锁控制，A301/3 受控，终止启动，并使压力开关 A721/1 动作，发出启动失败报警。

由主启动逻辑控制回路可知，在遥控车钟从停车位置推到正车（或倒车）位置时，只

任务七　主机遥控

要满足车令转向与凸轮轴位置一致的条件，8 管路上就会有 0.7MPa 压缩空气，这一气压信号，经 A406/2 向 A445/1 和 A445/2 充气，启动总启动时间计时，在总启动时间未到时，A301/3 的控制压力尚小于其动作压力，所以不受控，工作在右位。开始启动时 A445/3 内无压力，A301/2 不受控，工作在右位，A301/1 失控，工作于左位。于是 8 管路上的 0.7MPa 气压经 A301/1 左位，一路由 12 管路送到后继回路，在满足主启动控制逻辑其他各项条件下，使主启动阀开启，空气分配器投入工作，进行压缩空气启动；另一路经 A406/1、A436/2 向 A445/3 充气，启动计时。由于在充气过程中，A406/1 内的单向阀处于正向导通，无节流作用，所以充气速度的快慢主要取决于 A436/2 中的气阻大小，当 A445/3 充至阀 A301/2 的动作压力时，单次启动时间到达，A301/2 受控工作于左位。将 0.7MPa 的压气引到 A301/1 控制端，使 A301/1 受控工作于右位。切断 8 管路来的启动控制空气，并将 12 管路内压力释放大气，中断启动。与此同时，A445/3 内的压力经 A436/2、A406/1 放气，启动中断计时。由于放气时 A436/2 无节流作用，所以，放气速度主要取决于 A406/1 中的气阻大小。当 A445/3 内压力降到 A301/2 释放压力时，中断启动时间到，A301/2 重新失控，工作于右位，使 A301/1 失控，工作于左位，重新接通 8 管路的启动控制空气，进行第二次启动，第二次启动时间到达后，再次中断启动，依次循环直到第三次启动结束。这时，A445/1 和 A445/2 中的气压充到 A301/3 的动作压力，使 A301/3 受控工作于左位，接通 0.7MPa 的气压。它一方面使压力开关 A721/1 动作，发出三次重复启动失败报警；另一方面，无论 A301/2 是否受控，都使 A301/1 始终保持受控状态，使其工作于右位，而终止启动。此时，应把车钟手柄扳回到停车位置，将 8 管路内的启动控制空气泄放，使 A301/1、A301/3 失控，复位整个重复启动回路，然后关闭主启动阀，检查并排除故障。

应该指出，在启动成功后，上述重复启动回路，仍然在不断地工作，直至 A415/1 和 A445/2 充足气使 A301/3 受控。但是，因启动成功后，主启动控制回路中的启动转速鉴别电磁阀 M351/1 失控，已切断启动控制空气，所以不会影响主启动回路。另外，因主机转速大于发火切换转速，启动失败报警信号被封锁，所以不会发出启动失败报警。

6. 制动

主机在某转向运行时，若将车钟手柄直接扳向相反转向，并同时按下应急操纵按钮，系统先进行能耗制动，接着进行强制制动。

若上述操作中不按应急操作按钮，系统只进行强制制动。下面介绍前一种操作的制动过程。由于手柄经过停车位置，停油回路立即停油，因车令和转向不符，保持停油。又由于操作了应急按钮，当达到应急换向转速（比正常换向转速高很多）时 A373/1 有电。这时 M301/6 的控制空气被泄放，此时满足了换向条件便开始换向。当换向完成后，送出启动信号到能管路。这时由于转向仍为正车转向，与车令不符合，电磁阀 M351/2 有电，其输出信号一路作用 M301/5，使之工作于上位。又由于转速尚高于发火转速 M351/4 无电，所以 62 管空气信号不能经 M301/5 送入后面的启动回路中；M351/2 输出另有一路作用 M1ZI07/4，其输出信号到 M407/1 右端，由于已停油，M301/4 的控制端空气从 M331/1 泄放。又因为已换向完成，从气源来的气压信号经 M331/2，80 管路和 M301/4 到达 M407/1 左端，所以 M407/1 有信号输出。此信号经或门 M405/2、M379/1、M407/3、M074/1 和管 58 去分配器控制阀 M357/2，打开 M357/2，使空气分配器投入工作。但由于主机仍在正转，空气分配器打开气缸启动阀的时候，正是相应气缸的压缩冲程，这样就把其他冲程吸入气缸内的空气排出去，起着压缩机作用，消耗主机的惯性能量，从而起到能耗制动目的。

由于能耗制动作用，主机转速迅速下降。当低于发火转速时，M351/4 有电，从 62 管路来的启动信号经 M351/1 和 M301/5 上位，送出信号到启动回路。经过 8 管路、A301/1、12 管路、M301/2，绕过 M351/1，经 M301/1（转向与车令不符无控制信号，工作下位）、M379/2 到 M407/2。M407/2 的输出使 M357/1、M3573 受控，从而使高压启动空气在每缸的压缩冲程进入气缸，进行强制制动。

当制动时间超过重复启动回路规定时间时，自动暂停制动。当中断时间到，又自动进行第二次制动。一直可进行二次强制制动。

如果，经过能耗制动又经过一、二次强制制动后，主机停转，则立即进行反向启动，如果成功，当启动转速大于发火转速时，自动停止启动过程。

该系统的强制制动转速为正常的发火转速（也可设定为换向转速），而能耗制动转速为应急换向转速。正常换向转速约 80 r/min，而应急换向转速约比正常换向转速高 50%～100%。

7. 转速控制

该系统采用 PG 型调速器，转速控制的大部分功能由调速器实现。下面仅介绍启动油量的设定、加速速率限制和负荷程序。

（1）启动油量的设定。启动油量的设定信号由 H128/2 调定。经 48 管路至 A301/7。停车时，A405/1 无输出信号，A301/7 控制端无信号，工作于左位。因此，由 H128/2 调定的启动油量信号经 A301/7 左位、A436/1 至转速控制回路，然后送至调速器。由于是停车车令，停油气缸 024 将主机停油，所以调速器的输出信号此时不起作用，只是将启动油量信号存储起来。当主机启动后正车电磁阀 A351/2（或倒车电磁阀 A351/1）有电时，A405/1 有输出信号，停油气缸释放，可以供油。但 A301/7 也立即换位，工作于右位，将启动油量信号截止，把车钟转速设定信号送至调速器。因此，由 H128/2 设定的启动油量信号只是在供油开始的一瞬间起作用，然后立即由车钟转速设定信号所取代。实际上，此启动油量的设置主要是为了克服气动管路对信号传递的延时。若不设置启动油量，在停油气缸释放后，车钟转速信号不能立即送到调速器，使主机不能立即供油，造成主机启动困难。由于主机启动时转速很低，增压空气压力亦低，此压力限制了启动最大供油量。所以，即使车钟发出的转速设定信号较大，也可保证主机在启动阶段的供油量不致过大。

（2）加速速率限制和负荷程序。本系统的转速程序控制比较简单，主机的加速过程按三挡速度进行，主机设定转速小于 30% 额定转速时，转速控制回路没有设置限速环节。在 30%～70% 额定转速范围内，主机按中等加速速率进行加速。当车令设定转速值高于 70% 额定转速时，主机按负荷程序进行慢加速。

车令转速设定信号由转速设定阀输出，经 30 管路、A301/7 右位、A436/1、15 管路、H453/2、15a 管路、M301/3 上位、（M369/1 处于自动位置时，M301/3 控制端有气）、64 管路至 PG 调速器。其中，比例阀 H453/2 输出的大小取决于控制端信号即气容 H438 内的压力大小。H128/1 是一个减压阀，它的输出值设定为 70% 额定转速所对应的气压信号。当输入信号低于该设定值时，其输出与输入相等；当输入信号高于该设定值时，其输出信号不变，保持在该设定值上。H406 是单向节流阀，主机加速过程进入负荷程序时，转速设定信号必须经过此阀。H455 是负荷程序速率选择阀，它有两个工作位置。H455 工作于右位时，H406 输出的信号直接经速放阀 H435 送至气容 H438；H455 工作于左位时，H406 输出的信号需经恒节流阀 58，再经 H435 送至 H438。因此负荷程序有快慢两挡，可供选择。快挡负荷程序一般设定为 25 min 完成，慢挡负荷程序一般设定为 55 min 完成。

当主机设定转速信号小于 30% 额定转速所对应的信号时，分级延时阀 A436/1 不节流，减压阀 H128/1 不减压，H438 内的压力立即升高，H453/2 输出与控制端相等的信号立即送至调速器。主机设定转速在 30%~70% 额定范围内。A436/1 节流、H128/1 不减压。调速器设定信号升高的速率完全取决于 A436/1 和 H438 这一阻容环节，可通过调节 A436/1 的气阻来改变。当主机设定转速超过 70% 额定转速时，A436/1 节流、H406 节流、H128/1 截止，调速器设定信号升高的速率取决于 A436/1，H406 及 H438（负荷程序）。由于增加了单向节流阀 H406，使加速过程变得缓慢。当采用慢挡负荷程序时，还增加了恒节流孔 58，使加速过程变得更加缓慢。

当转速设定信号降低时，由于 A436/1 无节流作用，15 管路的气压信号迅速降低，通过比例阀 H453/2 作用于调速器，使主机转速很快下降，故本系统的减速无程序控制。

8. 负荷限制

(1) 增压空气压力限制。增压空气压力信号经 53 管路、H453/1、H335 下位、H301/2 上位、69 管路至 PG 调速器，由调速器中的增压空气压力限制环节来限制主机的供油量。

(2) 最大转矩限制。该系统的最大转矩限制是采用间接限制方式，即通过限制增压空气压力的方式来限定最大转矩。最大转矩限制是由最大油量限制阀 L105 来设定。L105 输出的气压信号经 47 管路、H301/3 下位至比例阀 H453/1 控制端。当 L105 的设定值确定后，H453/1 的最大输出信号就被限定了。当增压空气压力很高时，H453/1 的输出只能等于 L105 的设定值。使调速器只能输出与 L105 设定值相应的最大油量，实现了最大转矩限制。

9. 应急控制

为保证在紧急情况下对主机实施有效的操作，系统设置了"应急停车"和"应急操纵"按钮。

(1) 应急停车。在紧急情况需立即停车或车钟操纵失灵时，按下"应急停车"按钮，此时不管车钟在什么位置，独立的应急停车电磁阀动作，导致主机喷油泵的开度立即回到零位，停止喷油。由于"应急停车"，主机在高转速下立即断油，主机转速迅速下降，而增压器却因其高速运转惯性转速下降较慢，于是增压器排出空气量多于主机需要量，使增压器背压增高，流量减少，引起增压器喘振。故"应急停车"只在非常必要时采用。复位"应急停车"前应将车钟手柄扳到"停车"位。

(2) 应急启动。把车钟手柄由"停止"推向"正车"（或"倒车"）后，按下"应急操纵"按钮，主机将进行应急启动（重启动）。

应急启动时，H351 有电，使 H301/4 工作于右位，而气电双控阀 H335 在低于发火切换转速且有应急操作指令时有电，工作于上位。这时，由 H409/2 事先调定好的气压信号经 H301/4、H335、H301/2 至 PG 调速器的增压空气信号接口。由于该气压信号较高，允许调速器向主机供给较多的启动油量，实现重启动。

(3) 应急换向。把车钟手柄从全速正车（或倒车）立即扳到全速倒车（或正车），同时按下"应急操纵"按钮，系统自动实现下列操作过程：

① 调油杆 027 被推回零位，停止进油，主机惯性减速。

② 待主机转速下降到应急换向转速时，A373/1 带电，进行换向。

③换向完毕立即进行能耗制动，使主机转速进一步下降。
④主机转速降至发火转速时进行强制制动。
⑤当转速下降到零时，开始反向启动。

(4) 应急加速。把车钟手柄推向全速，按下"应急操纵"按钮，即可实现应急加速。按下"应急操纵"按钮后，H351带电工作于左位，将控制气源引入，使H301/3和H301/1受控。H301/3受控工作于上位，把L105设定的信号切断，把由H409/1设定的较高信号送到H453/1的控制端，从而取消了轮机长的最大油量限制，H301/1受控工作于左位，把单向节流阀H406短路，取消了负荷程序，实现快加速。

(5) 故障自动减速。主机在运行中，出现滑油低压、冷却水低压等异常工况时，向遥控系统发出信号，使减速电磁阀A373/2带电，将A301/6控制端接大气，使其复位。A301/6复位后，把41、42管路的启动信号放大气，使A351/1、A351/2无输出，导致A301/7复位，切除手柄调油信号。此时，虽A301/4也复位，但由于A301/6的切换，无法提供气源把停油气缸024的活塞推向停油位，故主机减速后维持最低稳定转速。

10. 机旁操纵

当遥控系统发生故障时，可用手动机旁操作。在机旁操纵时，可通过机旁车钟或电话、声光等进行联系。在进行机旁操作前首先将机旁操纵部位选择阀M369/1扳到"手动"位置（工作于下位）。这时，M301/3控制端和37管路信号放泄。M301/3复位，将车钟调速信号15a切断，把手动设定阀M105信号接通，以准备用M105调速。37管路泄放后，A301/5控制端无信号而复位。这时由驾驶室车钟控制的正倒车控制阀送出的信号经14或13管路、或门阀A405/2、A301/5、36管路到M369/1将其锁在手动位置上。由于37管路无气压信号，A301/6复位，则遥控系统A370/2、A370/1和A301/4及三次启动环节的气源全部泄放，从而车钟不能进行控制主机，只能起着传车令的作用。

必须注意，在扳动转换阀M369/1之前，应利用M105调节手动设定信号，使双针指示表086的手动设定指针与车钟设定指针相一致，然后再转换M369/1，这样在转换时不会引起车速的波动，实现无扰动切换。

在操纵部位转换后，利用调速阀M105调速，也可用手柄027调速。M105调速是通过M301/3到调速器，由调速器控制车速，维持给定车速不变。手柄调速是直接控制油门，不经过调速器，是属于负荷调节，转速不能恒定而是变动的。

换向是由机旁换向手柄操作，如扳到倒车位置时，M221相当于Ⅳ位，换向完后自动到Ⅰ位，这样就可进行启动操作。启动操作是利用M379/2的手柄，将该手柄打在启动位置（手动位置）时，工作在上位（由于换向完成后M331/2已复位，经它来的气压信号由管80到达M379/2)，此时M379/2就有输出。一路经M405/2、M379/1等到达空气分配器控制阀，一路到主启动阀，进行启动。启动成功后，立即放开M379/2手柄，它自动复位，切断空气，停止启动过程。

欲进行制动时，首先将手柄扳到零位（停油），当主机转速低于应急换向转速时进行换向操作（通过手动换向手柄），换向动作完成后，从气源来的信号经M331/2到M379/2和M301/4。由于已停油，M301/4的控制信号从M331/1放泄。所以达到M301/4的信号就经过它到M379/1。如果需进行能耗制动操作，把M379/1手柄驳到手动制动位置（工作于上位）就开始能耗制动，其过程同前。当需强制制动时，把M379/1手柄驳到手动位置（工作于上位）就开

任务七 主机遥控

始强制制动过程。制动的操作应是断续地进行。手操制动阀 M379/1 和手操启动阀 M379/2 是由气压信号锁在自动位置上，手动时打到手动位置，松手时，自动回到自动位置。

机旁启动，也可以利用 M380 进行启动。在启动前先把 M074/1 和 M074/2 的手柄扳到手动位置，则它们就工作在下位，这时按下 M380 按钮，气源气压信号便从 M380 通过，经 M074/1 和 M074/2 去到主启动阀和空气分配器，进行启动，成功后松开按钮，自动复位切断空气，停止启动过程。

系统中还设有人工手动换向设备，它是利用长柄"扳手"扳动凸轮轴换向，此时必须把 M357 的手柄压下，让空气通过，去顶升机构将进排气阀等挺动机构抬起来，方能扳动凸轮轴换向。

11. 模拟试验

遥控系统模拟试验的基本概念在前面已经讲过，下面介绍本遥控系统的模拟试验装置。如图 7-18（a）所示为模拟指示板，其中，1 为模拟试验开关。它有两个位置，Ⅰ 为模拟试验位置，Ⅱ 为正常工作位置。2 为模拟转速旋钮，3 为转向转速表，4 和 5 分别是代表凸轮轴在正车位置和倒车位置的指示灯。6 表示启动状态指示灯，其检测开关装在 M301/1 的输出管路上。8 为停油指示灯，其检测开关装在燃油调节杆 027 上。9 为转向不符车令指示灯，其检测开关装在 M301/1 的控制端管路 43 上。如图 7-18（b）所示为模拟电路原理图。AH、AS、RV 和 IG 分别是正车、倒车、换向转速和发火切换转速的检测器，并直接控制电磁阀 A351/2、A351/1、A373/1 和 M351/1 的通断电。B 为变压器，A 为整流稳压电路，T 为测速发电机，S_1 为启动空气截止阀位置开关。

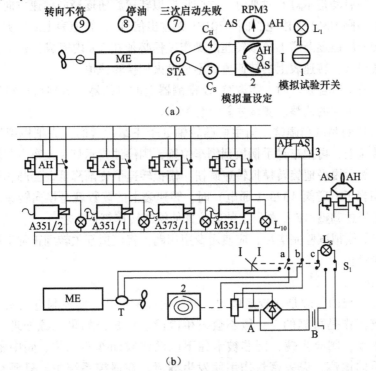

图 7-18 模拟实验板和模拟电路原理图
(a) 模拟指示板；(b) 模拟电路原理图

本系统的模拟实验只能在停车的情况下进行。在进行模拟试验之前，首先要关闭主启动阀前空气管路上的截止阀，切断 3 MPa 的启动空气。其检测开关 S_1 闭合，但 0.7 MPa 的控制气源和换向用的 3 MPa 气源必须接通。然后启动滑油泵，建立滑油压力，这样安全保护装置就不会动作，确保模拟试验能顺利进行。在完成上述准备工作之后，可用专用钥匙将模拟开关转到模拟试验位置。这样，模拟指示灯 Ls 亮，同时测速发电机的输出信号被切断，而把模拟电位器发出的电位信号送到遥控系统，转动模拟转速旋钮可产生正、倒车模拟转速信号。通过车钟手柄和模拟转速旋钮的配合动作，可使遥控系统产生一系列动作从而达到检查、调整等目的。下面具体说明几种功能模拟试验方法。

（1）换向与启动功能检查。当主机凸轮轴在倒车位置时，指示灯 5 亮，把车钟手柄扳到正车位置，模拟转速旋钮可保持在零位。由于车令与凸轮轴位置不符，主机要进行换向操作，指示灯 5 灭。若在规定的时间内指示灯 4 亮，表明主机凸轮轴已从倒车位置变换为正车位置；若在规定时间内指示灯 4 没有亮，说明换向控制回路有故障。换向完成后，主机进入启动过程，启动指示灯 6 亮。因模拟转速设定为零，因此，持续启动 3 s 后，指示灯 6 自动熄灭，表示第一次启动失败。在中断启动 3 s 后，指示灯 6 再次亮，表示进入第二次启动。直到指示灯 6 第三次熄灭后，三次启动失败指示灯 7 亮，终止了启动过程，同时发出启动失败报警。将车钟手柄扳回到停车位置，指示灯 7 熄灭，表示三次启动失败信号被复位。若要模拟启动成功，可在指示灯 6 发亮的 3 s 内，把模拟转速调到发火切换转速值以上，就会出现指示灯 6 立即熄灭，终止启动。

（2）发火切换转速的测试与调整。先把模拟转速旋钮转至零位，再把车钟手柄扳到正车或倒车位置，当启动指示灯 6 发亮时，立即将模拟转速旋钮逐渐向增速方向转动，当指示灯 6 熄灭时（电磁阀 M351/1 断电，阀 M301/1 无输出信号），转速表上的读数即为发火切换转速。用模拟转速旋钮逐渐增加模拟转速的操作过程必须在 3 s 内完成，否则，指示灯 6 会因启动失败自动熄灭，转速表上的转速值就不是发火切换转速值。

发火切换转速不符合要求时，需调整 IG 检测器上的电位器。调整后再对发火切换转速进行测试。需经过多次的调整、测试才能符合要求。

（3）换向转速的测试和调整。当主机凸轮轴处于正车位置时，先把模拟转速旋钮 2 转至较高的正车转速上，再把车钟手柄扳到倒车位置，则停油指示灯 8 及车令与转向不符指示灯 9 立即发亮。然后慢慢地旋转模拟转速旋钮，模拟转速值逐渐降低。当凸轮轴正车位置指示灯 4 熄灭（相当于电磁阀 A373/1 通电）时，转速表上的读数就是换向转速。若换向转速不符合要求，可通过调整 RV 检测器上的电位器使换向转速符合要求。

在遥控系统的模拟试验完毕后，应使用专用钥匙，将模拟开关转到正常工作位置，使系统退出模拟试验状态。

12. 管理要点

对气动遥控系统的管理是比较简单的，只要把气源管好，使控制空气无尘、无水、无脏物，遥控系统工作是可靠的，一般不会发生故障。但是，如果气源处理不当，使控制空气中有水和脏物，阀会生锈，阀芯被卡住不能动作或动作不到位、阀中密封圈会过早老化或产生严重的擦痕，失去密封作用而发生漏泄。在遥控系统中，只要有一个气动阀件出现这种情况，遥控系统都会出现某种故障。一般在气动遥控箱中都有一块配好管接头的压力表，用于检查各种气动阀件输入输出是否正常。控制空气压力是 0.7 MPa，一般

任务七 主机遥控

高于 0.55 MPa，遥控系统能正常工作。低于 0.5 MPa，说明某阀件未动作到位或漏泄严重，遥控系统可能出现故障。遥控系统出现故障时，应立即到机旁进行手动操作。如果机旁也不能操纵主机，则故障是出在执行机构上；若机旁操纵正常，故障是出在遥控系统上。因遥控系统阀件很多，不可能一一检查，应根据故障现象尽量缩小检查范围，以便更快找到出故障的阀件。

检查故障一般是在停车情况下进行的，要充分利用遥控模拟板与之配合，图中指示灯号数就是对应模拟板上的指示灯。关于调速回路的故障诊断也可建立类似的流程图，请读者试画之，这里做一些简单的说明。

（1）启动时不能供油。其故障现象是主机能达到发火转速，撤销启动信号后，转速会下降至零，听不到主机发火声音。其故障原因可能有三种。一是油门零位联锁未解除，保持 1 信号。要检测阀 A407/1 输出是否高于 0.55 MPa；若高于 0.55 MPa，则故障出在阀 A301/4，它卡在了右位；若低于 0.5 MPa，则要检测阀 A407/1 两个输入端，哪一端压力太低，故障就出在哪一路。二是调速器中增压空气压力限油环节的针阀预先调节的开度太小，或螺钉与反馈杆之间间隙调整太小。这种现象在调速器修复或重新调整后可能发生。三是调速器上的停车电磁阀通电。这可能是因上次故障停车没有按停车复位按钮所致。

（2）启动成功后不能进行启动油量和运行油量的切换。其故障现象是主机不能加速。其可能原因是阀 A301/7 卡在左位。

（3）在运行期间加速较困难且主机转速有波动。可能原因是管与调速器接头之间漏气，或者燃油系统有故障。如果经检查这些情况完好，故障就可能出在调速器本身，需拆到试验台进行修复和重新调试，并画出调速器的特性曲线。

二、电动式主机遥控系统实例

实例一　B&W 型主机驾驶台或控制室遥控装置

1. 概述

本电动式远距离操纵装置装在 B&W 型 2400 马力发动机上，由主机的启动与停车、速度控制、正倒车转换组成的总体控制装置及其安全保护装置构成。图 7-19 是它的示意图。

操纵台发出操纵主机的指令，表示运行状态。控制板表示运行状态，驱动箱及其附属设备直接进行主机操纵。在主机旁用操纵手柄完成启动→运行→停车→变速控制，用换向操纵手柄完成正车与倒车转换。驱动箱内装有两个电动机，电动机通过齿轮传动装置移动上述两个操纵手柄。

2. 操纵方式

（1）启动运行。

位于操纵台中央的操作选择器是四位置选择器。若将手柄扳向前后左右四个位置，则形成启动、运行、正车、倒车四个操作。若松开手柄，则手柄可自动地返回中央位置。

若将手柄扳向启动位置，驱动箱内的电机开始旋转，使机旁的操纵杆从停车位置快速地移至启动位置。主机在压缩空气作用下旋转，根据操纵台上的转速表，燃油量指示器等指示值可以判断主机是否已经完成启动，如果认为主机已完成启动操作，就可以松开倒向启动位

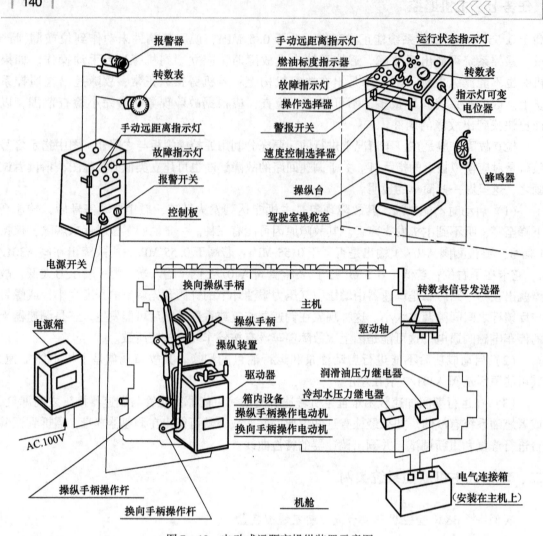

图 7-19 电动式远距离操纵装置示意图

置的操作选择器手柄,之后机旁的操纵手柄快速地移到运行位置上停留下来。主机转换到运行状态,在达到正常运行状态的同时,驱动操纵手柄的操作电动机,自动地从高速旋转转换为低速旋转,能够进行速度控制。

(2) 速度控制。

用操纵台上的速度控制选择器可以实现速度控制,即从最低速度至最高速度的速度控制。向右或向左转动选择器时,操纵手柄就朝高速或者低速方向移动,主机加速或减速。

(3) 停车。

将选择器扳向停车位置,驱动操纵手柄的操作电动机自动地转换到高速旋转,快速地将操纵手柄扳回停车位置,使主机快速停车。

(4) 正车与倒车的转换。

在停车状态下,若将操作器移向正车位置或者移向倒车位置,则换向操纵手柄转换到正车位置或者倒车位置。然后将操作选择器移向启动位置,主机启动运转。

3. 指示系统和安全保护装置

为了让操作者了解主机的运行状态,在操纵台上安装了转速表,燃油标度指示器,以及

任务七 主机遥控

停车、启动、正车、倒车状态指示灯，还安装有远距离手动转换指示灯。

手动——远距离转换手柄，用以在远距离控制系统出现故障时转入手动。

在主机润滑油压力和冷却水压力降到异常值时，一边发出警报，一边指示灯灯亮显示出故障发生的场所。

实例二 中马力主机驾驶室遥控系统

1. 概述

这个例子是中马力主机所采用的简单的驾驶室操纵实例。图7-20是该系统示意图。一般转速控制通常用追随控制，而中小马力的主机则不用追随控制，操作人员根据主机转速进行遥控调速操作，所以它比较简单。操作人员通过驾驶室操纵台遥控主机正倒车换向、启动、停车和调速等操作，观察设在操纵台上的主机转速表，并通过操纵手柄进行调速操作。

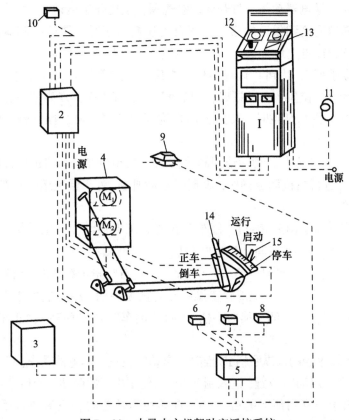

图7-20 中马力主机驾驶室遥控系统

1-驾驶室操纵台；2-控制箱；3-电源箱；4-驱动箱；5-接线箱；6-油继电器；7-冷却水继电器；8-滑油继电器；9-转速发讯器；10-启动空气继电器；11-报警蜂鸣器；12-操纵手柄；13-转速控制手柄；14-机旁正倒车换向手柄；15-机旁操纵手柄

2. 遥控操作准备

（1）合上机舱控制箱电源开关。

（2）将驱动箱4侧面的驾驶室切换开关、操纵手柄侧和正倒车换向手柄侧的开关全都切换到驾驶室。

(3) 操纵台和机旁的正车或倒车指示灯亮,表示操作准备结束。

3. 正车

(1) 把驾驶室操纵台的手柄12推到"正车",正车继电器动作,机旁正倒车换向手柄的驱动电动机 M_1 开始朝正车方向回转。

(2) 当机旁正倒车换向手柄14移动到"正车"位置之后,通过限位开关,使正车指示灯亮,电动机 M_1 停止转动。

(3) 正车指示灯亮后,将驾驶室操纵台的操纵手柄12推到"启动"位置。

(4) 继电器动作,使机旁操纵手柄的驱动电动机 M_2 回转,操纵手柄15迅速地从"停车"位置拉到"启动"位置。此时,通过继电器使电机进入高速运行状态。

(5) 在机旁操纵手柄15达到"启动"位置时,限位开关动作,使电动机 M_2 停止。从而使操纵手柄停在这个位置。

(6) 与此同时,继电器动作,打开启动空气阀,主机开始启动。

(7) 当主机转速升高到预定的启动空气自动切断转速时,转速检测器动作,机旁操纵手柄15通过电动机 M_2 迅速地进入"运行"位置,主机开始供油运行。

(8) 机旁操纵手柄15达到"运行"位置之后,通过限位开关,使电动机 M_2 停止,操纵手柄也停在"运行"位置。与此同时,"启动"指示灯熄灭,点亮"运行"指示灯。

(9) 当"运行"指示灯亮时,转速控制机构开始工作,通过操纵台上的转速控制手柄13进行调速操作。

(10) 通过朝右或左方向转动转速控制手柄13,使电动机 M_2 朝正反方向转动,机旁操纵手柄15动作,并进行主机调速操作,此时,电动机 M_2 处于慢速运行状态。

4. 正车→倒车

(1) 把驾驶室操纵手柄12推到"停车"位置,继电器动作,电动机 M_2 迅速地向停车方向转,使机旁操纵手柄15返回"停车"位置。

(2) 当机旁操纵手柄返回到"停车"位置时,"运行"指示灯熄灭,"停车"指示灯亮。

(3) "停车"指示灯亮后,把驾驶室操纵台的操纵手柄12推向"倒车"位置,继电器动作,使电动机 M_1 回转,正倒车换向手柄14向"倒车"位置移动。"正车"指示灯熄灭,"倒车"指示灯亮。

(4) 把驾驶室操纵台的操纵手柄12推向"启动"位置,继电器动作,机旁操纵手柄15通过电动机 M_2 移动到"启动"位置,进入制动空气,使主机开始制动,而后进入倒车启动运行。

(5) 当主机转速升高到预定的启动空气自动切断转速时,机旁操纵手柄15移到"运行"位置,主机进入供油运行状态。

5. 联锁

(1) 只要"运行准备结束"指示灯没亮,操作驾驶室操纵台的操纵手柄12,主机也不会投入工作。

(2) 主机启动之后,若误将驾驶室操纵手柄12推到某一启动、正车、倒车位置时,它也不会投入工作,除非主机处于停车位置的时候它才投入工作。

(3) 在电气回路的主要单元出现故障时,发出异常报警信号。同时,即使操作驾驶室操纵手柄12,主机也不能进行启动。

三、电-气结合主机遥控系统

电-气混合式遥控系统的指令发送和逻辑控制采用电动元件,驱动机构采用气动元件。这种系统的优点是信号的远距离传递迅速,体积小,若采用电子无触点逻辑元件,则能实现复杂的逻辑控制,结构紧凑,易于布置,且保养工作量小,动作可靠,维修方便。系统的控制部分若采用微型计算机,则系统的各种功能可由计算机软件实现。使系统的功能更强,可靠性提高,因而微机主机遥控系统是现代化船舶的主要标志,是船舶事业的发展方向。

实例一　B&W 型主机驾驶台或控制室遥控装置

这个实例是通过电-气式遥控装置由驾驶室遥控 B&W 型主机,图 7-21 示出了这个装置的系统。应按驾驶室操纵台上的车钟操纵手柄所指定的位置,通过预先选定的程序对主机进行启动、停车、反转和转速控制。而且,利用气压式操纵装置可以在控制室遥控主机,还可以在机旁操纵主机。

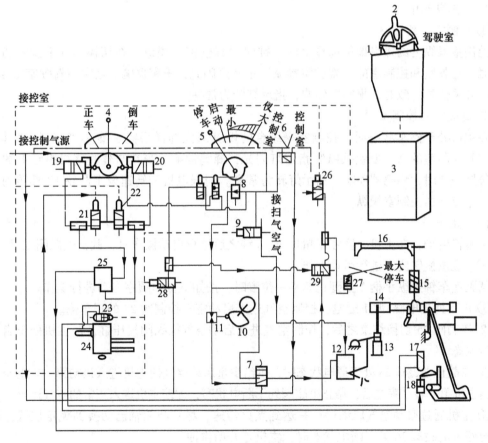

图 7-21　B&W 型主机驾驶室或控制室遥控装置

1-驾驶室操纵台;2-驾驶室车钟操纵手柄;3-控制箱;4-控制盘车钟操纵手柄;5-操纵手柄;6-操纵部位选择手柄;7-驾驶室操纵切换阀;8-转速设定压力调整阀;9-扫气调整电磁阀;10-伺服电机和转速设定凸轮;11-驾驶室自转速设定压力调整阀;12-调速器;13-油压升压器;14-离合器;15-弹簧筒;16-燃油调整轴;17-控制阀;18-气压缸;19-正车换向阀;20-倒车换向阀;21-正车换向电磁阀;22-倒车换向电磁阀;23-截止电磁阀;24-启动空气截止阀;25-启动空气控制阀;26-应急停车电磁阀;27-停车气压缸;28-停车电磁阀;29-停止运行切换阀

1. 这个装置的主要操纵机构

（1）与驾驶室车钟操纵手柄同步进行正倒车换向、启动、停车和调速操作。

（2）启动空气自动投入、自动切断及自动重复启动。

（3）加速程序控制。

（4）自动避开临界转速区域。

（5）自动停车、自动减速。

（6）各项联锁。

2. 遥控

（1）运行准备。

在驾驶室操纵之前应做好如下准备操作：

① 盘车机脱开。

② 启动空气截止阀 24 的手柄放在工作位置。

③ 油压升压器 13 用油泵装置运行，油压正常。

（2）操纵部位。

① 控制室→驾驶室。

控制室操纵台的操纵部位选择手柄 6 推向"驾驶室"操纵，在切换驾驶室操纵切换阀的同时，驾驶室和控制室的"驾驶室操纵"指示灯闪光，报警器响。当它与驾驶室操纵台 1 的选择开关位置一致时，报警器停响，指示灯转为常亮。

② 驾驶室→控制室。

在主机处于停车状态时，控制室操纵台的操纵部位选择手柄 6 推向"控制室"操纵，驾驶室和控制室的"控制室操纵"指示灯闪光，蜂鸣器响。当它与驾驶室操纵台 1 的选择开关位置一致时，蜂鸣器停响，指示灯转为常亮。伺服电机和转速设定凸轮 10 都转到最大位置，才允许由控制室操纵。

（3）正车。

按慢转启动：在主机一度停车超过 30 分钟之后进行启动操作时，截止电磁阀 23 处于通电状态，应按慢转要求进行启动操作。

驾驶室车钟操纵手柄 2 推到正车某一位置时，按如下操作顺序自动进行操作。

① 正车换向电磁阀 21 通电，控制空气进入启动空气控制阀 25 的正车侧。

② 控制阀 25 切换结束之后，控制空气进入启动空气操纵阀气压缸，使主机处于启动空气运行状态。

③ 在截止电磁阀 23 处于通电状态时，供给少量启动空气使主机进入最初第一转的空气运行。当主机第一转结束之后，截止电磁阀处于断电状态，才使主机进入正常的空气运行。

④ 主机通过启动空气启动运行并达到点火转速，尽管凸轮轴已切换到规定位置，还要在应急停车电磁阀 26 处于断电状态时，主机才开始供油。

⑤ 在停车或空气运行过程中，伺服电机和转速设定凸轮 10 处于慢速位置，供油之后，主机按加速程序控制在所指定的位置上进行加速。

（4）正常启动。

在主机停车不到 30min，截止电磁阀 23 处于断电状态时，主机按正常的空气运行，即按前面的④、⑤项操作顺序进行操作。对于没有安装慢转装置的主机，按本项叙述的正常启

任务七 主机遥控

动操作进行启动操纵。

① 主机一度达到点火转速，又降到低于点火转速约 6s 之后，可认为点火失败，并进行重复启动。当出现第三次点火失败后，控制室和驾驶室发出报警信号。此时，用车钟操纵手柄 2 返回停车位置进行复位操作。

② 操作驾驶室车钟操纵手柄 2 约 20s 后，主机还没有启动起来，则认为启动不正常并发出报警。

③ 启动操作结束后，伺服电机和转速设定凸轮 10 随着驾驶室车钟操纵手柄 2 的指令转动，增加送入调速器 12 的气压信号，使主机转速逐渐升高。

④ 与此同时，通过扫气调整电磁阀 9 供给调速器 12 扫气空气压力，借助扫气压力使限油装置投入工作。这是为了防止因增压器追随作用迟缓而引起不完全燃烧。

⑤ 在驾驶室车钟操纵手柄 2 超过设定的港内全速上限位置时，调整开关保留在设定的中间位置，加速程序控制装置投入工作，并增加主机转速。

⑥ 设定每挡为 3~4 r/min，每越过一挡，驾驶室加速程序指示灯亮，使伺服电机 10 停止，主机停止加速。

⑦ 经设定时间（0~30min 范围内，可调）之后，加速程序指示灯熄灭。然后再按 3~4 r/min 重复增加主机转速。这种方式实现了主机按长时间分挡增加主机转速的要求。

（5）正车→倒车。

驾驶室车钟操纵手柄 2 从"正车"拉到"倒车"某一位置，它按如下操作顺序自动进行操作。

① 主机实际转向（按凸轮轴的检测位置）与操纵指令不一致时，停车电磁阀 28 通电，使停止运行切换阀 29 投入工作，向停车气缸 27 供给控制空气，切断燃油。驾驶室转速设定压力调节阀 11 通过伺服电机或转速设定凸轮 10，向调速器 12 供给预定的相当于启动时燃油突然离开位置的转速设定空气压力。

② 当主机转速降低到预定的制动空气投入转速（可调）之后，倒车换向电磁阀 22 投入工作，供给制动空气。

③ 主机借助制动空气减速，当主机开始倒车回转并与驾驶室车钟操纵手柄的指令一致时，凸轮轴才被切换到倒车位置。

④ 当主机倒车运行并达到预定的空气-燃油运行切换转速时，停车电磁阀 28 断电，停车气压缸 27 内的空气被排入大气，解除断油状态，于是主机进入供油运行状态。在切断启动空气约 6s（可调）之内，通过定时器使燃油调整轴保持在启动时燃油突然离开位置。以后它自动追随驾驶室车钟操纵手柄 2 的设定位置。

（6）停车。

驾驶室车钟操纵手柄 2 拉到"停车"位置，应急停车电磁阀 26 断电，向停车气压缸 27 供给控制空气。在断油的同时，调速器 12 的停车电磁阀处于断电状态，使主机停车。

3. 辅助装置

（1）应急停车。

操作驾驶室应急停车拉钮，应急停车电磁阀 26 通电，向停车气压缸供给控制空气。在断油的同时，调速器 12、停车电磁阀 28 投入工作。

(2) 各项联锁。

驾驶室操纵联锁：

驾驶室控制空气压力正常，启动空气截止阀 24 处于工作位置，控制室操纵手柄的设定位置超过半负荷。

启动联锁：

盘车机脱开，燃油调整轴处于断油位置。

(3) 自动停车。

出现下述异常状态，主机自动停车：

主机滑油低压、增压器滑油重力油柜低油位或增压器滑油低压、主机超速、推力轴承高温。此外，也有把曲轴箱油雾浓度高、控制空气低压列为停车条件的。

(4) 自动减速。

出现下述异常状态，主机自动减速到预定的转速为止：

主机滑油低压、凸轮轴滑油低压、推力轴承高温、增压器滑油低压。

(5) 解除加速程序控制。

在希望主机迅速增加转速的时候，通过操作驾驶室应急加速拉钮，使扫气压力调整电磁阀 9 通电，在解除调速器 12 燃油限制装置的同时解除了主机加速程序控制。

(6) 自动避开临界转速机构。

在主机转速进入临界转速区域时，仍按照前面叙述的操作要点，通过解除扫气压力限油装置解除主机加速程序，使主机转速迅速通过临界转速区域。另外，在车钟操纵指令进入临界转速区域时，它使调速伺服电机停在加速程序的上限、减速程序的下限位置。

实例二　SULZER 型主机驾驶室或控制室遥控装置

1. 概述

这个实例是用电-气式遥控装置，由驾驶室遥控设置在控制室的启动手柄、反转手柄或机旁调速伺服电机，以便对主机进行遥控。如图 7-22 所示是这个系统的系统图。

若驾驶室车钟发讯器设定在某一主机转速时，它自动完成主机启动、停车、反转和调速控制。还有，通过延长操纵杠杆机构可在控制室操纵主机。

这个装置的主要操纵机构有如下几项：

(1) 与驾驶室车钟发讯器同步进行主机启动、停车、反转和调速操作。

(2) 启动空气自动投入、自动切断及自动进行重复启动操作。

(3) 加速程序控制。

(4) 自动避开临界转速区域。

(5) 自动停车、自动减速。

(6) 各项联锁。

2. 遥控

(1) 运行准备。

① 接入控制电源和控制气源。

② 启动空气中间阀自动开关装置接入电源。

③ 盘车机脱开。

任务七 主机遥控

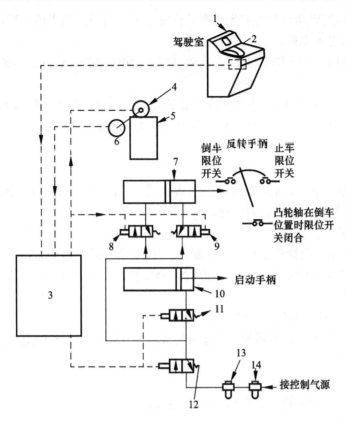

图 7-22 SULZER 型主机驾驶室或控制室遥控
1-驾驶室操纵台；2-驾驶室车钟手柄；3-机舱控制室控制盘；4-调速伺服电机；5-调速器；6-调速杆位置发讯器；7-反转气压缸；8-正车换向电磁阀；9-倒车换向电磁阀；10-启动气压缸；11-启动手柄电磁阀；12-操纵部位切换电磁阀；13-油雾器；14-空气滤器

④ 启动空气自动截止阀应在"自动"位置。

(2) 操纵部位。

① 控制室→驾驶室

控制室和驾驶室操纵部位选择开关转到"驾驶室"。若两个开关的选择位置一致时，操纵部位切换电磁阀 12 通电，完成驾驶室操纵的切换操作。若两个开关的选择位置不一致时，接受指令一方的操纵台蜂鸣器响，指示灯闪亮。

② 驾驶室→控制室

控制室和驾驶室操纵部位选择开关转到"控制室"。此外，出现下述异常状态时，操纵部位自动切换到控制室操纵：

控制电源失压、控制空气压力低、追随回路异常。

(3) 正车。

驾驶室车钟手柄 2 选择在正车某一位置时，按如下操纵顺序自动进行操作：

① 正车换向电磁阀 8 通电，控制空气进入反转气压缸 7 的正车侧。

② 反转手柄正车限位开关处于闭合状态，当凸轮轴切换到正车位置时，调速伺服电机 4 迅速投入工作，使调速器 5 手柄设定在启动时燃油突然离开位置。与此同时，正车换向电磁阀 8 断电。

③ 调速器 5 达到启动时的燃油突然离开位置之后，启动空气手柄电磁阀 11 通电，使燃油和启动空气同时进入主机。

④ 主机达到启动空气切断转速时，启动空气手柄电磁阀 11 断电，切断启动空气，主机开始供油运行。

⑤ 切断启动空气 8s 之后，若主机转速低于 20 r/min 时，重复进行自动启动操作。允许重复启动三次，在第三次启动失败之后，发出启动失败报警。

⑥ 在启动操作结束之后，调速伺服电机 4 按驾驶室车钟手柄 2 的指令自动进行调速器 5 的位置控制。

⑦ 检测出调速器 5 点火成功后的调速手柄标度，通过按检测量成比例变化的倾斜式信号发生器，使它达到程序设定位置为止。

（4）正车→倒车。

驾驶室车钟手柄 2 选择在倒车某一位置时，按如下操纵顺序自动进行操作：

① 主机转速降到凸轮轴切换设定转速时，倒车切换电磁阀 9 通电，反转手柄向倒车方向移动并切换凸轮轴。

② 主机转速一直降到开始启动操作。

③ 按倒车加速程序，调速手柄一直追随到驾驶室车钟手柄 2 的设定位置为止。

3. 辅助装置

（1）应急停车。

当操作驾驶室或控制室应急停车开关时，主机停车。

（2）各项联锁。

尚未建立下述联锁条件时，不允许进行启动：

接入控制电源，控制空气压力正常，接入启动空气中间阀自动开关装置电源，盘车机脱开，车钟手柄的指令与主机实际转向一致。

（3）自动停车。

出现下述异常状态时，主机自动停车：

主机或增压器滑油低压、活塞或气缸冷却水低压、喷油泵冷却水低压、主机超速。

解除上述异常状态之后，通过驾驶室操纵过程中的车钟手柄或控制室操纵过程中的调速手柄返回到停车位置进行复位。

（4）自动停车解除开关。

在运行过程中，由于某种原因，如出现活塞、气缸或喷油泵冷却水低压时，就在主机将要停车的瞬间，立即操作自动停车解除开关，虽存在主机自动停车的条件也还可以继续运行。

（5）自动减速。

在正常航行过程中，当出现下述异常状态时，主机自动调整到 25% 负荷：

曲轴箱油雾浓度高、扫气箱高温、排气高温、燃油入口低压、气缸注油器停止工作、气缸出口处冷却水高温、活塞出口处冷却水高温。

解除上述自动减速条件之后，通过车钟手柄降到低于 25% 的负荷位置进行减速的复位操作。

（6）故障检查装置。

在驾驶室车钟手柄输出信号、调速手柄标度反馈信号、主机转速反馈信号回路中断的情况下，它发出报警的同时自动把操纵部位切换到控制室操纵。

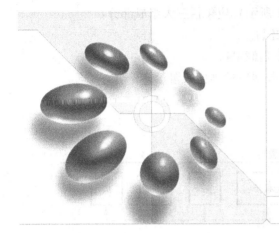

任务八 机舱集中监视与报警

【任务描述】

机舱集中监视与报警系统是轮机自动化的一个重要内容,其功能是准确可靠地监测机舱内各种动力设备的运行状态及其参数,运行设备一旦发生故障,自动发出声、光报警信号。根据自动化程度的不同,有些系统还具有报警记录打印,参数和状态的定时或召唤打印以及参数的分组显示等功能。对于无人值班机舱,集中监视与报警系统还能把报警信号延伸到驾驶台、公共场所、轮机长房间和值班轮机员的住所。机舱集中监视与报警系统不仅可以改善轮机管理人员的工作条件,减轻劳动强度,及时发现设备的运行故障,而且也是实现无人机舱的基本条件。本任务要达到的任务目标如下:

一、知识目标

1. 掌握集中监视与报警系统的基本概念、功能。
2. 掌握 K-Chief500 系统故障报警原理、功能和使用方法。
3. 掌握机舱常用传感器的原理和使用方法。

二、能力目标

1. 具有选用机舱常用传感器的能力。
2. 具有使用 K-Chief500 系统对机舱报警进行处理的能力。

【背景知识】

机舱集中监视与报警系统是轮机自动化的一个重要内容,其功能是准确可靠地监测机舱内各种动力设备的运行状态及其参数,运行设备一旦发生故障,自动发出声、光报警信号。

一、监视与报警系统的组成

一个完善的集中监视与报警系统（如图 8-1 所示）应包括三大组成部分：
1. 分布在机舱各监视点的传感器（见拓展知识）。
2. 安装在集中控制室内的控制柜和监视仪表或监视屏。
3. 安装在驾驶台、公共场所、轮机长和轮机员居室的延伸报警箱。

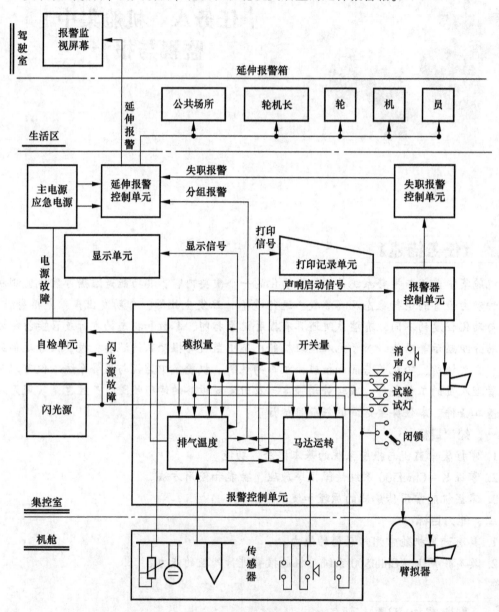

图 8-1　机舱监视与报警系统的组成

二、监视与报警系统的功能

实现以下主要功能：

任务八　机舱集中监视与报警

1. 故障报警

机舱内各种设备的运行是否正常，都是与其一些相关参数是否处于所允许的上、下限范围内有关。大多数设备一旦发生故障，其相关参数越限后将无法自行恢复正常，只有在轮机管理人员把设备修复后，才能使参数恢复正常，我们把这一类设备故障，称为通常故障（或长时故障）。有些重要设备是成双配置的并具有自动切换功能，例如，主机滑油泵在运行泵发生故障时，能自动切换到备用泵工作。这类设备一旦参数越限时，都能通过自动切换作用，使参数重新恢复正常。我们把参数越限后，在短时内使参数自行恢复正常的设备故障，称为短时故障。

对上述两种形式的设备故障，监视与报警系统会产生不同的报警过程。

（1）通常故障报警。

在被监视的设备运行正常时，与其相关的参数处于正常范围内，监视与报警系统不发出声响报警，相应的报警指示灯处于熄灭状态。当运行设备发生故障时，与其相关的参数越限，系统立即发出声响报警，同时相应的报警指示灯快速闪光。值班轮机员获悉后应马上进行应答（或确认）操作，于是声响报警消失，报警指示灯转换成常亮（或平光）状态，以记忆故障，直到轮机人员排除故障，使参数重新恢复正常时，报警指示灯才熄灭。

（2）短时故障报警。

当运行设备发生故障时，与其相关的参数越限，系统立即发出声、光报警。在值班轮机员尚未作出应答操作前，由于运行设备已自动切换到备用设备，使参数在短时内自行恢复了正常，此时声响报警将继续保持，而报警指示灯从快闪转换为慢闪状态（对无快、慢闪之分的系统，报警指示灯则保持闪光状态），以记忆报警状态。值班轮机员获悉后，首先进行消声操作，使声响报警停止，然后根据闪光指示灯确认故障设备后再进行消闪操作，于是报警指示灯从慢闪转换成熄灭状态。

2. 参数显示与报警指示

参数显示主要用来显示被监视参数的即时值和报警极限值。报警指示主要用来指示故障部位、内容及状态。参数显示仪表常用的有指针、数码显示和 CRT 终端显示三种类型。报警指示常用红色灯泡或发光二极管来指示，在微机型报警监视系统中，同时还采用 CRT 显示器来指示。

3. 打印记录

参数记录有定时制表记录和召唤记录两种方式。定时制表记录是打印机以设定的间隔时间，自动地将机舱内需要记录的全部参数打印制表，轮机人员只要将打印纸整理成册，即可作为轮机日志。召唤记录也称随时记录，轮机人员可根据需要，随时打印即时工况参数，可进行全点或选点打印监视点的参数。

报警记录是由监视系统自动控制的，当被监视的运行设备发生故障时，自动地启动打印机来把故障名称、内容和时间打印下来，而在故障排除时，自动打印故障排除的时间。

4. 延时报警

在监视液位时，由于船舶摇摆使容器内的液面来回倾斜，而出现短时虚假越限现象，导致误报警。在开关量报警监视中，当主机变速经过临界转速区时，船舶会出现剧烈振动，使开关量传感器的触点抖动而出现瞬间断开现象，致使产生误报警。为了避免系统误报警，常设置延时报警。在液位监视报警中，常采用延时 2～30 s 的长延时报警，而在开关量报警中，常采用延时0.5 s的短延时报警。在延时时间之内，参数越限或触点断开不发出报警，超过延时时间若参数仍越限或触点仍断开，系统就发出报警，这样可有效避免误报警。

5. 闭锁报警

船舶在停港期间，主机处于停车状态，为此，主机的冷却水系统、燃油系统和滑油系统等均处于停止工作状态，则与这些系统相关的参数都会出现异常，但这是正常现象，不需要报警，因此有必要闭锁这些监视点的报警。闭锁报警就是根据机舱设备的运行情况，封锁一些不必要报警的监视点，禁止其报警。

6. 延伸报警

延伸报警是专为无人值班机舱设置的，在机舱无人值班情况下，必须将机舱故障报警信号分组后传送到驾驶室、公共场所、轮机长和值班轮机员住室的延伸报警箱。延伸报警通常是按故障的严重程度来分组，可把全部监视点的报警信号分为4组：

① 主机故障自动停车报警；

② 主机故障自动减速报警；

③ 重要故障报警；

④ 一般故障报警。

有时为了简化延伸报警，在值班轮机员住室仅设置重要故障报警和一般故障报警两个报警指示灯，有的干脆只设置单一的故障指示灯。

延伸报警声可在延伸报警箱上消声应答，也可在集控室消声应答，前者只能使延伸报警箱停止报警，机舱和集控室的报警仍在继续。而后者不仅可使所有的报警停止，而且还可复位三分钟失职报警的计时。

7. 失职报警

在机舱无人值班的情况下，报警监视系统在发生故障报警的同时启动3 min计时器，若值班轮机员未能在3 min内及时到达集控室完成消声应答，即使已在延伸报警箱上作出应答操作，仍将被认为是一种失职行为，报警系统就向各延伸报警箱发出失职报警，以确保船舶运行安全。报警系统发出失职报警后，只能在集控室进行消声，复位3 min计时器后才被撤销失职报警。

8. 值班呼叫

值班报警主要用于轮机员交接班时的信号联络。例如大管轮与三管轮需要交接班，大管轮只要在集控室的控制台上将值班选择开关转到三管轮位置，此时报警监视系统就会撤销大管轮的值班信号，而向驾驶室、公共场所和三管轮住室的延伸报警箱发出三管轮值班报警，以通知三管轮来接班。三管轮获悉后立即进行应答操作，这时值班报警声消失，三管轮的值班指示灯从闪光转为常亮，从而完成交接班的信号联络。以后，监视系统就把故障报警信号传送到三管轮住室的延伸报警箱，而不再送到大管轮处。

9. 试灯

试灯用于主动检查报警指示灯的好坏，按下试灯按钮，所有报警指示灯应点亮，否则表示该灯已损坏，需要更换。因此它是轮机员交接班时必不可少的操作之一。

10. 功能试验

功能试验用于主动检查监视系统工作是否正常，并在系统发生故障时，可寻找故障的部位。只要按下功能试验按钮，所有监视点全部进入报警状态，如哪个监视点不进入报警状态，则表示该监视通道有故障。对于单元组合式报警监视系统来说，故障可能在相应的报警控制电路、传感器、报警指示灯。如果所有指示灯均无闪光，则故障在闪光源。如果无声响报警，则故障在声响报警控制单元等，维修人员只要通过更换插板即可修复。

11. 自检

为了确保报警监视系统工作的可靠性，除了试灯和功能试验两项手动检测之外，对一些重要环节，如传感器、闪光源、电源电压和电源保险丝等进行自动检测，只要其中之一发生故障，监视系统将自动发出系统故障的报警。

12. 备用电源的自动投入

要使监视系统在全船失电情况下都能正常工作，就必须配备相应的备用电源。在主电源失压或欠压时，系统能自动启动备用电源，实现不间断供电。这是保证报警监视系统可靠工作的又一重要措施。

【任务实施】

认识 K–Chief500 监视与报警系统

本实训在 DMS–EES200K 大型集装箱船轮机模拟器上进行。

K–Chief500 监视与报警系统是 DC20 系统的升级产品，结构组成和功能基本相同，只是在操作面板和屏幕操作界面进行改进。

K–Chief500 的结构组成如图 8–2 所示，主要由操作台（Operator Station，简称 OS）、延伸报警板、主控制台、值班呼叫系统和打印显示单元等组成。

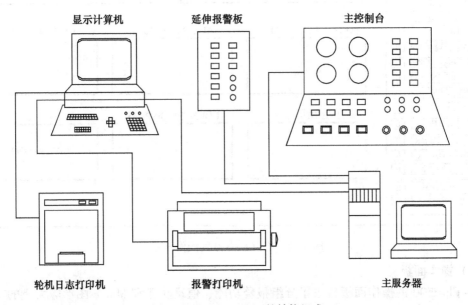

图 8–2 K–Chief500 的结构组成

1. 操作站（OS）包括操作面板和操作界面，如图 8-3 操作面板和 8-4 操作界面所示。

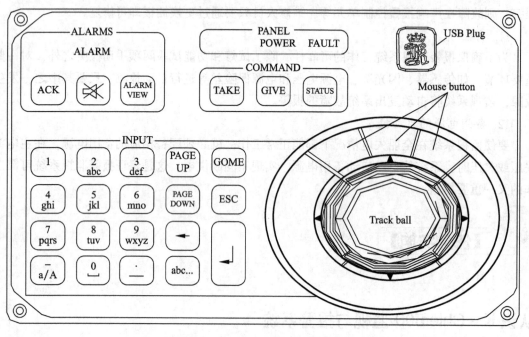

图 8-3　K-Chief500 的操作面板

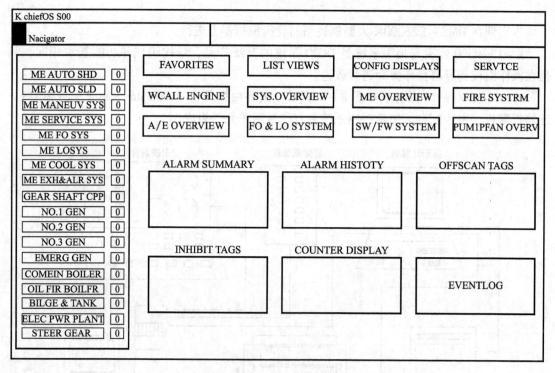

图 8-4　K-Chief500 的操作界面

（1）操作面板。

K-Chief500 的操作面板省去了分组报警功能、值班功能和 Mimic 图形等大量的功能按钮，而把这些操作功能设计成显示窗口的菜单键。在硬件上只保留了报警控制按钮、操作权

任务八　机舱集中监视与报警

控制按钮、数字/字母小键盘和轨迹球等基本部件。操作面板如图8-3所示，图中标明各个按键的名称和功能。

（2）操作界面。

K-Chief500采用Windows XP作为操作系统，系统开机后将自动进入一个叫做浏览器（Navigator）的主界面。浏览器主要由各种软件按钮组成，如图8-5所示为浏览器的一个典型样例。

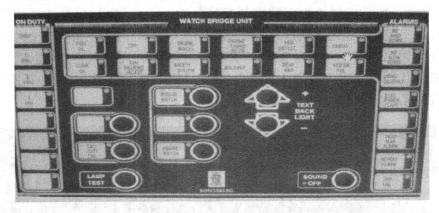

图8-5　K-Chief500浏览器（Navigator）的主界面

浏览器分为2个操作区域，左侧区域为报警浏览器，右侧区域为图形显示浏览器。在报警浏览器中，可对报警进行分组操作和显示。图中当前分组内容分别为"主机自动停车（ME AUTO SHD）、主机自动降速（ME AUTO SLD）、主机气动操纵系统（ME MANEUV SYS）、主机日用系统（ME SERVICE SYS）、主机燃油系统（ME FO SYS）、主机滑油系统（ME LO SYS）、主机冷却水系统（ME COOL SYS）、主机排气和空气系统、轴系和调距桨（GEAR SHAFT CPP）、1号发电机组（NO.1 GEN）、2号发电机组（NO.2 GEN）、3号发电机组（NO.3 GEN）、应急发电机组（EMERG. GEN）、组合锅炉（COMBIN. BOILER）、燃油锅炉（OIL FIR. BOILER）、污水柜和液舱（BILGE&TANK）、应急电源装置（ELEC. PWR PLANT）、以及舵机系统（STEER GEAR），按钮右侧的数字显示各个分组的报警系统（当前的报警数均为0）。点击每个分组按钮即可显示相应分组的参数和报警状态，例如ME AUTO SHD将显示与主机自动停车有关的各个参数名称、参数值、报警设定值和当前报警状态等信息。

图中右侧上方小按钮为主按钮组，下方大按钮为二级按钮组。在按钮组中，点击收藏夹（FAVORITES）可进行值班轮机员的个性显示及其管理，点击"列表查看（LIST VIEWS）"可以列表的形式查看监视参数，点击"显示配置（CONFIG DISPLAYS）"可对各种显示进行自定义配置，进入服务（SERVICE）菜单可显示系统信息、说明书查阅背景亮度调节和报警测试等，进入值班（WCALL ENGINE）菜单可操作值班呼叫系统，进入系统总览（SYS. OVERVIEW）可查看整个系统的网络布局及网络工作状态，主机总览（ME OVERVIEW）、火警系统（FIRE SYSTEM）、发电机总览（A/E OVERVIEW）、燃滑油系统（FO&LO SYSTEM）、海淡水系统（SW/FW SYSTEM）、泵与风机总览（PUMP&FAN OVERV）等则以Mimic图的形式显示相应系统的工作状态。

二级按钮的内容与当前激活的主按钮相对应，若二级按钮指向的目标为列表或Mimic图，则该二级按钮以所指向的列表或Mimic图的缩略图形式显示。例如图8-5中，当前激活的主按钮为"LIST VIEWS"，其对应的二级按钮包括报警汇总（ALARM SUMMARY）、报警历史

(ALARM HISTORY)、离线测量点标签（OFFSCAN TAGS）、报警抑制标签（INHIBIT TAGS）、计时/计数显示（COUNTER DISPLAY）、事件记录（EVENTLOG）。点击任意一个二级按钮，都将进入相应的显示页面，例如，点击 ALARM SUMMARY 将显示当前报警的汇总列表。

2. 轮机模拟器模拟机舱中各个主要系统包括压缩空气系统、燃油系统、中央冷却水系统、滑油系统、辅锅炉控制系统、主机遥控系统、油净化系统和船舶电站系统。

（1）压缩空气系统包括主压缩空气系统（图8-6）和控制空气系统两大部分（图8-7）。主压缩空气系统主要是为主机、发电机、日用空气和控制空气提供压缩空气，主要由三台主空气压缩机、一台应急空气压缩机、主空气瓶、辅空气瓶、应急空气瓶以及减压装置和管路组成；控制空气系统主要是为全船控制空气提供气源，主要包括主机遥控系统、分油机系统、燃滑油冲洗装置、锅炉系统等。

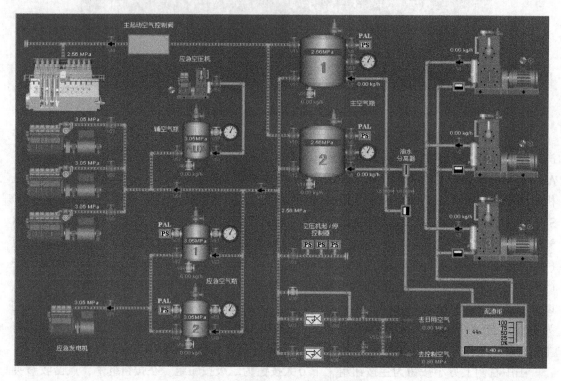

图8-6 压缩空气启动系统主界面

（2）燃油仿真系统的功能旨在储存、驳运、加热和过滤燃油。最终向主机和辅机系统提供温度合适、压力相当、黏度达标的最佳品质的燃油。该燃油仿真系统管网复杂庞大，主要由五小部分组成，其中包括燃油装填/加热系统、燃油驳运系统（图8-8）、主机燃油系统（图8-9）、辅机燃油系统（图8-10）和燃油泻放系统（图8-11）。

（3）中央冷却水系统包括海水系统（图8-12）、低温淡水系统（图8-13）、主机高温淡水系统（图8-14）和辅机高低温淡水系统（图8-15）。中央冷却水系统保证运行设备在合适温度下稳定工作。图8-16为中央冷却水系统ENGARD控制器面板。在面板上，可进行海水泵的手动/自动切换和低温冷却水控制阀的手动/自动切换及报警确认等操作。当打开控制箱门时（如图8-17所示），可进行控制器复位、参数查询和设定等操作。

任务八 机舱集中监视与报警

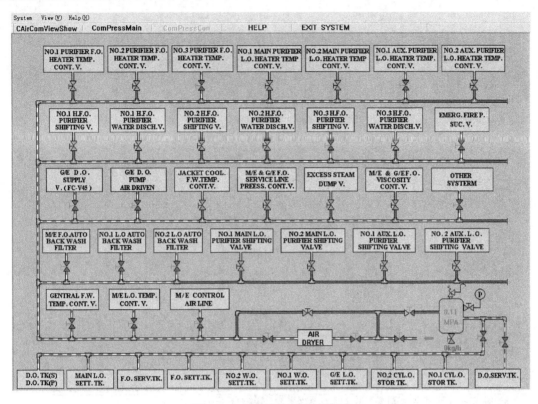

图 8-7 控制空气系统主界面

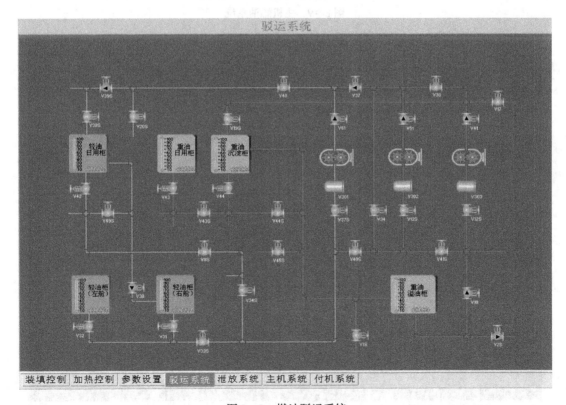

图 8-8 燃油驳运系统

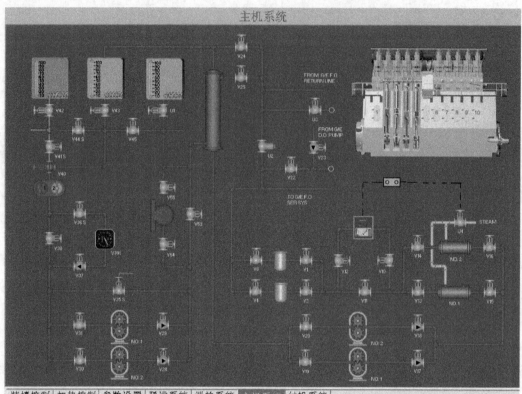

图 8-9 主机燃油系统

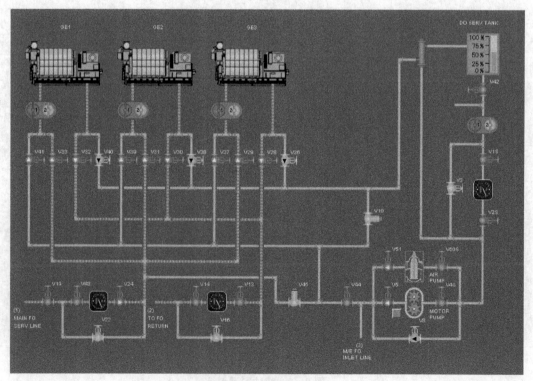

图 8-10 辅机燃油系统

任务八　机舱集中监视与报警

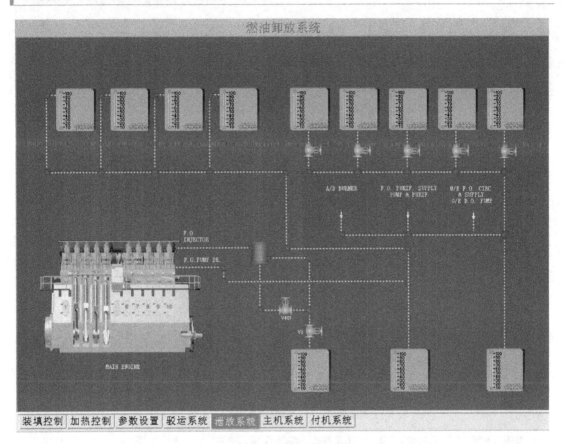

图 8-11　燃油泻放系统

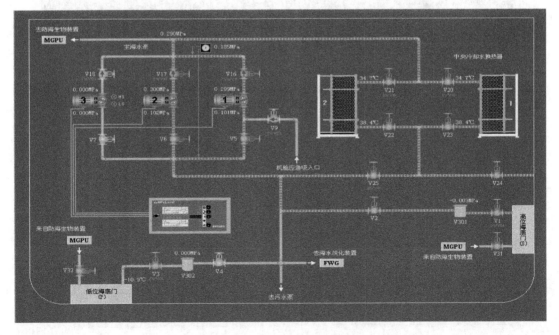

图 8-12　中央冷却海水系统

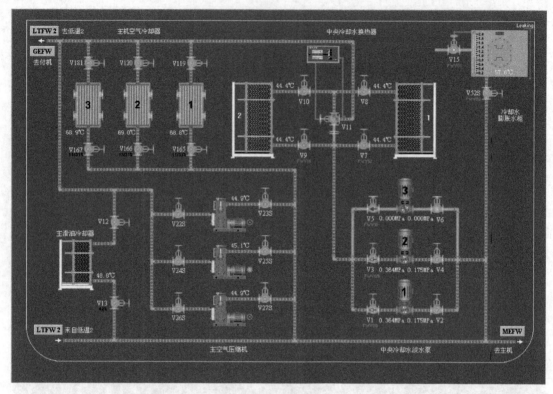

图 8-13 低温淡水系统

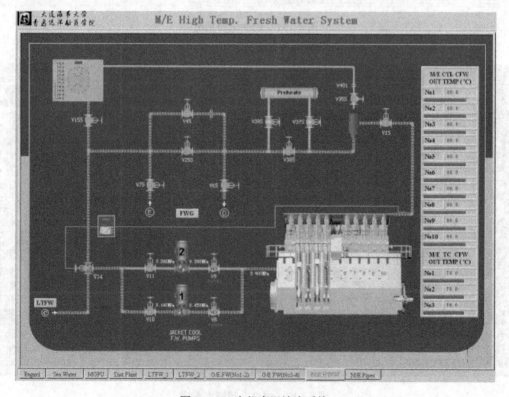

图 8-14 主机高温淡水系统

任务八 机舱集中监视与报警

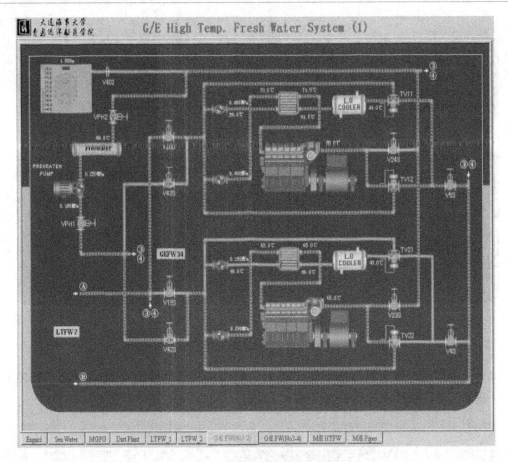

图 8-15 辅机高低温淡水系统

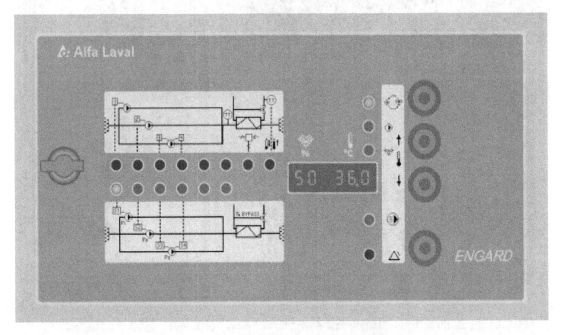

图 8-16 中央冷却水系统 ENGARD 控制器前面板

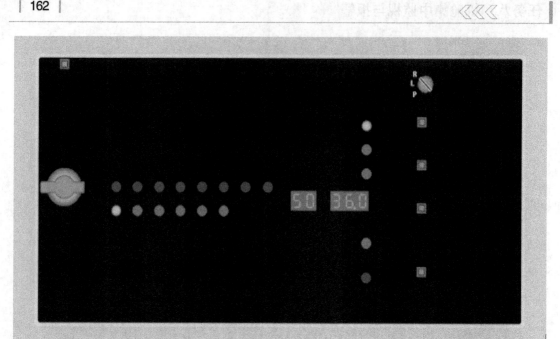

图 8-17 中央冷却水系统 ENGARD 控制器内面板

（4）滑油系统包括主机滑油系统（图 8-18）、辅机滑油系统（图 8-19）、艉轴滑油系统（图 8-20）和滑油驳运系统（图 8-21）。

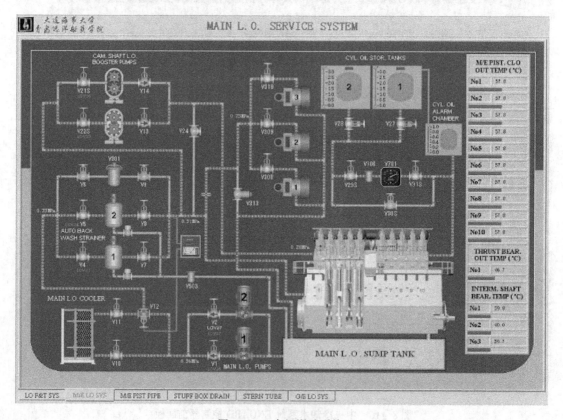

图 8-18 主机滑油系统

任务八 机舱集中监视与报警

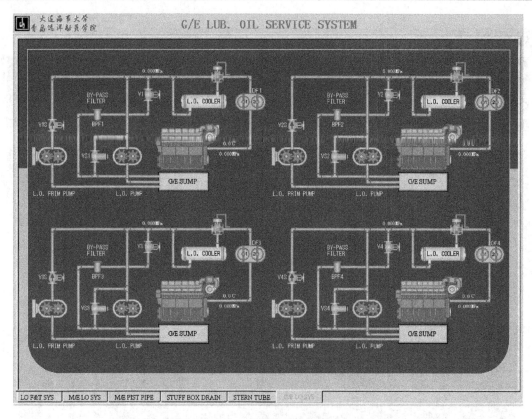

图 8-19 辅机滑油系统

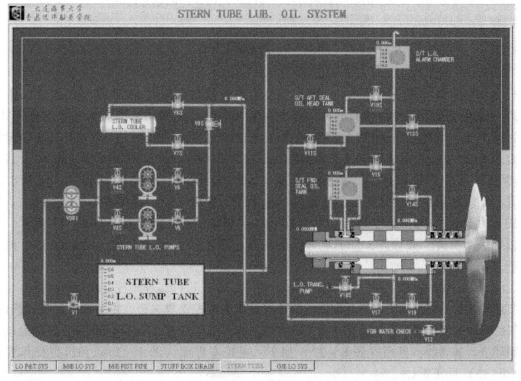

图 8-20 艉轴滑油系统

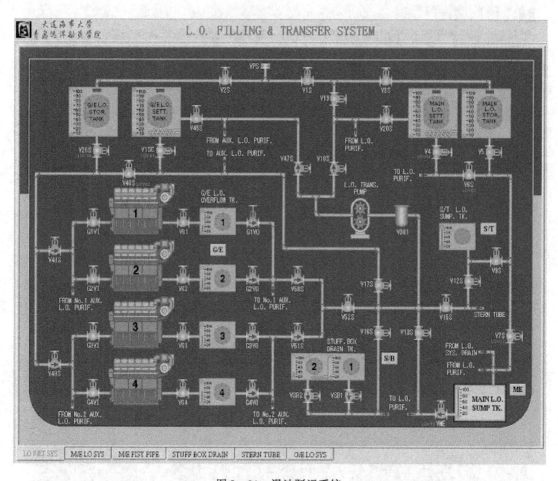

图 8-21 滑油驳运系统

(5) 本辅锅炉模拟器（图 8-22）主要仿真对象是模拟器 5250 系列的全集装箱船上的一台废气锅炉和一台燃油锅炉。其中，废气锅炉（又称为经济器）为强制循环式，正常情况下，蒸发量为 4 000 kg/h，主机在 MCR 工况下蒸发量可达到 6 400 kg/h，设计压力为 1.20 MPa，正常工作时的饱和蒸汽压力为 0.60 MPa，加热面积为 395 m^2，共有 87 根水管，水平 U 形排列。安装有 8 组（SBS2-50 型）手动吹灰装置，还有水洗装置。燃油辅锅炉主要是为了保证停泊状态下的正常用气，其蒸发量为 4 000 kg/h。设计压力为 0.80 MPa，正常的压力为 0.60 MPa。锅炉控制面板界面如图 8-23 所示。整个辅锅炉模拟器，共分为 3 个子系统：水系统（图 8-24）、油系统（图 8-25）、蒸汽系统（图 8-26）。

(6) MAN B&W MC 主机气动遥控系统（图 7-12）可以实现集控室或机旁手操，也可以实现驾驶台自动控制。其主要控制元部件被设置在集控室操纵台、机旁和手动控制箱内，该气路设计的特点不仅在于有完善的主机遥控功能，还有喷油定时的自动调节、慢转启动等控制环节。其驾驶台界面（图 8-27）如下，集控室界面（图 7-13）和机旁操作界面（图 7-15）见任务七。

任务八　机舱集中监视与报警

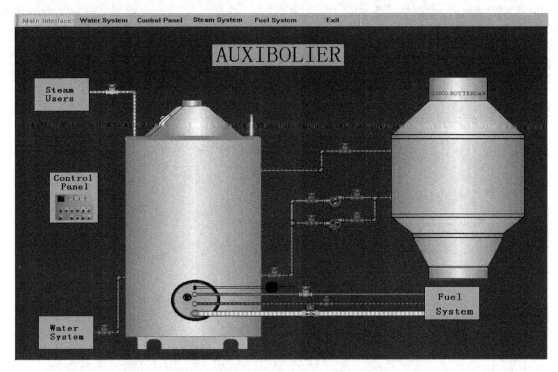

图 8-22　辅锅炉主界面

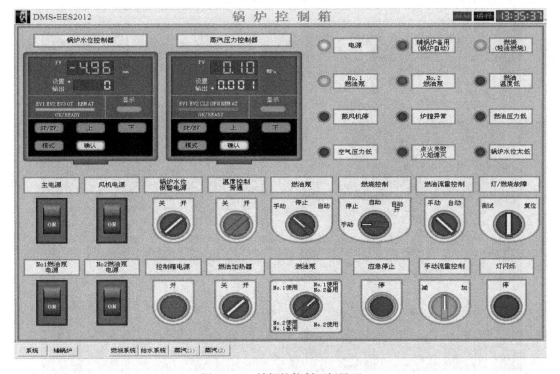

图 8-23　辅锅炉控制面板界面

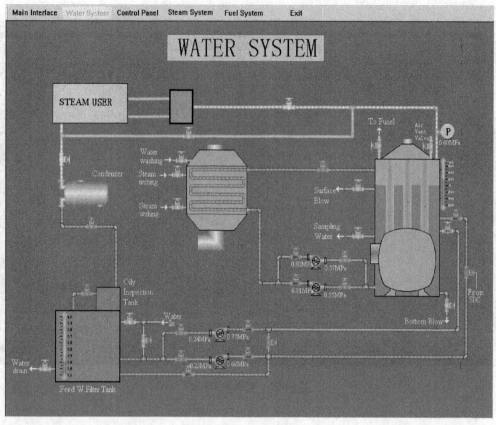

图 8-24 水系统界面

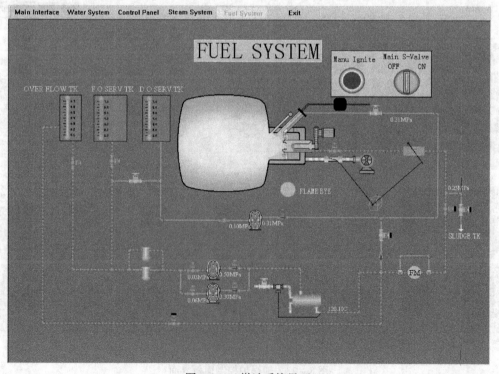

图 8-25 燃油系统界面

任务八 机舱集中监视与报警

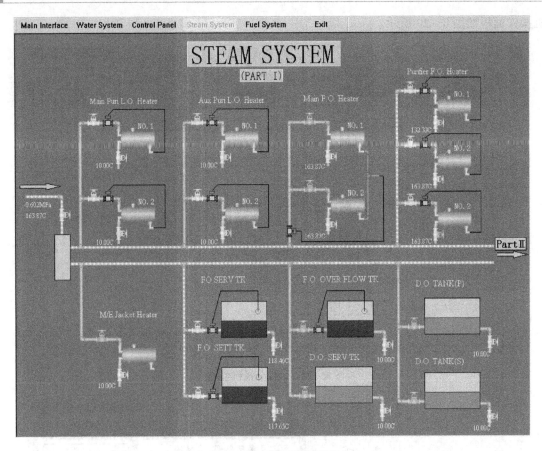

图8-26 蒸汽系统界面

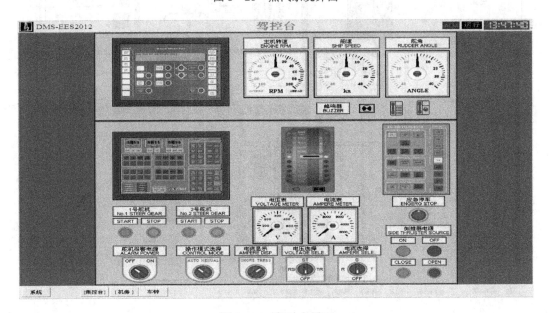

图8-27 驾驶台界面

（7）净油系统是主要通过重力和离心分离的方法，即通过沉淀柜的重力分离和分油机的离心分离，将燃油或者滑油中所含的杂质和水分离出来。其系统图如图8-28所示，分油机操作面板如图8-29所示。

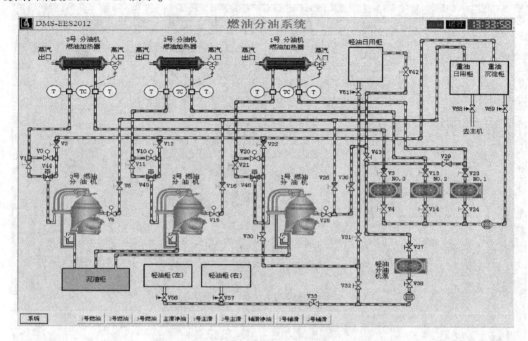

图8-28 燃油分油机系统

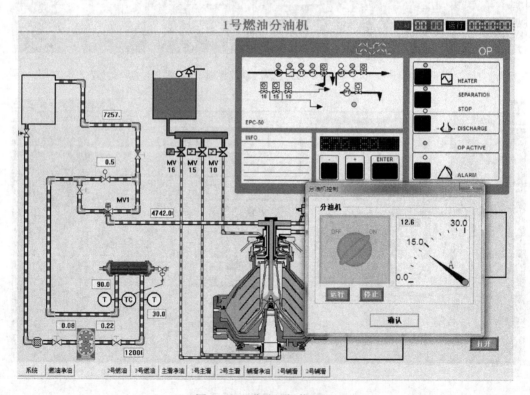

图8-29 分油机操作面板

(8) 船舶电力系统是由监控之下运行的船舶电源及与之相连接的船舶电网组成并向负载供电的整体。船舶电力系统是由电源装置、配电装置、电力网和负载按照一定方式

任务八　机舱集中监视与报警

连接的整体,是船舶上电能产生、传输、分配和消耗等全部装置和网络的总称。其操作面板如图 8-30,图 8-31,图 8-32,图 8-33,图 8-34 所示。

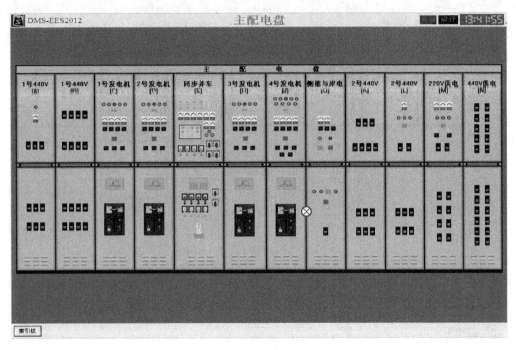

图 8-30　主配电盘结构图

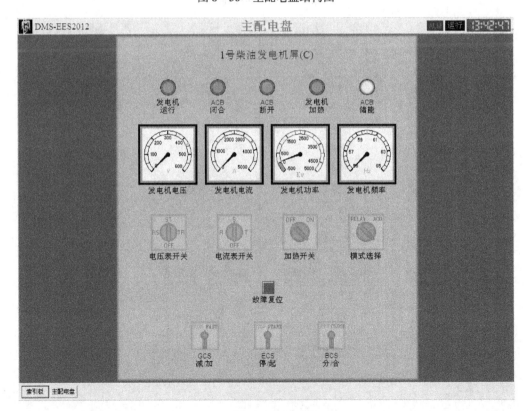

图 8-31　发电机控制屏

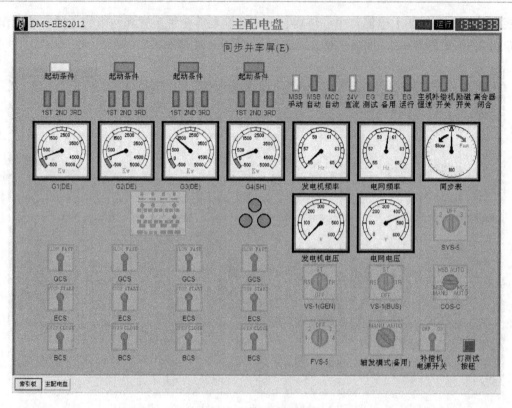

图 8-32 并车操作屏

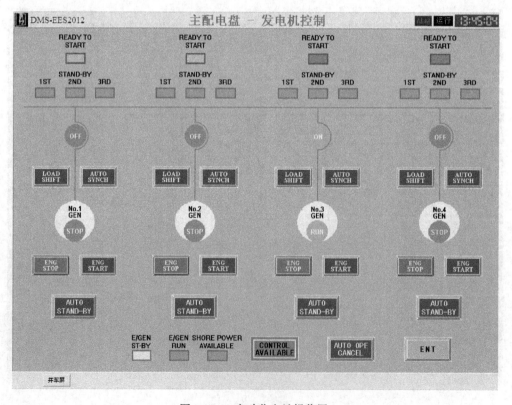

图 8-33 自动化电站操作屏

任务八 机舱集中监视与报警

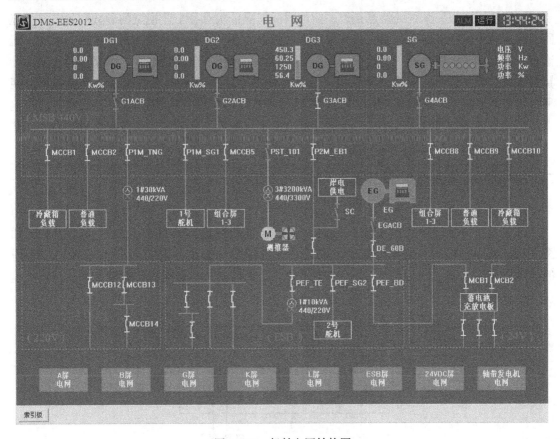

图 8-34 船舶电网结构图

【拓展知识】

一、监视与报警系统的种类

1. 种类

根据其监视方式不同，监视与报警系统大致可分为以下两类：

（1）连续监视式报警系统。

连续监视式报警系统主要是指单元组合式集中监测系统。这种系统对机舱内的所有监视点实现同时连续监视，它将各监视点的状态参数经传感器检测后，并行送入系统中的报警控制单元。报警控制单元是系统的核心单元，它是由许许多多的报警控制电路组合而成。每一个监视点的参数经传感器分别进入相应的报警控制电路，以实现参数的检测与判断，从而控制故障报警。由于各监视点的报警控制电路是相对独立的，因此各监视点之间的相互影响较小，当某一监视点的通道发生故障时，不会影响其他通道的工作。监视点数目的增减，原则上不受限制，如欲增加监视点数目，只要增加相应的报警控制电路即可实现。但所需硬件多，造价较高。

（2）巡回监视式报警系统。

巡回监视式报警系统的特点是以一定的时间间隔依次对各个监视点的参数和状态进行巡回检测。由于监视点参数是逐一被采集到系统的核心单元，进行分时间段处理的，因此，无论监视点有多少，仅需要一个报警控制单元。根据报警控制单元是由常规电路组成还是由计算机系统组成，巡回监视式报警系统又分为常规型巡回检测系统和微机控制型监视系统两种。微机型监视系统采样速度快，检测精度高，具有体积小、功能强和显示技术先进等优点，因此常规型巡回检测系统在新造的船舶上已不再配置，而被微机型监视系统所取代。此外，计算机网络技术的成熟应用已经使得监视报警系统朝着分布式网络结构的方向发展。

二、报警控制单元的组成原理及功能

1. 开关量报警控制单元

开关量报警控制单元是由输入回路、延时环节和逻辑判断环节所组成，原理框图如图 8-35 所示。输入回路较简单，用来把开关量传感器给出的触点断开信息转换成相应的故障电平（"0"或"1"），或者在接收到"功能试验"信号时输出故障电平，以模拟监视点的设备故障。

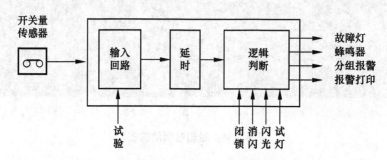

图 8-35　开关量报警控制单元的逻辑组成框图

延时环节用来延时输出故障电平，实现延时报警功能。逻辑判断环节用来完成逻辑运算和状态记忆。它根据延时后的故障电平、报警闭锁信息以及消闪指令信息，进行逻辑判断，以控制报警指示灯的状态，启动声响报警，输出分组延伸报警信号以及控制故障打印。

在监视点参数处于正常范围时，开关量传感器的触点闭合，输入回路不输出故障电平。因此，报警指示灯处于熄灭状态、不启动声响报警、不输出分组报警和故障打印的信号。这时若按下"试灯"按钮，报警指示灯点亮，若不亮表示损坏，需更换。当监视点的运行设备发生故障，其相关参数越限时，传感器的触点断开，经输入回路转换成相应的故障电平，经延时环节后输出故障报警电平至逻辑判断环节。逻辑判断环节在无闭锁报警的情况下，控制报警指示灯发出快闪，将声响启动信号送至报警器控制单元，使集控室的蜂鸣器鸣叫，机舱内的电笛吼叫和旋转警灯闪烁；输出分组报警信号至延伸报警控制单元进行归类分组后，使驾驶室、试灯公共场所、轮机长及值班轮机员住室的延伸报警箱发出声光报警；对重要监视点，输出故障打印触发信号至打印记录单元，自动打印故障日期、名称和内容。整个系统进入故障报警状态，同时启动 3 min 失职报警计时器。值班轮机员在获悉故障报警时，首先在延伸报警箱按应答按钮，使延伸报警声消失。但在延伸报警箱上应答不能使机舱报警声消失，也不能复位 3 min 失职报警计时器。因此值班轮机员必须在 3 min 之内到达集控室，按下消声应答按钮，使声响报警停止，并复位 3 min 失职报警计时器。然后，按下消闪按钮，

任务八 机舱集中监视与报警

逻辑判断环节在接收到消闪信号后，根据传感器的状态，在长时故障报警情况下，使报警指示灯从快闪切换成常亮状态，以记忆故障状态。直到故障排除，监视点参数恢复正常，传感器触点重新闭合，逻辑判断环节才使报警指示灯从常亮切换成熄灭，回到正常状态。若在值班轮机员消闪应答前，监视点参数因设备自动切换作用，已自行恢复正常，使传感器触点又闭合，逻辑判断环节将控制报警指示灯从快闪切换成慢闪，进入短时故障报警状态。此时，值班轮机员按下消闪按钮，报警指示灯从慢闪切换成熄灭，回到正常状态。为了检查报警系统是否正常，可把试验开关拨至"试验"位置，输入回路接收到试验信号立即输出故障电平，以模拟监视点参数越限，传感器触点断开状态。于是，逻辑判断环节进入报警状态。否则说明该报警通道有故障或该通道的报警被闭锁。利用试验开关可进行长时故障报警试验或者短时故障报警试验。

开关量报警通道的报警设定值是由传感器来设定的。例如采用压力继电器作为压力传感器时，其上限报警设定值为继电器的下限设定压力与幅差之和，而下限报警的设定值就是其下限设定压力。

2. 模拟量报警控制单元

模拟量报警控制单元主要是由测量回路、比较环节、延时环节和逻辑判断环节组成的，其原理框图如图8-36所示。图中，测量回路用于把传感器送来的模拟量信息转换成相应的电压信号，以作为监视点参数的测量值 u_i，并在模拟量传感器发生短路或开路时，向自检单元发出传感器故障信号。比较环节用于故障报警鉴别，它将测量值 u_i 与电位器整定的报警设定值 U_L 进行比较，若参数越限则输出报警信号至延时环节。在功能试验时，比较环节接收到试验信号，若能输出被监视点参数越限的报警信号，则说明控制单元工作正常；否则，说明单元有故障。延时环节和逻辑判断环节的作用与开关量报警控制单元中的环节完全相同，故不再介绍。其中延时环节不是所有的模拟量报警控制单元都设置，而只适用于需要延时报警的监视通道中。

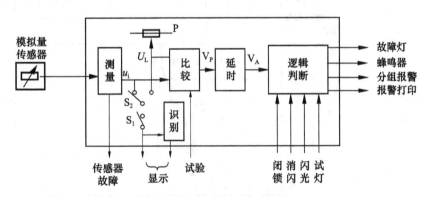

图8-36 模拟量报警控制单元的逻辑组成框图

3. 继电器组成的报警控制单元

船用SMA-02型报警系统是属于有触点的报警系统，在船上应用较早。如图8-37所示是SMA-02型报警监视单元。图中S是开关量传感器触点。运行参数在正常范围内没有越限时触点S闭合，当参数越限出现故障时触点S断开。每块插件板可同时安装6个监视点的报警控制通道。图8-37中仅画出其中的一组，其他5组电路完全相同。

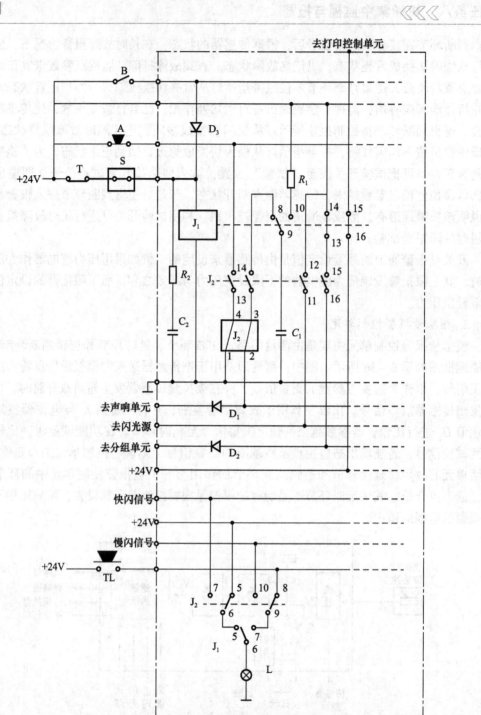

图 8-37 SMA-02 型报警控制单元原理图

(1) 报警控制。

在设备正常情况下,开关量传感器的触点 S 处于闭合状态。在未按"功能试验"按钮时触点 T 闭合。于是继电器 J_1 通电,继电器 J_2 断电。

当运行设备发生故障时,传感器的触点 S 断开,延时后,使继电器 J_1 断电,继电器 J_2 通电,发出声光报警,指示灯快闪。

任务八　机舱集中监视与报警

当轮机员应答后，使继电器 J_2 断电，声响停止，指示灯常亮。

当故障排除后，触点 S 又闭合，使继电器 J_1 通电，继电器 J_2 断电。指示灯熄灭。

当出现短时故障时，使继电器 J_1 和 J_2 均通电。指示灯从快闪变为慢闪，轮机员应答后，继电器 J_2 断电声响停止，指示灯熄灭。

（2）功能试验和闭锁报警。

为了检查报警系统是否正常，可进行功能试验。当按下"功能试验"按钮时，其触点 T 断开，使继电器 J_1 延时后断电，进入报警状态。这时，若报警指示灯不能快闪，则说明该报警控制电路有故障。利用功能试验开关与消闪按钮的配合操作，可进行长时故障报警或短时故障报警试验。

在被监视的设备停止工作时，可接通报警闭锁开关 B，使二极管 D_3 导通，保证继电器 J_1 在触点 S 断开时能继续保持通电，从而闭锁了该通道的报警。

4. 用集成电路组成的报警控制单元

WE-2 型报警监视系统中有开关量、模拟量、马达运转和排气温度等四种形式的报警控制单元，图 8-38 示出了其开关量报警控制单元的电路图。下面介绍电路的工作原理：在监视点参数正常情况时，触点 S 闭合，端子 30 为低电平，这时 P 点为"1"信号，不发声光报警。当参数越限，触点 S 断开，A_1 反相端变换成高电平，则 A_1 输出"0"信号，经 Y_1 反相为"1"信号，向延时环节的电容 C_2 充电使 A_2 同相端电位不断升高，当升高到略大于 A_2 反相端设定的电位时，A_2 翻转输出"1"信号，这段报警延时时间可通过 W_2 来调整，调整范围为 2~30 s。端子 10 在没有闭锁信号时为高电平，于是与非门 Y_2 输出"0"信号，即 P 点为"0"信号，经端子 8 输出分组报警信号至延伸报警单元，同时由端子 7 输出故障打印信号。

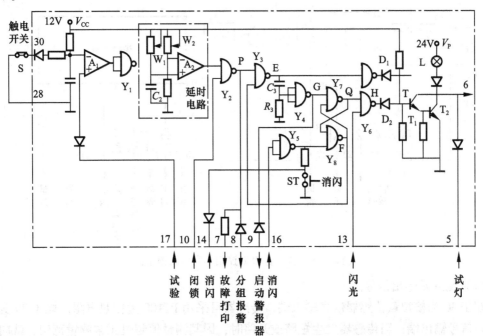

图 8-38　开关量报警控制单元电路原理图

与非门 Y_3 输出"1"信号，由 C_3 和 R_3 组成的微分电路产生一个正的尖峰脉冲，经非门 Y_4 输出一个负的尖峰脉冲。G 点出现的负尖脉冲，一方面经端子 9 输出声响启动信号至警报器控制单元；另一方面使 RS 触发器发生翻转，Q 为"1"信号，打开与非门 Y_6，由端子 13 送来的闪光信号经 Y_6 到达 H 点，使 I 点的电位高低交替变化，致使晶体管 T_1 和 T_2 间断导通，报警指示灯 L 闪光，并由端子 6 输出到外接的报警指示灯。

当值班轮机员按下"消声"按钮后，消除声响报警。按下"消闪"按钮后，从端子 14 送来低电平信号至触发器的 R 端，使触发器的 Q 端置"0"而封锁 Y_6，于是从端子 13 来的闪光信号不能通过 Y_6，H 点为"1"信号，使 I 点保持高电位，晶体管 T_1 和 T_2 始终导通，报警指示灯转为常亮。若用一个确认按钮，完成消声和消闪，按下确认按钮后，一方面消除声响报警；另一方面从端子 16 送来高电平信号可消闪。

当故障排除，参数恢复正常状态时，传感器触点又闭合，端子 20 为低电位，A_1 输出"1"信号，经 Y_1 反相为"0"信号，因 A_2 同相端电位低于反相端而输出"0"信号，经 Y_2 输出"1"信号，P 点的正阶跃电平通过端子 7 输出故障排除打印信号，同时 Y_3 的输出 E 点为"0"信号，使 I 点保持低电位，T_1 和 T_2 均截止，报警指示灯 L 熄灭。

若要进行功能试验，当按下"试验"按钮时，端子 17 出现低电平，A_1 输出"0"信号，它相当于参数越限，可试验报警功能和检查报警系统能否正常工作。若需实现报警闭锁，只要接通闭锁开关，端子 10 就出现低电平，使 P 点始终为"1"信号，从而闭锁该通道的报警。

图 8-39 中延时环节和逻辑判断环节的原理与上述开关量报警控制单元相同，关于其输入、输出信号的作用大多数与开关量报警控制单元相同，下面仅对不同之处予以说明。

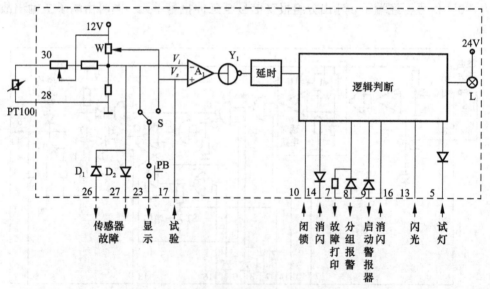

图 8-39 模拟量报警控制单元电路原理图

（1）输入及输出信号。

端子 30 为模拟量传感器信息输入端，传感器可采用 PT100 型铂热电阻。端子 29 为传感器故障信号输出端，当传感器发生短路或开路时，因其测量值超过正常测量范围，就向自检单元发送传感器故障信号。端子 23 是参数测量值或报警设定值（极限值）输出端，送至显示单元。

(2) 工作原理。

模拟量传感器给出的信息经测量回路转换成电压信号 V_i 又送至比较器 A_1 的反相端，并从端子 20 送至显示单元。电位器 W 的中间抽头电压 V_s 为上限报警设定值，送至 A_1 的同相端。当监视点参数超限时，其测量值大于报警设定值，即 $V_i > V_s$，使比较器 A_1 翻转输出故障信号"0"，经 Y_1 反相为"1"信号送至延时电路，经延时后送至报警逻辑电路。延时电路和报警逻辑电路的动作过程与开关量报警控制单元相同。功能试验时，端子 17 出现低电平，使比较器 A_1 输出故障信号"0"，以模拟监视点参数越限。

三、认识机舱中常用的传感器

机舱内的各种传感器用来感受被监视的工况参数，并将其变换成电信号后，传送到报警控制单元，因此，传感器是监视和报警系统的信息获取装置，又称为发送器。机舱中常见的传感器如下：

1. 温度传感器

常用的温度传感器有热电阻、热电偶和热敏电阻。在船上测量较低温度的场合通常采用热电阻或热敏电阻，如测量气缸冷却水温度、滑油温度、主轴承温度等。在测量高温的场合如主机排烟温度等一般采用热电偶。

(1) 热电阻式温度传感器（见任务三）。

(2) 热电耦式温度传感器。

热电偶是由两种导电率不同的金属导体焊接并插入护套制成的。焊接端称为热端，与导线连接端称为冷端。热端插入需要测温的监视点，冷端置于室温中，若热、冷两端温度不同，则在热电偶回路中会产生热电势 e，e 的大小正比于两端的温度差。当冷端温度保持不变时，其热电势 e 随热端温度的升高而增大。由于冷端温度是随环境温度而变化的，因此当热端测量温度不变而环境温度升高时，则使热、冷端之间的温差减小，热电势 e 也减小，这就影响了测量精度。要使热电偶产生的热电势仅仅与测量温度有关，而与环境温度无关，除了需采用与热电偶相匹配的补偿导线连接外，还需对其冷端温度进行补偿。使用中常在热电偶回路中串接一个冷端温度补偿电桥，如图 8-40 所示。图中 R_0、R_1 和 R_2 是锰铜丝绕制的电阻，它们的电阻值基本不随温度变化。R_{Cu} 是铜丝绕制的补偿电阻，其电阻值随温度升高而增大。温度补偿电桥的输出 U_0 与热电偶输出电势 e 串联，输出总电势 u_0。只要补偿电阻和电路参数调整合适，补偿电桥的输出正好可以抵消由于冷端温度变化而引起的测量误差。

热电耦式传感器适用于检测高温的场合，例如主机排气温度的测量等。常用的热电耦有：铂铑 10-铂热电偶，测温范围 0 ℃ ~ 1 600 ℃；铂铑 30-铂铑 60 热电耦，测温范围 0 ℃ ~ 1 800 ℃；镍铬-镍硅热电耦，测温范围 0 ℃ ~ 1 300 ℃。

2. 压力传感器

压力传感器的种类很多，下面介绍电阻式、应变片和感应式等三种压力传感器。

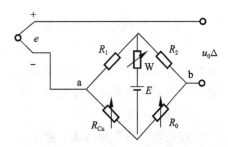

图 8-40 热电偶的冷端补偿原理图

(1) 电阻式压力传感器。

阻式压力传感器主要由弹簧管、传动机构、滑线电阻及测量电桥等组成,如图 8-41 所示为滑动电阻式压力传感器。该压力传感器是利用弹簧管感受压力后变形所产生的位移与测量压力成正比的原理,先将测量压力变换成弹簧管的位移,再将位移经齿轮传动机构放大后使滑线电阻的滑针位置改变,致使滑线电阻 R_P 上部电阻和下部电阻发生变化,通过测量电桥检测后转换成相应的电压。若测量压力升高,弹簧管变形位移增大,使扇形齿轮逆时针转动一角度,齿轮带动滑针顺时针转过一角度,导致 R_P 上部电阻减小和下部电阻增大,a 点电位 U_a 升高,b 点电位 U_b 不变,使电桥输出电压 U_{ab} 增大。反之,若测量压力降低,U_{ab} 也随之减小。由于包括弹簧管在内的弹性敏感元件存在弹性滞后效应,因此这种传感器不适用于测量瞬间变化的动态压力,多用于测量静态压力。

(2) 金属应变片式压力传感器。

金属应变片式压力传感器主要由金属应变片和测量电桥组成,如图 8-42 所示。图 8-42 中,R_1 为金属应变片的阻值,R_4 为温度补偿电阻。金属应变片是由铜镍或镍铬合金丝绕成栅状,然后粘贴在上、下两层绝缘基片之间而制成的。使用时,将应变片牢固粘贴于受压容器壁上。当测量压力为零时,可调整测量电桥,使电桥平衡,输出电压 U 为零。当测量压力增加时,应变片会弯曲变形,栅形金属丝被拉长使其电阻值 R_1 增大,输出 U 增大。由于在实际使用中,应变片的阻值不仅会随测量压力的变化而改变,还会随测量点的温度变化而改变,使得测量结果不能准确反映测量压力。为此,常设置一个温度补偿电阻 R_4,R_4 选用与 R_1 相同的材料和相同的阻值,并且也安装在被测容器内,以感受同一个温度,但不承受压力,消除环境温度变化而造成的误差。

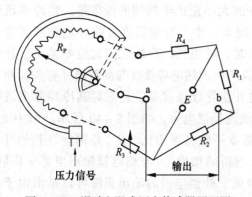

图 8-41 滑动电阻式压力传感器原理图

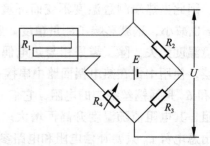

图 8-42 金属应变片式压力传感器原理图

(3) 电磁感应式压力检测器。

如图 8-43 所示是电磁感应式压力检测器的原理图。它由弹性元件和差动变压器组成。常用的弹性元件有波纹管和弹簧管,其中,波纹管适用于测量范围在 0~0.3 MPa,弹簧管检测压力适用范围在 0.6 MPa 以上。

3. 液位传感器

液位传感器有浮力式、静压式、电极式、电阻式、电容式和超声波式等等。其中,浮力式分为恒浮力式和变浮力式,静压式分为差压式和吹气式。电极式和电阻式液位传感器只能

任务八 机舱集中监视与报警

测量导电液体的液位,而电容式只能测量非导电液体的液位,超声波式常用于测量精度要求较高的场合。

下面介绍变浮力式和吹气式两种液位传感器。

(1) 变浮力式液位传感器。

图 8-44 给出根据变浮力作用原理构成液位检测工作的原理图,其主体是由浮筒、平衡弹簧和差动变压器组成的。它依照浮筒被液体浸没的体积所产生的浮力会随着液位升高而增大的原理进行工作。我们知道:液位的变化总是伴随有相应的浮力变化,可以理解为浮力、平衡弹簧的作用力、浮筒自身重量通过浮筒结构进行力的比较,在新的力平衡关系建立以后,会得出一个确定的位移变化,并加到差动变压器的铁芯上去,以使差动变压器的输出电压 U_{out} 发生改变。最后经过整流,输出与液位变化成比例关系的直流电压信号。调整平衡弹簧的圈数可改变液位测量灵敏度。

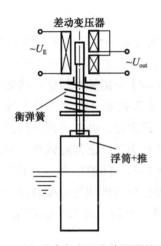

图 8-43 电磁感应式压力检测器的原理图

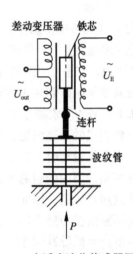

图 8-44 变浮力液位传感器原理图

(2) 吹气式液位传感器。

吹气式液位传感器是属于静压式液位传感器,其结构原理如图 8-45 所示。它是由过滤减压阀 1、节流阀 2、导管 3、平衡气室 4 及差压变送器 5 等元件组成。调整节流阀 2 使液位在最高位置时,从平衡气室中有微量气泡逸出。这样导管 3 中压力始终与平衡气室压力相等。平衡气室的压力就是液位的静压力,即与液位高度成比例。因此,液位变化时,导管内的压力也随之变化,经变送器输出的气压信号就与液位高度成比例。

4. 转速传感器

常用的转速传感器有测速发电机和磁脉冲式测速装置。转速传感器可用来检测主机的转速和转向、发电机的原动机转速等。

(1) 测速发电机。

测速发电机是利用导体切割磁力线所产生的

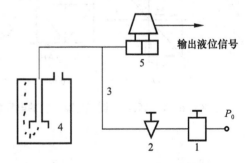

图 8-45 吹气式液位传感器
1-过滤减压阀;2-节流阀;3-导管;
4-平衡气室;5-差压变送器

感应电动势与转速成比例的原理，把转速变换成相应的感应电动势。测速发电机可分为直流和交流两种形式。直流测速发电机输出的直流电压大小与转速成正比，即 $\sigma = K \cdot n$，式中 K 为比例系数，n 为转速。直流电压 σ 的大小反映了转速的高低，当转向不同时，直流测速发电机输出的电压极性也不同，正转时输出正电压，反转时输出负电压，因此 σ 的极性反映了主机的转向。转速为零时，测速发电机的输出电压 U 为零。直流测速发电机的特性如图 8-46 (a) 所示。

直流测速发电机输出的电压信号可送至转速表来指示主机的转速和转向。但是当测速信号作为电子调速器的转速反馈信号，或作为转速逻辑鉴别信号时，测速信号必是恒极性的，即无论主机是正转还是反转，测速电压信号的极性不能改变，否则无法保证馈送到电子调速器的转速反馈在正车或倒车时都是负反馈。为此，作为控制系统中的转速反馈和转速逻辑鉴别信号时，必须经过整流把倒车时的负电压信号转换成正电压信号，如图 8-46 (b) 所示。

(2) 磁脉冲式转速传感器。

磁脉冲式测速装置属于非接触式转速传感器，在主机遥控系统中可用来检测主机的转速、转向和转速逻辑。它是由测速齿轮、磁脉冲探头、脉冲整形放大电路、频率/电压 (f/v) 转换电路、转向鉴别电路和转速逻辑鉴别电路所组成。图 8-47 为磁脉冲转速传感器结构原理图，它由永久磁铁 1、软磁芯 2、线圈 3 及非导磁性外壳 4 等构成。在主机的主轴上安装一个由铁磁材料制成的测速齿轮，磁脉冲探头对准齿轮的齿顶固定，并与齿顶之间保持一个较小的间隙。当主机转动时，齿轮随之转动，当齿顶对准磁探头时，因间隙较小，所以磁阻较小，通过磁探头线圈中的磁通量较强；而当齿槽对准磁探头时，间隙增大，磁阻增大，则通过线圈中的磁通量较弱。因此，在齿轮随主机转动时，齿顶与齿槽相继对准磁探头，使其线圈中磁通量不断改变而感应出一系列脉动电动势，每转过一个齿，磁探头就产生一个脉冲。磁脉冲探头所产生的脉冲频率可表示为

$$f = \frac{Z \cdot n}{60}$$

式中：f 为脉冲频率，Z 为齿轮的齿数，n 为转速。

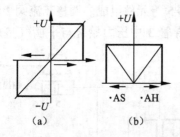

图 8-46 整流后正、倒车转速对应的电压值

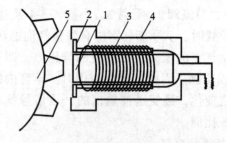

图 8-47 磁脉冲转速传感器结构原理图
1—永久磁铁；2—软磁芯；3—线圈；
4—非导磁性外壳；5—齿轮

当齿轮的齿数 Z 等于 60 时，$f = n$，因此可用脉冲的频率来表示转速的高低，脉冲频率越高则反映转速越高。由于磁探头线圈所感应的脉冲电动势幅值与磁通量的变化速度有关，当转速降低时，线圈中磁通量的变化速度减小，则感应的脉冲电动势不仅频率降低，而且幅

值也减小。因此,必须对脉冲电动势进行整形放大,变换成幅值不受转速快慢影响的方波脉冲信号,然后把方波脉冲经过频率/电压转换电路转换成电压信号,从而将转速按比例转换为相应的电压信号,该电压信号的大小反映了转速的高低。

为了检测主机的转向,需要安装两个磁头,且它们之间错位 1/4 齿距,使两个磁头所产生的脉冲信号在相位上相差 1/4 周期。这两个磁头输出的脉冲信号经整形放大后分别送至 D 型触发器的 D 端和 CP 端,由其输出端 Q 是"1"或"0"来判别主机是正转或反转,其原理如图 8-48 所示。当齿轮沿正车方向转动时,D 型触发器 D 端的正脉冲总比 CP 端超前 1/4 周期,即 CP 端在脉冲上升沿时,D 端总是"1"信号,所以输出端 Q 保持"1"信号,表示主机在正车方向运转。当齿轮倒车方向转动时,D 型触发器 CP 端的正脉冲总比 D 端超前 1/4 周期,即 CP 端在脉冲上升沿时,D 端总是"0"信号,所以输出端 Q 保持"0"信号,表示主机在倒车运转。

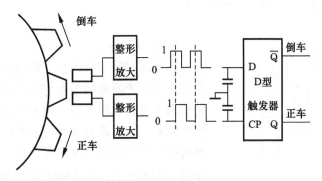

图 8-48 磁脉冲传感器检测主机转向原理图

5. 流量传感器

常用的流量传感器有容积式、电磁式等。容积式流量传感器可用来检测油和水的流量,电磁式流量传感器只能用来检测导电液体的流量。

(1) 容积式流量传感器。

容积式流量传感器由检测齿轮 1、转轴 2、永久磁铁 3 和干簧继电器 4 组成,如图 8-49 所示。当流体自下向上流过时,由于有摩擦力存在,因此有压力损失,使进口流体压力 P_1 大于出口流体压力 P_2,检测齿轮在压力差的作用下,产生作用力矩而转动,通过的流量越大,齿轮转速越快。齿轮转动经轴 2 上端的永久磁铁 3 驱动干簧继电器 4,使其触点闭合或断开,从而输出反映流量大小的电脉冲信号。

(2) 电磁式流量传感器

电磁式流量传感器是由一对磁极、一对电极和检测放大电路所组成,如图 8-50 所示。它是根据电磁感应原理来检测流量的。一对磁极置于测量管道两侧,以产生一个磁场,当导电液体在磁场中垂直于磁通方向流动时,因切割磁力线而在两个电极上产生感应电动势。液体的体积流量越大,切割磁力线的速度越快,则感应电动势就越大,从而把液体的体积流量按比例转换成感应电动势的大小,感应电动势经检测放大后输出 4~20 mA 的电流信号。

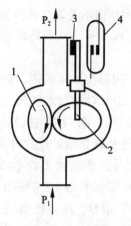

图 8-49 容积式流量传感器原理图
1-检测齿轮;2-转轴;3-永久磁铁;4-干簧继电器

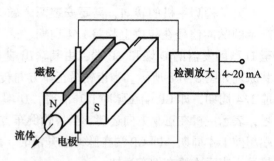

图 8-50 电磁式流量传感器原理图

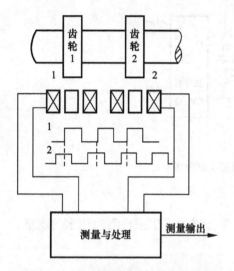

图 8-51 相位差式扭矩传感器原理图

6. 扭矩传感器

扭矩传感器用来检测主机的有效功率(轴功率)。它的工作原理是轴的扭矩与轴的扭转角成比例。扭矩传感器有多种结构类型,这里仅介绍一种相位差式扭矩传感器,其原理如图 8-51 所示,在主轴上安装两个齿轮及两个磁脉冲传感器。在主轴扭矩为零时,两个齿轮的齿顶和齿槽由轴线方向看是重合的。当主轴受到扭矩作用时,两个齿轮牙齿要错开,两磁脉冲传感器输出的矩形波就存在相位差,通过检测这个相位差来反映主轴所受扭矩的大小,显然相位差越大,扭矩也就越大。

7. 火警探测器

火警探测器是火灾报警系统的检测单元。它是根据火灾前兆的物理现象(发热、冒烟等)制成不同类型的探测器。船上常用的有热效应式和感烟式两类。

(1)热效应式火警探测器。

热效应式也称感温式火警探测器,主要用于住室、走廊、控制室等舱室较小的场所。感温式探测器有定温式和温升式两种,如图 8-52 所示。

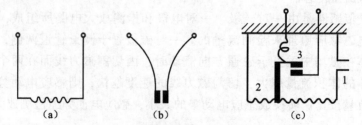

图 8-52 热效应式火警探测器
(a)定温式(金属丝);(b)定温式(双金属片);(c)温升式

任务八 机舱集中监视与报警

① 定温式火警探测器。定温式火警探测器采用低熔点的金属丝或双金属片（由膨胀系数不同的两种金属压制而成）制成。火灾前温度会升高，当温度达到设定值时，低熔点的金属丝被熔断或者双金属片受热弯曲使触点断开，进而送出火警信号。它们分别如图 8-52（a）、（b）所示。

② 温升式火警探测器。它根据温度升高的变化率来检测火情，当监视点的温度升高变化率超过 5.5 ℃/min 时，探测器动作，发出火警信号。温升式火警探测器由测量气室 1、波纹膜片 2 及电触点 3 组成，见图 8-52（c）。无火灾时，环境温度变化很慢，因此测量气室内温度缓慢上升使气体膨胀较慢，膨胀气体经小孔放出，使得气室内的压力基本保持为大气压力，膜片受力平衡，触点处于断开状态，不发出火警报警。当发生火灾时，监视点温度快速升高，使测量气室内膨胀的气体来不及从小孔泄放，其压力升高，波纹膜片下弯，使动触点与静触点闭合发出火警信号。

(2) 感烟式火警探测器。

感烟式火警探测器常用的有感烟管式和离子式两种。感烟管式主要用于货舱等舱容较大场合的火警探测，离子式主要用于机舱等处的火警探测。

① 感烟管式火警探测器。它由集烟管 1、抽风机 2、光源 3、测量光电池 4、基准光电池 5 和检测电路 6 组成，如图 8-53 所示。它是利用烟雾的遮光性质来测定集烟管内的烟雾密度的。检测时，由抽风机抽取大舱内的气体经集烟管排出，光源经透镜变成平行光分别照射在光电池 4 和 5 上。当气体中的烟雾密度增加时，烟雾的遮光作用加强，使测量光电池所接受到的光照度减弱，测量光电池产生的电流减小，而基准光电池产生的电流保持不变，把这两个电流信号送至检测电路进行比较，当两者的电流差值达到设定的报警值时，便发出火警信号。

除了利用烟雾遮光性来测定烟雾浓度外，还有利用烟雾散射性来测定烟雾浓度的探测器，其测量光电池不是安装在光源的正对面，而是安装在光源不能直接照射到的侧面。当烟雾度增大时，烟雾粒子对光的散射作用增强，使测量光电池接收到的光照度增强光电流增大，同样当其达到设定的报警值时，发出火警信号。

② 离子感烟式火警探测器。它由内、外电离室及检测电路组成，如图 8-54 所示。该探测器是根据烟雾颗粒能吸附离子的原理，利用同位素镅 241 放射 α 射线所产生的离子流随烟雾密度增加而减小的特性来探测烟雾的。内、外电离室中各放有一块同位素镅 241 放射源和一个电极。内电离室是个烟气封闭气室，充有标准空气，作为基准室；外电离室开有小孔接受被监测的含烟气体。同位素镅不断地放射出 α 射线，使空气分子电离，并在电场作用下产生离子电流。当无烟气体进入外电离室时，内、外电离室中的离子流相等，其等效电阻相等，U_A 很小，检测电路中的电子开关不动作。当有火灾前兆时，含烟雾气体进入外电离室，吸附一部分离子，使离子电流减小，外电离室的等效电阻增大，而内电离室的等效电阻保持不变，所以 U_A 增大，当烟雾密度达到设定的报警值时，U_A 达到设定值，使检测电路中的电子开关闭合，发出火警信号。

8. 氧含量传感器

氧含量传感器在船上主要用于监视油轮封舱惰性气体中含氧量的变化，防止发生油舱爆炸事故。

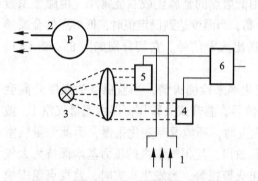
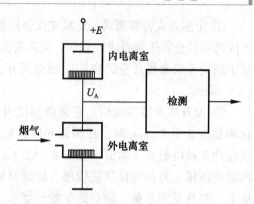

图 8-53 感烟管式火警探测器原理图
1-集烟管；2-抽风机；3-光源；4-测量光电池；
5-基准光电池；6-检测电路

图 8-54 离子感烟式火警探测器原理图

船上检测氧含量多用热磁式传感器。对一般气体来说，由于分子热运动，每个分子磁极方向是不确定的且对磁场作用无反应。但氧分子不同，它们遇到磁场作用时要向磁场里面跑且分子的磁极方向顺着磁场方向有序地排列，这就是氧的顺磁性。如图 8-55 所示是根据氧的顺磁性原理制成的热磁式氧含量传感器。它由检测通道、电桥和放大器组成。检测通道由环形管和水平管组成。水平管绕两组铂丝用来加热电阻 R_1 和 R_2，R_1、R_2 与锰铜丝绕制的电阻 R_3 和 R_4 构成测量电桥的四个桥臂，R_0 是调零电阻。在靠近线圈 R_1 的边缘放置永久磁铁，两个磁极形成不均匀磁场。当含有氧的待测气体进入检测通道时，水平管左端靠近磁场，氧气的磁化率高，而右边磁化率低，从而形成一个从左向右的排斥力（称磁风），使线圈 R_1 和 R_2 被冷却程度不同，氧含量越多，R_1 和 R_2 温差越大，即电阻值相差越大，测量电桥输出的电压信号也越大。

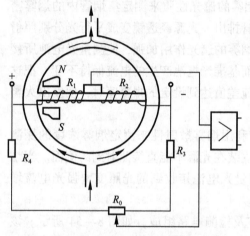

图 8-55 热磁式氧含量传感器

9. 二氧化碳含量传感器

这种传感器可用于检测锅炉烟气中的二氧化碳含量，以判别燃烧是否完全，也可用在冷藏中检测二氧化碳含量，防止蔬菜或水果腐烂。

如图 8-56 所示是热导式 CO_2 含量传感器，由采样陶瓷过滤器1、嵌小罐2、冷却器3和测量电桥组成。电桥的四个桥臂均由铂丝绕制，电源对电阻丝加热，R_1 和 R_3 置于电桥的测量气室中，R_2 和 R_4 置于标准气室中，其中有空气。在常温下纯空气的导热率大于含 CO_2 气体。由于导热率不同，电阻丝与纯空气的导热量大于含 CO_2 气体与电阻丝之间的导热量，所以电阻丝温度不同，电阻值也不同。这样一来电桥输出的电压信号就与气体中 CO_2 含量成正比。

10. 主机工况监视传感器

主机工况监视传感器用于对主机进行故障诊断和维修预报。

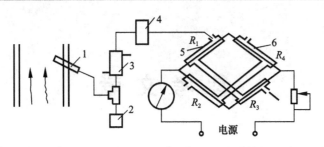

图 8-56 二氧化碳含量传感器
1-过滤器；2-嵌水罐；3-冷却器；4-抽气泵；5-测量气室；6-标准气室

（1）气缸套温度检测传感器。

气缸套温度有气缸套材料温度和表面温度之分。测气缸套材料温度时，其传感器装入深度为壁厚中心线偏内处。测气缸套表面温度时，传感器热端靠近内壁。

检测气缸温度一般用热电偶传感器，其结构原理如图 8-57 所示。1 为镍铬合金热电偶，2 为传感器外壳，3 是引线，4 是气缸套，5 是绝缘层，6 为衬套。热电偶检测气缸套温度变化情况，并可发送报警信号。

（2）气缸套磨损检测传感器。

这种传感器可提供修理预报数据信息。如图 8-58 所示，1 是薄膜电阻，2 为气缸套，3 为绝缘层，4 为引线。假设薄膜电阻原长为 L，相应电阻值为 R_0，当磨损量为 ΔL 时，实际电阻值为 R_1。因为电阻值与长度成反比（面积不变），则有 $R_1/R_0 = L/(L-L_0)$ 的关系。从而得出 $\Delta L = L - LR_0/R_1$。其中 L 为常数，R_0/R_1 是可测的，通过测量 R_1/R_0，可检测磨损量 ΔL 和 $\Delta L/\Delta t$，因此可进行维修预报。图 5-58（b）表示不同时期的磨损变化情况。

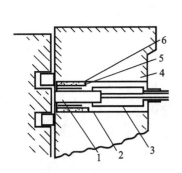

图 8-57 气缸套温度传感器

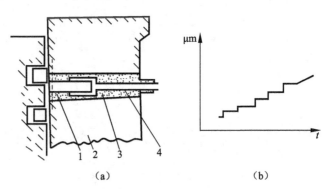

图 8-58 气缸套磨损检测传感器

参 考 文 献

[1] 郑凤阁,李凯. 轮机自动化[M]. 大连:大连海事大学出版社,1999.
[2] 方金和. 轮机自动化[M]. 大连:大连海事大学出版社,1998.
[3] 李杰仁,崔庆渝. 轮机自动化基础[M]. 大连:大连海事大学出版社,1999.
[4] 徐善林,黄学武,崔庆瘠. 轮机自动化[M]. 北京:人民交通出版社,2001.
[5] 赵晓玲,孙旭清. 轮机员船电业务[M]. 大连:大连海事大学出版社,2006.
[6] 初忠. 轮机自动化[M]. 大连:大连海事大学出版社,2006.
[7] 李世臣,徐善林. 轮机自动化[M]. 大连:大连海事大学出版社,2008.
[8] 李世臣. 轮机自动化[M]. 大连:大连海事大学出版社,2008.
[9] 张均东. 轮机自动化精品课程. http://jpkc.dlmu.edu.cn/html/ljzdh/,2004.
[10] 陈清彬. 轮机自动化[M]. 北京:人民交通出版社,2009.
[11] 大连海事大学 DMS–EES200K 大型集装箱船轮机模拟器说明书,2012.